中国ESG研究院文库
主编：钱龙海 柳学信

中国上市公司
ESG 评价报告
2022

刘柳　张天华　王凯　|著|

首都经济贸易大学出版社
Capital University of Economics and Business Press
·北 京·

图书在版编目（CIP）数据

中国上市公司ESG评价报告.2022 / 刘柳，张天华，
王凯著.-- 北京：首都经济贸易大学出版社，2024.3

ISBN 978-7-5638-3615-4

Ⅰ.①中…　Ⅱ.①刘…　②张…　③王…　Ⅲ.①上市公
司—企业环境管理—研究报告—中国—2022　Ⅳ.①F279.246

中国国家版本馆CIP数据核字（2023）第241878号

中国上市公司ESG评价报告2022

ZHONGGUO SHANGSHI GONGSI ESG PINGJIA BAOGAO 2022

刘　柳　张天华　王　凯　著

责任编辑	胡　兰
封面设计	风得信·阿东　FondesyDesign
出版发行	首都经济贸易大学出版社
地　　址	北京市朝阳区红庙（邮编100026）
电　　话	（010）65976483　65065761　65071505（传真）
网　　址	http://www.sjmcb.com
E-mail	publish@cueb.edu.cn
经　　销	全国新华书店
照　　排	北京砚祥志远激光照排技术有限公司
印　　刷	北京九州迅驰传媒文化有限公司
成品尺寸	170毫米×240毫米　1/16
字　　数	323千字
印　　张	19.75
版　　次	2024年3月第1版　2024年3月第1次印刷
书　　号	ISBN 978-7-5638-3615-4
定　　价	102.00元

◯ 中国ESG研究院文库总序

    环境、社会和治理是当今世界推动企业实现可持续发展的重要抓手，国际上将其称为ESG。ESG是环境（environmental）、社会（social）和治理（governance）三个英文单词的首字母缩写，是企业履行环境、社会和治理责任的核心框架及评估体系。为了推动落实可持续发展理念，联合国全球契约组织（UNGC）于2004年提出了ESG概念，得到各国监管机构及产业界的广泛认同，引起国际多双边组织的高度重视。ESG将可持续发展包含的丰富内涵予以归纳整合，充分发挥政府、企业、金融机构等主体作用，依托市场化驱动机制，在推动企业落实低碳转型、实现可持续发展等方面形成了一整套具有可操作性的系统方法论。

    当前，在我国大力发展ESG具有重大战略意义。一方面，ESG是我国经济社会发展全面绿色转型的重要抓手。中央财经委员会第九次会议指出，实现碳达峰、碳中和"是一场广泛而深刻的经济社会系统性变革"，"是党中央经过深思熟虑作出的重大战略决策，事关中华民族永续发展和构建人类命运共同体"。为了如期实现2030年前碳达峰、2060年前碳中和的目标，党的十九届五中全会提出"促进经济社会发展全面绿色转型"的重大部署。从全球范围来看，ESG可持续发展理念与绿色低碳发展目标高度契合。经过十几年的不断完善，ESG在包括绿色低碳在内的环境领域已经构建了一整套完备的指标体系，通过联合国全球契约组织等平台推动企业主动承诺改善环境绩效，推动金融机构的ESG投资活动改变被投企业行为。目前联合国全球契约组织已经聚集了1.2万多家领军企业，遵循ESG理念的投资机构管理的资产规模超过100万亿美元，汇聚成了推动绿色低碳发展的强大力量。积极推广ESG理念，建立ESG披露标准，完善ESG信息披露，促进企业ESG实践，充分发挥ESG投资在推动碳达峰、碳中和过程中的激励约束作用，是我国经济社会发展全面绿色转型的重要抓手。

另一方面，ESG是我国参与全球经济治理的重要阵地。气候变化、极端天气是人类面临的共同挑战，贫富差距、种族歧视、公平正义、冲突对立是人类面临的重大课题。中国是一个发展中国家，发展不平衡不充分的问题还比较突出；中国也是一个世界大国，对国际社会负有大国责任。2021年7月1日，习近平总书记在庆祝中国共产党成立100周年大会上的重要讲话中强调，中国始终是世界和平的建设者、全球发展的贡献者、国际秩序的维护者，展现了负责任大国致力于构建人类命运共同体的坚定决心。大力发展ESG有利于更好地参与全球经济治理。

大力发展ESG需要打造ESG生态系统，充分协调政府、企业、投资机构及研究机构等各方关系，在各方共同努力下向全社会推广ESG理念。目前，国内关于绿色金融、可持续发展等主题已有多家专业研究机构。首都经济贸易大学作为北京市属重点研究型大学，拥有工商管理、应用经济、管理科学与工程和统计学等4个一级学科博士学位点及博士后站，依托国家级重点学科"劳动经济学"、北京市高精尖学科"工商管理"、省部共建协同创新中心（北京市与教育部共建）等研究平台，长期致力于人口、资源与环境、职业安全与健康、企业社会责任、公司治理等ESG相关领域的研究，积累了大量科研成果。基于这些研究优势，首都经济贸易大学与第一创业证券股份有限公司、盈富泰克创业投资有限公司等机构于2020年7月联合发起成立了首都经济贸易大学中国ESG研究院（China Environmental, Social and Governance Institute，以下简称"研究院"）。研究院的宗旨是以高质量的科学研究促进中国企业ESG发展，通过科学研究、人才培养、国家智库和企业咨询服务协同发展，成为引领中国ESG研究和ESG成果开发转化的高端智库。

研究院自成立以来，在科学研究、人才培养及对外交流等方面取得了突破进展。研究院围绕ESG理论、ESG披露标准、ESG评价及ESG案例开展科研攻关，形成了系列研究成果。一些阶段性成果此前已通过不同形式向社会传播，如在《当代经理人》杂志2020年第3期ESG专辑上发表，在2021年1月9

日研究院主办的首届"中国ESG论坛"上发布等,产生了较大的影响力。近期,研究院将前期研究课题的最终成果进行了汇总整理,并以"中国ESG研究院文库"的形式出版。这套文库的出版,能够多角度、全方位地反映中国ESG理论与实践研究的最新进展和成果,既有利于全面推广ESG理念,也可以为政府部门制定ESG政策和企业发展ESG实践提供重要参考。

○ 前言

　　ESG是一种兼顾环境、社会和治理效益的可持续发展框架和工具，体现了追求长期价值增长的理念。企业践行ESG理念，与国家提出绿色低碳可持续发展的目标高度契合。企业ESG评价是对企业有关环境、社会和治理表现及相关风险管理的评估。近些年，ESG已经成为企业非财务绩效的主流评价体系，例如，美国的KLD公司、明晟公司、富时集团，以及标普、道琼斯指数均发布了ESG和可持续发展相关指数。中国的商道融绿、社会价值投资联盟、嘉实基金管理有限公司、上海华证指数信息服务有限公司等机构也设计了指标体系，针对企业ESG相关绩效表现进行评价。

　　中国ESG研究院旨在系统研究并推动ESG研究成果在实践中转化，推广并践行ESG理念，助力新时代经济高质量发展。研究院推出《ESG理论与实践》《ESG披露标准体系研究》《国内外ESG评价与评级比较研究》等著作，深入分析了ESG相关理论和国内外实践经验；对国内外披露标准进行总结分析，牵头起草和发布了《企业ESG披露指南》团体标准；对国内外各ESG评价与评级体系进行梳理与比较，牵头起草和发布了《企业ESG评价体系》团体标准，并对中国上市公司的ESG实践开展评价。本书依托中国ESG研究院研究资源，在国家高质量发展要求的背景下，持续完善中国ESG研究院ESG评价指标体系，对2021年A股上市公司的ESG实践进行评价，以期衡量企业 ESG 绩效表现，推动企业持续改进 ESG 实践，为政府决策、投资机构提供参考。

　　评价体系共包含三个一级指标、十个二级指标、七十一个三级指标。一级指标包含环境（E）、社会（S）和治理（G），力图兼顾经济、环境、社会和治理效益，促进企业和组织形成追求长期价值增长的理念。环境（E）评价要素包含资源消耗、污染防治、气候变化，社会（S）评价要素主要包含员工权益、产品责任、供应链管理、社会响应，治理（G）评价要素主要包含治理结构、治理机制、治理效能。通过各大权威数据平台收集数据，计算得到4 685家上市公司相应指标数据并根据不同标准进行打分，最终得到4 685家企业的ESG各项得分和总得分。通过整体分析企业得分和对比各个指标，本书发现ESG得分排名前50%的企业在财务方面的表现要优于排名后50%的企业，企业践行ESG发展理念能够有效促进企业更好地应对经济环境的突发变化，帮助利益相关者做出更好的管理策略和投资选择。

在分行业评价中，本书参照证监会上市公司行业分类，对2021年A股上市公司按照不同门类进行归类，共分为农、林、牧、渔业，采矿业，制造业，电力、热力、燃气及水生产和供应业，建筑业，批发和零售业，交通运输、仓储和邮政业，住宿和餐饮业，信息传输、软件和信息技术服务业，金融业，房地产业，租赁和商务服务业，科学研究和技术服务业，水利、环境和公共设施管理业，教育，卫生和社会工作，文化、体育和娱乐业（因相关公司数量过少，本分类结果不包括居民服务、修理和其他服务业与综合门类）。本书还针对制造业门类下的热门行业大类医药制造业、汽车制造业和互联网及相关服务业进行深入分析，构建了适用于各个行业的评价体系，对各个行业上市公司的ESG表现进行评价，并对其ESG理念的践行情况，以及ESG绩效对财务指标的影响进行分析，同时对各个行业中ESG表现优异的企业进行介绍。

通过本书研究发现，上市公司整体ESG表现存在一定差异，且不同行业内部各上市公司ESG表现存在一定差异。通过分析全行业及各分行业上市公司ESG得分排名前50%及后50%两组企业在盈利能力、运营效率、偿债能力及平均总市值等四方面的财务数据看出，ESG得分排名前50%的企业在整体财务表现上要优于得分排名后50%的企业。未来上市公司需加强ESG信息披露，积极践行ESG理念；投资机构可重点关注ESG表现优异的企业，设计相应投资策略；政府相关部门需为上市公司制定规范、统一和完善的ESG披露标准，指导上市公司进行ESG信息披露。

随着经济社会的不断发展，ESG评价的作用越来越突出，ESG评价可衡量企业ESG绩效表现，实现"以评促改"，监督企业不断适应市场的新变化，推动企业绿色低碳转型，引导企业高质量发展，应用前景广阔。此外，不同评价机构的企业ESG评价结果也不尽相同，有较大差异，这丰富了企业、政府有关部门和投资机构的选择空间，但也反映出市场并未就如何进行企业ESG评价达成共识。中国ESG研究院牵头起草了《企业ESG披露指南》和《企业ESG评价体系》团体标准，期待未来企业ESG评价发展会在差异中形成共识。

本书的撰写得到了首都经济贸易大学中国ESG研究院的大力支持。李英杰、王尧、田雪莉、王宏宇、郭乐璟、肖慧、孙檬、周敬涛作为重要成员参与了信息搜集和文本撰写工作。

○ 目录

Ⅰ 全行业评价

Ⅱ 分行业评价

Ⅰ 全行业评价

○ 1 上市公司全行业ESG评价

1.1 上市公司ESG评价背景

　　ESG是一种兼顾环境、社会和治理效益的可持续发展框架和工具，体现了追求长期价值增长的理念。企业ESG评价是对企业有关环境、社会和治理表现及相关风险管理的评估。ESG的重要性已体现在社会发展的各个环节，各个领域的参与者就ESG理念的践行进行着深入的讨论。以上市公司为代表的企业是国家经济、社会发展的重要组成部分，截止到2021年底，我国上市公司总市值超过91万亿元，占GDP比重达80%，上市公司对于ESG理念的贯彻程度直接影响了我国的高质量发展水平。在"十四五"建设的重要时期，上市公司更应该主动提高环境保护表现，承担企业社会责任，提高自身治理水平。有效评价企业ESG绩效表现，对企业准确定位自身发展水平，进而有针对性地提升ESG绩效表现具有重要意义。

　　中国ESG研究院旨在系统研究并推动ESG研究成果在实践中转化，推广并践行ESG理念，助力新时代经济高质量发展。研究院推出《ESG理论与实践》《ESG披露标准体系研究》《国内外ESG评价与评级比较研究》等著作，深入分析了ESG相关理论和国内外实践经验；对国内外披露标准进行总结分析，牵头起草和发布了《企业ESG披露指南》团体标准；对国内外各ESG评价与评级体系进行梳理与比较，牵头起草和发布了《企业ESG评价体系》团体标准，并对中国上市公司的ESG实践开展评价。本书依托中国ESG研究院研究资源，在国家高质量发展要求的背景下，持续完善ESG评价指标体系，对2021年A股上市公司的ESG实践进行评价，以期衡量企业 ESG 绩效表现，推动企业持续改进 ESG 实践，为政府决策、投资机构提供参考。

1.2 ESG通用评价指标体系

1.2.1 评价指标

中国ESG研究院上市公司ESG评价体系与中国ESG研究院已发布的研究成果一脉相承，基于实质共赢、兼收并蓄、扎根国情等原则，以《国内外ESG评价与评级比较研究》为基础，同时参照由首都经济贸易大学中国ESG研究院牵头制定的团体标准《企业ESG披露指南》《企业ESG评价体系》，结合中国企业的ESG实践，在理论基础、评价导向、指标选取等层面加强与中国情景以及时代背景的契合度，构建了更加适用于中国企业的ESG评价指标体系。

评价体系共包含三个一级指标、十个二级指标、七十一个三级指标。一级指标包含环境（E）、社会（S）和治理（G），力图兼顾经济、环境、社会和治理效益，促进企业和组织形成追求长期价值增长的理念。环境（E）评价要素包含资源消耗、污染防治、气候变化，社会（S）评价要素主要包含员工权益、产品责任、供应链管理、社会响应，治理（G）评价要素主要包含治理结构、治理机制、治理效能。具体指标如表1.1所示。

表1.1　评价指标体系一览

一级指标	二级指标	三级指标
环境（E）	资源消耗	总用水量、单位营收耗水量、节水/省水/循环用水量、总能源消耗、人均能源消耗、天然气消耗、燃油消耗、煤炭使用量、耗电量、是否有节能管理措施
	污染防治	废水/污水排放量、单位营收废水/污水排放量、氮氧化物排放、二氧化硫排放、悬浮粒子/颗粒物、有害废弃物量、单位营收有害废弃物量、无害废弃物量、单位营收无害废弃物量
	气候变化	总温室气体排放、单位营收温室气体排放、是否有温室气体减排措施、温室气体减排量、单位温室气体减排量
社会（S）	员工权益	雇员总人数、女性员工比例、离职率、平均年薪、员工满意度、是否披露职工权益保护、人均培训投入

续表

一级指标	二级指标	三级指标
社会（S）	产品责任	是否披露安全生产内容、是否披露客户及消费者权益保护、是否有产品撤回或召回
	供应链管理	供应商数量、是否披露供应商权益保护
	社会响应	是否披露公共关系和社会公益事业、是否披露社会制度建设及改善措施、社会捐赠额、是否响应国家战略
治理（G）	治理结构	第一大股东持股比例、机构投资者持股比例、两权分离度、高管持股比例、女性董事占比、董事会规模、董事会独立董事占比、董事长及CEO是否是同一人、监事人数、是否说明股东（大）会运作程序和情况、是否设立专业委员会
	治理机制	是否有重大负面信息、是否有股权激励计划、高管年薪前三名、是否有现金分红、管理费用率、大股东占款率、质押股票比例、商誉净资产比例、关联交易、是否有数据安全的措施、是否有违规触发、是否有气候风险识别及防范措施、是否进行数字化转型、是否有问责制度、是否有投诉举报制度、是否有商业道德培训
	治理效能	财务审计出具标准无保留意见、内控审计报告出具标准无保留意见、研发投入、创新成果

1.2.2 权重设计

指标权重设置方面，评价体系结合社会经济发展现状，采取"三级-二级-一级"设定路径对各级指标赋权：三级指标在二级指标下的权重设定以三级指标对所属二级指标的代表性程度为基础，同时考虑各三级指标数据的重要性和可得性，进行均衡分配；二级指标在一级指标下的权重设定，采用专家打分和计量统计的方式，考虑二级指标对一级指标的代表性程度、二级指标中三级指标的数量和数据可得性，确定各二级指标在E、S、G三个一级指标下的权重分配；三个一级指标权重设置中，在给予治理（G）指标以较高权重的基础上，考虑不同行业评价侧重点的不同，均衡环境（E）和社会（S）指标的权重设定，确保评价结果的客观性。

得到各级指标在其上级指标下的权重后，各级指标对上市公司ESG总得分的权重可通过数学运算得出，图1.1为各二级指标在上市公司ESG评价所占比重。各二级指标在其所属一级指标下的权重各异，其所属一级指标的权重也有所不同，叠加后导致不同二级指标的权重分配有较大差别。

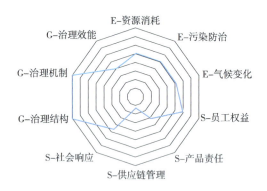

图 1.1　全行业评价权重分配

1.3　ESG评价结果分析

1.3.1　ESG得分描述性统计

表1.2展示了根据证监会分类和筛选得到的4 685家企业 ESG 总得分及环境（E）、社会（S）、治理（G）各分项得分的描述性统计结果。4 685家企业的ESG总得分均值仅为27.13分，水平较低，这反映了大部分企业尚未意识到ESG工作对企业可持续发展的重要性，需要进一步做好企业自身信息披露工作，尤其是环境（E）与社会（S）方面的信息。此外，ESG总得分的标准差为6.59，最小值仅7.48分，与最大值64.64分有着较大差距，表明各企业在ESG理念的重视程度与践行力度方面仍存在较大差距。

纵向对比环境（E）、社会（S）和治理（G）的得分，在均值方面，三大变量得分均值分别为9.60、23.30和43.14，可以看出，上市公司在治理（G）方面表现最好，社会（S）方面表现次之，环境（E）方面表现最差。环境（E）得分的最大值达到81.02分，与最小值0分差距极大，说明在环境（E）方面，有部分企业能够积极履行环境保护责任，而部分企业尚未意识到其重要性。社会（S）与治理（G）得分最大值均为70分左右，可以看出上市公司在承担社会责任和提高自身治理质量上做出了实质性的努力。环境（E）与治理（G）的最小值均小于1分，说明部分上市公司对践行ESG理念，提高自身可持续发展水平的重视程度较低，有较大改善空间。

表1.2 全行业ESG得分描述性统计

变量	样本量	均值	标准差	最小值	中位数	最大值
环境得分（E）	4 685	9.60	8.71	0.00	10.00	81.02
社会得分（S）	4 685	23.30	12.81	0.44	21.28	73.73
治理得分（G）	4 685	43.14	6.93	13.70	42.86	68.67
ESG总得分	4 685	27.13	6.59	7.48	26.42	64.64

1.3.2 企业ESG理念践行情况

1.3.2.1 环境维度

环境（E）得分均值为9.60，中位数为10，其中在中位数以上的2 432家企业平均得分为13.93分，而中位数以下的2 433家企业平均得分为5.59分，说明在环境（E）方面的企业披露情况存在着较大的差距，仍存在585家企业缺少环境（E）方面的信息数据披露，导致环境（E）得分为0分。环境（E）得分的最小值0分和最大值81.02分相差超过80分，得分超过60分的只有29家企业且其中有14家属于制造业，8家属于金融业，表明不同行业对于环境保护投入与环境保护信息披露的重视程度差异较大，披露情况优异的企业数量有待增加。随着"双碳"目标的逐步推进，传统的高能耗、高污染、高排放的粗放型产业结构已经无法适应中国当前经济发展的需求，也不符合世界经济发展的趋势。关注中国企业环境保护与数据披露，增强中国企业环境保护意识，将更进一步提高资源的利用效率，减少能源消耗，同时有利于解决当前的环境污染及生态安全问题。

资源消耗包含总用水量、单位营收耗水量、节水/省水/循环用水量、总能源消耗、人均能源消耗、天然气消耗、燃油消耗、煤炭使用量、耗电量、是否有节能管理措施十个三级指标。生产用水、天然气、燃油、煤炭、电能等是企业生产经营消耗的主要自然资源，而对应的单位营收耗水量、人均能源消耗等则衡量了企业对能源的利用效率。根据数据查找与计算，能源消耗方面信息披露度最高的是总用水量，4 685 家企业中有 177 家企业进行了数据披露；在能源利用效率方面披露度最高的是单位营收耗水量，4 685 家企业中有 174 家企业进行了披露；在节能环保方面，共有 2 910 家企业披露了其相关的节能管理措施。十个三级指标中披露度最低的是煤炭使用量，仅有 33 家企业进行了相关数据披露，表明企业在自然资源使用方面需要加强信息披露。共有 26 家企业资源消耗得分在 75 分或以上，其中得分排名前三的是来自金融业的中金公司、制造业的上海石化以及采矿业的兖矿能源，这三家公司得分分别为 82.5 分或以上。从数据得分上可以看到，85 分的中金公司除煤炭使用量没有披露外，其余九个指标均有所披露，并且在总用水量、单位营收耗水量、总能源消耗、人均能源消耗、燃油消耗和耗电量上均得到了满分的成绩，属于国内尖端水平。

污染防治方面，与资源消耗相比，企业的信息披露相对完整。披露程度最高的是氮氧化物排放，4 685 家企业中有 280 家企业进行了披露；而披露程度相对较低的是单位营收废水/污水排放量，仅有 49 家企业进行了披露。全行业仅有 10 家企业污染防治指标的得分在 80 分或以上，其中得分排名前三的企业均来自制造业，分别是三一重工、欣旺达和苏泊尔，且得分均在 85 分或以上。得到最高分 91.67 分的苏泊尔披露了污染防治下九个三级指标的所有指标，并且其中六个指标得到了满分 100 分。作为制造业的老牌企业，苏泊尔在发展中不断完善污染防治制度，在全行业污染防治的信息披露方面都起到了模范作用。

气候变化方面，共包含总温室气体排放、单位营收温室气体排放、是否有温室气体减排措施、温室气体减排量、单位温室气体减排量共五个三级指标。行业整体披露情况有待提高，其中是否有温室气体减排措施披露情况最为优异，4 685 家企业中有 3 877 家企业进行了披露；然而，单位温室气体减排量却仅有 74 家企业披露数据，从侧面反映出在温室气体排放与温室气体减排等方面企业的信息披露重视程度有待进一步加强，企业需要进一步的引导和规范。此外，有 17 家企业得分在 90 分或以上，但是仍有 801 家企业得分为 0 分，这表明相关部门应进一步加强对企业能源节省、废物减排等防治行为的引导和监督，企业应增强环境防治意识和责任感，完善节能减排相关措施的执行。

1.3.2.2 社会维度

企业在社会（S）维度的得分波动较大，标准差达到12.81，最小值与最大值相差超过70分，说明企业在承担社会责任的重视程度上存在着较大的差异。全行业仅有193家企业的社会（S）得分在50分或以上，其中仅有8家企业得分达到70分或以上，说明只有小部分企业足够重视员工福利的投入与企业社会形象的建设。企业在快速发展创造利润的同时，还应对股东和员工负责，积极承担相应的社会责任，关注员工权益、注重产品责任、增强供应链管理和响应社会需求，建设良好的企业形象，进而实现可持续发展。

员工权益部分包含雇员总人数、女性员工比例、离职率、平均年薪、员工满意度、是否披露职工权益保护、人均培训投入共七个三级指标，整体披露情况存在较大差异。披露度最高的是雇员总人数和平均年薪指标，分别有4 678家和4 657家企业披露了相关数据信息；而披露度最低的是员工满意度，仅有32家企业披露了相关数据，不足全行业企业总数量的1%。员工满意度是衡量企业内部员工权益保障情况的重要指标，相关部门和社会各界应加强对企业的监督，引导企业进一步加强对员工权益的重视，加强对员工满意度方面的数据披露。员工权益部分全行业企业得分普遍偏低，在60分或以上的企业仅有4家，得分最高的三家企业均来自金融业，分别是沪农商行、浦发银行和中国银行。员工权益保障是近年来社会重点关注的部分，企业应当提高对员工权益相关信息披露的重视程度，进一步保障员工在企业中的合法权益。

与其他二级指标相比，产品责任方面整体披露情况较好，其中有1 305家企业披露了与安全生产内容相关指标的信息，2 237家企业披露了客户及消费者权益保护相关指标信息，4 652家企业披露了产品撤回或召回相关指标信息。这说明安全生产、客户与消费者权益保护和产品质量等问题已经得到了绝大多数企业的重视，但是仍有小部分企业需要加强相关信息的披露。

供应链管理方面共有供应商数量、是否披露供应商权益保护两个三级指标。整体披露情况良好，共有50家企业得分在85分或以上，其中有23家企业获得了100分满分。然而仍有3 606家企业没有披露相关数据，说明在供应链管理方面仍存在一大部分企业没能给予足够的重视，需要相关部门与社会共同监督，加强供应链管理方面的披露情况。

社会响应方面，共有104家企业得分在80分或以上，其中有68家企业的得分为100分，说明加强上市公司相关信息的披露规范工作取得一定成效，有相当数量的上市公司在合规经营以及承担社会责任方面表现优秀；同时有992家企业得分为0分，由此看出上市公司在社会响应方面存在较大的差异，相关部门仍需进一步规范和引导上市公司对于社会响应指标的披露，强化企业合规经营，提高上市公司的发展质量。

1.3.2.3 治理维度

治理（G）得分均值为43.14分，最高分为68.67分，4 685家企业中有48家企业治理（G）得分在60分或以上，由此可见治理方面表现优秀的企业数量仅有一小部分，行业内能够起到模范榜样作用的企业不多。大多数企业得分集中在30~50分，说明企业未来在治理方面还需要提高重视程度。2020年10月发布的《国务院关于进一步提高上市公司质量的意见》，提出了政府部门强化持续监管，优化上市公司结构和发展环境，使上市公司运作规范性得到明显提升，信息披露质量不断改善，突出问题得到有效解决，可持续发展能力和整体质量显著提高。

治理结构下有十一个三级指标，整体披露情况较好，得分中位数为56.10分，有超过1 200家企业得分在60分以上。董事会独立董事占比披露度最高，有4 679家企业对该指标进行了信息披露，披露度高达99.9%；然而两权分离度指标披露度最低，有2 431家企业进行了相关信息披露。总体而言，与其他三级指标相比，治理结构下的十一个三级指标披露情况良好，说明企业在治理结构方面已经形成了较为完善的披露规范，在未来可以进一步完善。治理结构中有6家企业得分在70分或以上，得分最高的是金融业的邮储银行，邮储银行披露了十一项指标中的十项指标，且有四项指标获得100分满分成绩，一项指标获得96.06分高分成绩。

治理机制的评分指标较多，大部分企业披露情况良好。有230家企业得分在50分以上，大部分企业得分集中在20~40分。是否有保护数据安全的措施、是否有问责制度等四个指标的披露度较低，大部分企业需要进一步提高相关信息的披露程度。有8家企业得分在70分或以上，其中最高分企业是来自制造业的恒玄科技，得分为75.38分，恒玄科技披露了大部分治理机制的三级指标，且其中九项均获得100分满分成绩。

治理效能的五个指标信息披露度较高,绝大多数企业都进行了披露,只有46家企业没有披露相关数据,得分为0分,显示出在治理效能方面不同企业间仍存在较大的差距。随着公司治理理论的发展和现代企业的积极实践,上市公司的治理效能实现了显著提升,有376家企业治理效能得分在80分或以上,最高分是来自建筑业的中国中铁,得到了92.42分的高分,说明上市公司十分重视提高公司治理效能。

1.4 企业财务分析

1.4.1 财务指标对比

表1.3分别从市值、盈利能力、运营效率和偿债能力方面,对比了上市公司ESG得分前50%和后50%企业的表现。从表中可以看出,ESG得分前50%企业的市值均值达到281亿元,明显高于ESG得分后50%企业的市值均值97亿元。以净资产收益率和营业利润率为代表的盈利能力、以总资产周转率和应收账款周转率为代表的运营效率方面,得分前50%的企业表现更优。得分前50%的企业平均流动比率为247.38%,得分后50%企业的流动比率均值为258.36%,虽然得分前50%企业的流动比率均值较低,但不能完全说明其偿债能力更差,存货、待摊费用等均会影响到流动比率。平均资产负债率方面,二者差别不大。

表1.3 全体上市公司财务指标对比

上市公司	平均总市值(亿元)	盈利能力		运营效率		偿债能力	
		净资产收益率(%)	营业利润率(%)	总资产周转率(次)	应收账款周转率(次)	流动比率	资产负债率(%)
前50%	281	8.34	32.73	66.17	96.2	2.47	43.4
后50%	97	−1.31	1.29	65.42	85.0	2.58	43.5

1.4.2 投资回报对比

图1.2展示了ESG总得分排名前50%与后50%的企业在月个股回报率上的

差异，纵轴为对应日期的月个股回报率（考虑现金分红），横轴为2021年1月至2022年12月的股票交易日。为了更清晰直观地展示不同组别下月个股回报率的差异及变动趋势，本书选择了每个月的个股回报率数据，共24个时间点上的两组数值进行比较。

由图1.2可知，在24个月的时间内，ESG总得分排名前50%和后50%的企业月个股回报率走势大体相同，两组企业个股回报率在2021年波动较小，在2022年呈现较大的波动。对比两组企业的月个股回报率可以看出，ESG总得分排名前50%的企业波动情况要低于排名后50%的企业；虽然在2021年5月、8月、11月，2022年5月、11月等月份的个股回报率要低于排名后50%的企业，但当市场整体表现较差时，如2022年1月、4月、9月和12月，ESG得分排名靠前企业的个股回报率要明显高于排名靠后的企业，说明ESG表现优异的企业能够在整体市场出现较大风险时，获得市场参与人员的认可，帮助投资者避免更大的损失。

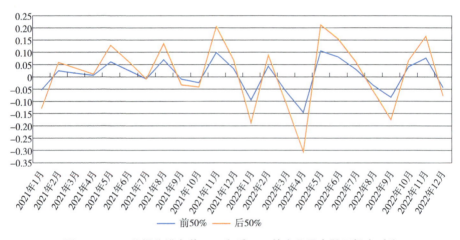

图1.2　ESG总得分排名前50%和后50%的企业月个股回报率对比

1.5　ESG优秀企业

1.5.1 中国中冶

中国中冶全称为中国冶金科工集团有限公司，是中国特大型企业集团，是新中国最早一支钢铁工业建设力量，是中国钢铁工业的开拓者和主力军。

中国中冶作为国家创新型企业，拥有12家甲级科研设计院、15家大型施工企业，拥有5项综合甲级设计资质和42项特级施工总承包资质，其中，四特级施工企业数量5家，三特级施工企业数量3家，双特级施工资质企业数量4家，位居全国前列。中国中冶按照"做世界一流冶金建设国家队、基本建设主力军先锋队、新兴产业领跑者排头兵，长期坚持走高技术高质量创新发展之路"的战略定位，始终站在国际水平的高端和整个冶金行业发展的高度，用独占鳌头的国际一流核心技术、持续不断的创新研发自主可控能力、无可替代的冶金全产业链整合集成优势，承担起引领中国冶金实现智能化、绿色化、低碳化、高效化发展的"钢铁强国"责任。

1.5.1.1 ESG得分情况

中国中冶在ESG各项指标的披露上表现突出，取得了全行业ESG评价总分第一名的成绩。在环境（E）指标方面，中国中冶积极披露了其在资源消耗、污染防治与气候变化等指标的相关信息，在24个三级指标中共披露了19个指标的信息数据，披露率达到79.2%，在全行业的披露中属于顶尖水平。作为中国特大型企业集团，中国中冶在环境（E）方面的信息披露不仅在建筑业名列前茅，而且还为全行业企业做出了表率。在社会（S）方面，中国中冶在产品责任、供应链管理和社会响应三个二级指标的披露上表现格外突出，其对应三级指标得分均为满分，这说明中国中冶重视其应当承担的社会责任，并积极主动为社会做出企业贡献。员工权益的整体披露情况在全行业中属于较高水平，存在部分指标信息空白，有一定提升空间。在治理（G）方面，三级指标披露率高达96.7%，说明中国中冶格外重视企业治理，这对企业未来的发展起着重要的作用。中国中冶ESG得分与行业对比见表1.4。

表1.4　中国中冶ESG得分与行业对比

变量	样本量	行业均值	中国中冶得分
环境得分（E）	108	4.75	62.87
社会得分（S）	108	27.08	67.81
治理得分（G）	108	39.18	63.58
ESG总得分	108	25.22	64.64

1.5.1.2 ESG理念践行情况

在环境（E）方面，中国中冶深耕低碳冶金技术研发，作为"世界一流冶金建设国家队"，按照《钢铁行业碳达峰及降碳行动方案》行动路线图，通过成立4个中国中冶低碳技术研究院、组建"中国中冶碳排放评估认定中心"，有效发挥冶金全产业链整合集成优势，大力投入科技创新，切实承担起引领中国冶金实现智能化、绿色化、低碳化、高效化发展的"钢铁强国"责任。此外，中国中冶还积极推动装备节能技术落地，各子公司纷纷投入装备节能技术研发，涌现出一批亮眼的科研与实践成果。在环境保护上，中国中冶搭建了完善的环境管理制度体系，对环境保护管理、责任制落实、环保报告、事故追责、环保检查和环境事件的综合应急预案做出了详细的要求和规定。为了进一步提升员工环保意识，中国中冶还开展了各类节能低碳相关活动，并针对节能减排、碳排放管理、水污染防治法规及排污许可管理组织了三次培训教育。

在社会（S）方面，中国中冶高度重视员工权益的保障，建立并完善员工代表大会制度，对涉及员工切身利益的重大事项充分征求员工意见，并提交员工代表大会讨论审议。中国中冶充分发挥央企带头示范作用，积极履行社会责任，搭建多种渠道招聘人才，为稳就业、惠民生贡献力量，2021年公司共招聘高校毕业生4 600人。公司在教育培训规划引领下，按照"统一领导，集中管理，分级负责，分类实施"的教育培训管理工作机制，突出培训重点、拓宽培训渠道、丰富培训内容，2021年公司参训人员共计8.4万人，参训人次达到80余万人次。此外，中国中冶在消费帮扶、产业帮扶和工程帮扶三个方面投身于社会发展，2021年，中国中冶及其子公司的消费帮扶总投入达到2 937万元。

在治理（G）方面，中国中冶致力于完善社会责任组织体系与管理制度，规范社会责任工作的职责和流程，以科学有效的可持续治理引领企业社会责任绩效不断提升，深入推进社会责任实践。为了加强公司可持续发展的顶层设计、深化可持续发展管理，中国中冶在董事会层下级设立了可持续发展委员会，由1名非执行董事、1名执行董事及1名独立非执行董事组成。可持续发展委员会的主要职责是对公司可持续发展相关目标、策略、规划、重大决策进行研究，监督公司可持续发展策略、规划的实施和进展。

1.5.2 明阳智能

明阳智能全称为明阳智慧能源集团股份公司，成立于2006年，总部位于中国广东中山，前身为广东明阳风电产业集团有限公司。明阳智能致力于打造清洁能源全生命周期价值链管理与系统解决方案的供应商。在2022年全球新能源企业500强中位居第15位，稳居全球海上风电创新排名第一位，已发展成为全球具有重要影响力的智慧能源企业集团。明阳智能秉承"全球合作、全球共享"的理念，倡议用新能源点亮"一带一路"，推进公司朝着"全球清洁能源智慧化、普惠制领军者"的目标迈进。"在伟大的时代创办全球伟大的公司，用绿色清洁能源服务新时代，建设新时代。"明阳智能重点布局以新能源高端设备制造与智能微电网技术为基础，构建智慧能源数据仓库和大数据计算云平台，并通过金融创新与商业模式创新，实现从服务型制造向依托互联网技术的再服务化转型，向"智慧能源、普惠全球"的伟大事业全速迈进。

1.5.2.1 ESG得分情况

明阳智能ESG得分排名为全行业第二。在信息披露上，明阳智能环境（E）指标的表现突出，在披露的19个三级指标中有13个指标得分为满分，这说明明阳智能在环境保护、污染防治等方面积极响应国家政策并付出了实际的行动。在社会（S）和治理（G）方面，明阳智能均披露了大量相关信息，表明在承担社会责任与完善企业内部治理上都给予了足够的重视，并能够积极地将相关信息向公众披露，这对于推动企业可持续发展格外重要。明阳智能ESG得分与行业对比见表1.5。

表1.5 明阳智能ESG得分与行业对比

变量	样本量	行业均值	明阳智能得分
环境得分（E）	3 045	10.40	76.94
社会得分（S）	3 045	20.39	62.35
治理得分（G）	3 045	43.57	56.93
ESG总得分	3 045	26.66	64.56

1.5.2.2　ESG理念践行情况

在环境（E）方面，明阳智能致力于成为风光储氢一体化、"源网荷+"一体化、综合能源互联互惠项目整体方案的提供商，依据资源特点进行设备定制化研发，为乡村振兴和零碳城市的风光有效利用和智慧化建设运营提供最佳的解决方案，实现清洁、无补贴、低电价、智能化电力供应和普惠性商业模式。

在社会（S）方面，明阳智能关注客户责任与供应商责任。2021年，公司全年中标订单规模达1 090.67万千瓦，其中陆上订单989.92万千瓦，海上订单100.75万千瓦。公司通过问卷形式开展客户满意度调查，2021年公司调查回收率为100%，客户满意度综合得分达到83.8分。

在治理（G）方面，明阳智能不断完善公司治理体系。公司整体结构规范、独立性强，股东大会、董事会、监事会各司其职，审议公司经营的各项重大事项。2021年，公司召开股东大会5次，审议通过了37项议案，包括《关于2020年度利润分配预案的议案》《关于公司2021年度非公开发行股票方案的议案》等；召开董事会14次，审议60项议案；召开13次监事会、2次董事会战略委员会、3次董事会薪酬委员会、1次提名委员会和6次董事会审计委员会。

1.5.3　爱美客

爱美客全称为爱美客技术发展股份有限公司，公司成立于2004年，立足于生物医用软组织修复材料的研发和转化，是国内生物医用软组织材料创新型领先企业，已成功实现透明质酸钠填充剂系列产品及面部埋植线的产业化。爱美客在2009年成为国内首家获得国家食品药品监督管理局批准的注射用透明质酸钠Ⅲ类医疗器械证书的企业，填补了医美领域的空白；在2019年，再次成为国内首家获得国家药品监督管理局批准的面部埋植线Ⅲ类医疗器械证书的企业。爱美客坚持自主研发和创新，多次填补国内市场的空白，带动了国内行业技术的升级。2020年9月，爱美客成功登陆A股市场，开启了新征程。未来，爱美客将继续秉承"创造感动"的理念，服务于国家大健康发展战略，满足人民群众日益增长的美好生活需要，把公司打造成为技术领先、产品具有国际竞争力的知名企业。

1.5.3.1 ESG得分情况

爱美客的ESG总得分排名全行业第三位,其环境(E)、社会(S)和治理(G)三个一级指标的得分相差不大,其中社会(S)得分最优。这说明爱美客在企业发展创造利润的同时能够兼顾环境、社会与治理三大方面,推动企业可持续发展。在三个一级指标中,爱美客在治理(G)方面的得分最低,这说明在未来的发展中,爱美客应进一步提高对企业治理相关方面的重视程度,积极披露相关信息,为企业的发展助力。爱美客ESG得分与行业对比见表1.6。

表1.6 爱美客ESG得分与行业对比

变量	样本量	行业均值	爱美客得分
环境得分(E)	3 045	9.87	64.72
社会得分(S)	3 045	20.87	77.89
治理得分(G)	3 045	38.97	60.96
ESG总得分	3 045	20.31	62.99

1.5.3.2 ESG理念践行情况

在环境(E)方面,爱美客积极履行环保责任,建立健全环境管理体系,明确了以"总经理为第一负责人,EHS管理部为统筹主体,各部门主要负责人协同配合"的环境管理架构,参照国家与地方法律法规出台公司环保管理制度,根据制度对相关负责人进行考核,不断加强环保意识教育,将绿色作为企业发展的"底色"。2021年,爱美客积极披露环境相关绩效数据,其中,直接温室气体排放共2 835吨,氮氧化物排放89.68千克,天然气使用量共379 052立方米等。为应对气候变化,合规小组认真学习气候变化对业务的影响,对气候变化风险采用与ESG治理架构相融合的方式进行统一管理。公司董事会定期就气候变化对公司业务开展的影响进行探讨,确保有效识别气候变化风险,采取积极应对措施。

在社会(S)方面,爱美客关注员工劳动权益,注重人才管理体系建设的同时,还重视员工职业健康安全与安全培训。2021年,共有291名员工接受培训,接受培训员工占比达58%,全年因工亡故人数0人,因工伤损失工作日数0天。爱美客积极披露供应商相关情况与社会贡献相关数据,其中,2021

年爱美客供应商共有400家，爱美客向社会公益投入金额共500万元。

在治理（G）方面，爱美客制定并公布了《爱美客技术发展股份有限公司环境、社会及企业管治政策》，明确以董事会为决策机构，企业责任与合规小组为评估及监督机构，环境、社会及企业管治委员会（简称"ESG管理委员会"或ESG Council）为工作协调机构的管理架构。2021年，公司首席执行官石毅峰领导ESG管理委员会，成员由各职能部门的主要负责人组成，负责推进董事会所审议通过的环境、社会及企业管治工作相关议案的实施及日常管理工作。此外，爱美客视利益相关方的认同与许可为公司开展业务、持续经营的重要前提，致力于与各相关方建立常态化沟通机制，保持忠诚互信的良好关系，并持续为各相关方创造综合价值。

II 分行业评价

○ 2 农、林、牧、渔业上市公司ESG评价

2.1 评价指标体系

2.1.1 评价指标

农、林、牧、渔业包括农用机械、林业设备和器具、畜牧养殖设备和用具、渔业设备和用具、粮油加工机械、饲料加工机械、屠宰和肉类初加工设备、农副产品加工、木材加工、家具制造机械和其他等行业大类。根据中国证监会2021年发布的《上市公司行业分类指引》，农林牧渔业可划分为农业、林业、畜牧业、渔业以及农林牧渔服务业五个大类。农、林、牧、渔行业ESG评价指标体系共计包含三个一级指标、十个二级指标、七十四个三级指标。一级指标包括环境（E）、社会（S）和治理（G），环境（E）评价要素主要包含资源消耗、污染防治、气候变化，社会（S）评价要素主要包含员工权益、产品责任、供应链管理、社会响应，治理（G）评价要素主要包含治理结构、治理机制、治理效能，具体指标如表2.1所示。

表2.1 评价指标体系一览

一级指标	二级指标	三级指标
环境（E）	资源消耗	总用水量、单位营收耗水量、节水/省水/循环用水量、总能源消耗、人均能源消耗、天然气消耗、燃油消耗、煤炭使用量、耗电量、是否有节能管理措施

续表

一级指标	二级指标	三级指标
环境 （E）	污染防治	废水/污水排放量、单位营收废水/污水排放量、氮氧化物排放、二氧化硫排放、悬浮粒子/颗粒物、有害废弃物量、单位营收有害废弃物量、无害废弃物量、单位营收无害废弃物量、是否有粉尘排放说明、COD 排放量
	气候变化	总温室气体排放、单位营收温室气体排放、是否有温室气体减排措施、温室气体减排量、单位温室气体减排量
社会 （S）	员工权益	雇员总人数、女性员工比例、离职率、平均年薪、员工满意度、是否披露职工权益保护、人均培训投入
	产品责任	是否披露安全生产内容、是否披露客户及消费者权益保护、是否有产品撤回或召回
	供应链管理	供应商数量、是否披露供应商权益保护
	社会响应	是否披露公共关系和社会公益事业、是否披露社会制度建设及改善措施、社会捐赠额、是否响应国家战略、是否有保障国家战略物资方案
治理 （G）	治理结构	第一大股东持股比例、机构投资者持股比例、两权分离度、高管持股比例、女性董事占比、董事会规模、董事会独立董事占比、董事长及 CEO 是否是同一人、监事人数、是否说明股东（大）会运作程序和情况、是否设立专业委员会
	治理机制	是否有重大负面信息、是否有股权激励计划、高管年薪前三名、是否有现金分红、管理费用率、大股东占款率、质押股票比例、商誉净资产比例、关联交易、是否有数据安全的措施、是否有违规触发、是否有气候风险识别及防范措施、是否进行数字化转型、是否有问责制度、是否有投诉举报制度、是否有商业道德培训
	治理效能	财务审计出具标准无保留意见、内控审计报告出具标准无保留意见、研发投入、创新成果

2.1.2 权重设计

指标权重设置方面，本评价体系与中国 ESG 研究院研究成果一脉相承，参考 ESG 通用评价体系权重设计，并结合社会经济发展现状和农、林、牧、渔业行业特点，根据指标数据的重要性和可得性，采用专家打分和计量统计的方式，确定各二级指标在 E、S、G 三个一级指标下的权重分配；在三个一级指标权重的设置中，在给予环境（E）指标以较高权重的基础上，考虑不同行业评价侧重点不同，均衡治理（G）和社会（S）指标的权重设定，确保评价结果的客观性。

得到各级指标在其上级指标下的权重后，上市公司ESG总得分可根据各级指标的权重算出。图2.1为各二级指标在上市公司ESG总得分中所占比重。各二级指标在其上级指标下的权重不同，其所属的一级指标的权重也不同，叠加后导致不同二级指标的权重分配有较大差别。

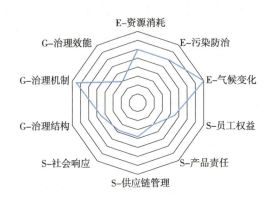

图2.1 农、林、牧、渔业评价权重分配

2.2 ESG评价结果分析

2.2.1 ESG得分描述性统计

表2.2展示了2021年农、林、牧、渔行业ESG总得分及环境（E）、社会责任（S）、公司治理（G）各分项得分的描述性统计结果。本项研究共涵盖了2021年的47家农、林、牧、渔业企业，在按照评分标准分别得到每家企业环境（E）、社会责任（S）及公司治理（G）各分项得分的基础上，根据各分项的权重汇总得到了各企业的ESG总得分。如表所示，47家农、林、牧、渔业企业的ESG总得分均值为22.36，最大值仅为32.18，未达到60分的及格线，这表明整个行业ESG得分较低。ESG总得分的标准差为3.50，最小值与最大值相差16.14分，两个极值数据差异较大，由此得出在农、林、牧、渔业内，企业对ESG的重视程度差别较大，也间接反映出我国部分农、林、牧、渔业上

市公司未能真正关注企业的环境、社会、治理绩效。在"双碳"目标背景下，相关企业应该加强对生态保护、低碳转型等相关领域的投入，提高ESG的绩效表现。

另外，相关企业的环境（E）得分、社会（S）得分和公司治理（G）得分的均值分别为10.60、22.83和37.57，均低于50分；其中环境（E）得分的均值最低，比排名第一的治理（G）的得分少了超过26分，原因可能是农、林、牧、渔行业内企业对环境方面的披露程度较低，进而得分较低；另外，农、林、牧、渔业对生态环境的负面影响，近年来也越来越引起社会关注，农林牧渔业相关企业应该加大对环境保护方面的投入，依托ESG评价体系，提高自身环境得分。

表2.2　2021年农、林、牧、渔业ESG得分的描述性统计

变量	样本量	均值	标准差	最小值	中位数	最大值
环境得分（E）	47	10.60	2.32	8.00	11.00	19.18
社会得分（S）	47	22.83	8.25	16.82	20.25	57.00
治理得分（G）	47	37.57	6.25	25.56	37.56	52.47
ESG总得分	47	22.36	3.50	16.04	21.59	32.18

2.2.2　企业ESG理念践行情况

2.2.2.1　环境维度

农、林、牧、渔行业的环境（E）得分均值仅为10.60，中位数为11，最小值为8，且环境得分最高仅为19.18分，说明行业中的大多数企业没有有效披露环境信息，披露环境信息的企业得分也整体偏低。农、林、牧、渔业企业的环境保护水平直接影响到我国的可持续发展，化肥农药的使用、中间废弃物的处理、有害气体排放等都应作为企业环境保护水平的度量指标，相关指标的披露程度较低，企业自身和政府相关部门在环境保护和治理方面的重视程度亟须加强。

资源消耗这一指标下设"总用水量""单位营收耗水量""天然气消

耗""燃油消耗""煤炭使用量""节水/省水/循环用水数量""总能源消耗""人均能源消耗""耗电量""是否有节能管理措施"10个三级指标。数据总体披露情况较差，前9个三级指标几乎没有企业披露，但有超过50%的企业都有节能管理措施。

污染防治这一指标下设"废水/污水排放量""单位营收废水/污水排放量""氮氧化物排放""二氧化硫排放""悬浮粒子/颗粒物""有害废弃物量""单位营收有害废弃物量""无害废弃物量""单位营收无害废弃物量"9个通用指标和"COD排放量""是否有粉尘排放说明"两个农、林、牧、渔业特色指标，共11个三级指标。通用指标披露程度较低，仅雪榕生物披露了"氮氧化物排放量""二氧化硫排放""悬浮粒子/颗粒物"指标，特色指标披露情况相对于通用指标的披露情况较好，其中有八家企业披露了"是否有粉尘排放说明"，有7家企业披露了"COD排放量"。

气候变化这一指标下设"总温室气体排放""单位营收温室气体排放""是否有温室气体减排措施""温室气体减排量""单位温室气体减排量"5个三级指标。其中"是否有温室气体减排措施"这个指标披露状况良好，农、林、牧、渔业全部企业都进行了披露，但其余四个指标披露水平较低。说明农、林、牧、渔业的大部分企业都已经有了一定的环境保护相关信息披露的意识，但意识仍需加强。

2.2.2.2　社会维度

社会（S）得分方面，相关企业得分波动较大，标准差达到8.25，最小值与最大值相差超过40分，说明各企业对承担社会责任的重视程度差异较大。农、林、牧、渔业相关企业的得分全部没有超过60分，企业得分最高的为57.00分，最低分为16.82分，其中大部分企业得分集中于16~30分，相较于全体行业得分情况，该行业在社会责任承担上的表现处较低水平，说明农、林、牧、渔行业的大部分企业对于员工福利和企业社会形象没有足够的重视。

员工权益这一指标下设"雇员总人数""女性员工比例""离职率""平均年薪""员工满意度""是否披露职工权益保护""人均培训投入"7个三级指标，整体披露情况存在较大差异。披露程度最高的是"雇员总人数"和"平均年薪"指标，农、林、牧、渔行业的所有企业都披露了相关信息；另外，仅有益生股份披露了"是否披露职工权益保护"相关信息，有五家企业披露了"人均培训投入"指标相关信息。员工权益部分得分较低，大部分企业得分都在 20 分以下，说明农、林、牧、渔行业的企业应该进一步加强对员工权益的重视。

产品责任这一指标下设"是否披露客户及消费者权益保护""是否披露安全生产内容""是否有产品撤回或召回"三个三级指标。有近一半的企业披露了"是否披露客户及消费者权益保护"指标的相关信息，仅有益生股份一个企业披露了"是否披露安全生产内容"这一指标的相关信息。说明农、林、牧、渔业企业需要加强对于安全生产、客户权益保护等相关问题的重视。

供应链管理这一指标下设"供应商数量""是否披露供应商权益保护"两个三级指标。整体披露情况较差，仅有 7 家企业披露"是否披露供应商权益保护"，分别是益生股份、荃银高科、雪榕生物、华绿生物、香梨股份、众兴菌业、登海种业。

社会响应这一指标下设"是否披露公共关系和社会公益事业""是否披露社会制度建设及改善措施""社会捐赠额""是否响应国家战略"四个通用指标与"是否有保障国家战略物资方案"一个行业特色指标。披露度最高的是"是否响应国家战略"以及是否有保障国家战略物资方案"，该行业的所有企业均披露了这两项指标的相关信息。仅有一家企业"益生股份"披露了企业"是否披露公共关系和社会公益事业"以及"社会捐赠额"，另外有三家企业披露了"是否披露社会制度建设及改善措施"。农、林、牧、渔业企业中有一家企业社会响应得分在 80 分以上，有 4 家企业得分在 60 分以上，说明相关部门仍需进一步引导上市公司对于社会响应指标的披露，强化该行业对于社会响应方面信息的重视程度。

2.2.2.3 治理维度

相关企业的企业公司治理（G）得分均值为 37.57，最高得分为 52.47。在 47 家企业中仅隆平高科 1 家企业公司治理得分在 50 分以上，大多数企业得分集中在 30~50，农、林、牧、渔业公司治理水平还有较大的提升空间。

治理结构这一指标下设"第一大股东持股比例""机构投资者持股比例""两权分离度""高管持股比例""女性董事占比""董事会规模""董事会独立董事占比""董事长及CEO是否是同一人""监事人数""是否说明股

东（大）会运作程序和情况""是否设立专业委员会"11个三级指标。指标整体披露情况良好，有7家企业得分超过60分。在披露度方面，未披露的指标较少，说明农、林、牧、渔业企业对治理结构方面的相关信息披露比较重视，治理结构得分最高的前两家企业分别是华绿生物、万辰生物。

治理机制这一指标下设"是否有重大负面信息""高管年薪前三名""是否有数据安全的措施""是否有违规触发""是否有气候风险识别及防范措施""是否进行数字化转型""是否有问责制度""是否有投诉举报制度""是否有商业道德培训""是否有股权激励计划""是否有现金分红""管理费用率""大股东占款率""质押股票比例""商誉/净资产""关联交易"16个三级指标，"高管年薪前三名""管理费用率""大股东占款率""关联交易"指标披露情况较好。治理机制得分最高的前两家分别是晓鸣股份、圣农发展，没有企业得分超过60分。

治理效能这一指标下设"研发投入""创新成果""财报审计出具标准无保留意见""内控审计报告出具标准无保留意见"4个三级指标，除了创新成果以外其他指标披露情况良好。有三家企业得分在70分以上，分别是隆平高科、荃银高科、神农集团。

2.3 企业财务分析

2.3.1 财务指标对比

表2.3分别从市值、盈利能力、运营效率和偿债能力方面，对比了农林牧渔业上市公司ESG得分前50%和后50%企业的表现。从表中可以看出，ESG得分前50%企业的市值均值达到106.16亿元，低于ESG得分后50%企业的市值均值223.14亿元。在盈利能力方面，前50%企业在净资产收益率与营业利润率方面表现都更优。在以总资产周转率和应收账款周转率为代表的运营效率方面，得分前50%的企业仍然表现更优。得分前50%企业的平均流动比率为1.86，得分后50%企业的流动比率均值为1.68，这表明前50%的企业变现能力与短期偿债能力都更强。资产负债率方面，前50%企业较后50%企业更低，此数据在一定程度表明，得分前50%的企业的财务风险较低于后50%。

表2.3　农、林、牧、渔业上市公司财务指标对比

上市公司	平均总市值（亿元）	盈利能力		运营效率		偿债能力	
		净资产收益率（%）	营业利润率（%）	总资产周转率（次）	应收账款周转率（次）	流动比率	资产负债率（%）
前50%	106.16	−7.44	−1.03	0.53	235.30	1.86	48.06
后50%	223.14	−252.13	−15.62	0.53	78.01	1.68	51.90

2.3.2　投资回报分析

图2.2展示了农、林、牧、渔业ESG总得分排名前50%与后50%的企业在月个股回报率上的差异。纵轴为对应日期的月个股回报率（考虑现金分红）；横轴为2021年1月至2022年12月的股票交易日，为了更清晰直观地展示不同组别下月个股回报率的差异及变动趋势，选择了每个月的个股回报率数据，共24个时间点上的两组数值进行比较。

由图可知，2021年1月至2022年12月农林牧渔业二级市场整体表现较好，2021年2月、5月、8月、9月和12月以及2023年2月、3月、5月和11月盈利效应明显。在市场活跃的这段时间，得分前50%的企业能够带来更大的收益，同时在股价回撤时，前50%的企业和后50%的企业损失相差不大，较为明显的差距在2022年4月，此间，得分前50%的企业表现出更大的损失。在市场平稳期，前50%与后50%回报率差距不大。

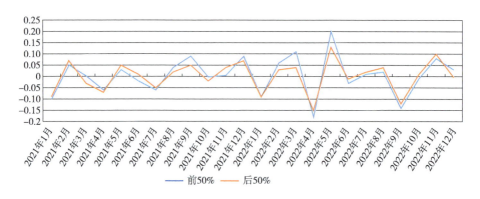

图2.2　农、林、牧、渔业ESG总得分排名前50%和后50%的企业月个股回报率对比

2.4 ESG优秀企业

2.4.1 雪榕生物

上海雪榕生物科技股份有限公司始创于1995年，作为农业产业化国家重点龙头企业及中国航天事业战略合作伙伴，雪榕生物秉承"科技还原生态之美"的发展理念，专注于科学培植食用菌，引领均衡膳食之道，打造航天品质食用菌全国供应链，实力守护14亿国人健康"菇篮子"。历经26年的发展与创新，截至2022年1月底，雪榕生物已在上海、成都、长春、德州、惠州等地建成7大生产基地，拥有18家智能化、标准化食用菌农场，形成了金针菇、白玉菇、蟹味菇等多品种矩阵系列。

2.4.1.1 ESG得分情况

雪榕生物的各项ESG指标披露程度均好于同行业其他企业，取得农、林、牧、渔业ESG评价总得分第一名的成绩，见表2.4。在环境（E）指标的披露上，雪榕生物积极披露资源消耗、污染防治和气候变化三个指标相关的信息。在社会（S）方面，雪榕生物披露了产品责任、员工权益、供应链管理和社会响应4个指标的信息，除了员工权益方面指标，其余三级指标均为满分，但各个指标下都存在信息空白，有一定提升空间。在治理（G）方面，雪榕生物在治理结构指标的披露度高达100%，在治理机制和治理效能下的三级指标存在部分空白信息。总体上，雪榕生物比较重视企业治理，这有利于未来的发展。

表2.4 雪榕生物ESG得分与行业对比

变量	样本量	行业均值	雪榕生物得分
环境得分（E）	47	10.60	19.18
社会得分（S）	47	22.83	36.40
治理得分（G）	47	37.57	45.31
ESG总得分	47	22.36	32.18

2.4.1.2 ESG理念践行情况

在环境（E）方面，雪榕生物坚持"科技引擎，环保至上"。雪榕生物以先进的生物工程育种、人工模拟生态环境、智能化控制、自动化机械作业进行生产，在生产过程不使用任何农药和化学添加剂，无残留，从源头上确保了食品安全，同时减少了污染排放。

在社会（S）方面，雪榕生物通过完整的质量控制、品质保障体系及质量追溯体系来解决食用菌产品生产和流通环节的安全问题；坚持"产业扶贫"，一直积极响应党和国家号召，践行"绿水青山就是金山银山"理念，发挥全国农业产业化国家重点龙头企业的社会价值，以食用菌产业进行精准扶贫，积极履行社会责任。

在治理（G）方面，雪榕生物重视公司治理，提出"永葆学习创新意识，永葆危机意识"，并积极践行，在菌种、工艺、培养基配方等方面，具有核心自主知识产权，公司拥有专利67项以及5个认定菌种。

2.4.2 益生股份

山东益生种畜禽股份有限公司始建于1989年，经过三十余年的发展，现已成为集祖代、父母代肉种鸡，原种、祖代和父母代种猪繁育，环境控制设备、配套饲料加工、畜牧兽医科学研究、奶牛养殖、乳品加工、粪污生物处理及资源化利用等行业产、研、销为一体的农业产业化国家重点龙头企业，先后被授予"国家重点研发计划项目示范种禽场"、"国家白血病净化示范场"和"国家生猪核心育种场"、"国家肉鸡良种扩繁推广基地"等荣誉称号。益生股份现拥有祖代、父母代种禽场、孵化场等100余处；拥有山东益生畜牧兽医科学研究院、江苏益太种禽有限公司等全资及控股子（分）公司36家，还拥有北大荒宝泉岭农牧发展有限公司等合资公司。多年来，益生股份始终坚持"为社会创造价值、为用户带来利益；为公司创造利润，为股东带来财富；为员工创造快乐，为家庭带来幸福"的方针，树立公司形象，打造益生品牌，为提高中国人民的生活水平和中国畜牧业的发展贡献力量。

2.4.2.1 ESG得分情况

益生股份在农、林、牧、渔业企业ESG评价总得分中排名第二，在信息披露上，益生股份在社会（S）指标表现突出，社会指标得分排名第一，得分57分，远远超过行业均值，共披露了11项三级指标。在环境（E）指标的披露上，披露情况较差，仅有8分，未到达行业均值，说明该公司需要加强对环境指标信息的披露，更加重视污染防治以及气候变化。在治理（G）方面，益生股份得分超过行业均值，表明在完善企业内部治理上给予了足够的重视，有利于推动企业的可持续发展。益生股份ESG得分与行业对比见表2.5。

表2.5 益生股份ESG得分与行业对比

变量	样本量	行业均值	益生股份得分
环境得分（E）	47	10.60	8.00
社会得分（S）	47	22.83	57.00
治理得分（G）	47	37.57	37.58
ESG总得分	47	22.36	31.57

2.4.2.2 ESG理念践行情况

在环境（E）方面，益生股份对处罚及时缴纳罚款，且及时对现场雨污分流设施进行工程改造。总体来看，益生股份需要进一步关注企业对于环境相关信息的披露情况。

在社会（S）方面，益生股份主张对员工负责，回馈社会。益生股份通过增加员工福利，关心、关爱、关注员工，使员工体会到"如家"的温暖。针对房价高涨的问题，公司出台了员工买房借款的福利性政策，使一大批员工及时实现了在烟台"有家"的梦想，解决了他们的后顾之忧，也增加了他们的归属感。为弘扬团结友爱、扶贫济困和奉献爱心的传统美德，帮助减轻公司经济困难和伤病职工的医疗负担，公司在2009年组织成立了"博爱基金会"，对需要关怀的员工及时伸出援助之手。新冠疫情期间，公司及员工共计捐款近1 100万元，还积极捐赠防疫和生活等物资，助力疫情防控工作。除此之外，益生股份还帮扶村镇驻地周边解决各类实际困难，助力乡村振兴。公司先后资助公司养殖场周边地区多个乡镇的道路建设、电路改造、自来水管道铺设及环境治理等工程项目。2021年公司共为场区周边村镇驻地扶贫捐赠约50万元，助力乡村道路建设、村建设及幸福餐桌等公益项目。

在治理（G）方面，益生股份严格遵守法律法规，规范地召集、召开股东大会。在实施选举董事、监事的表决程序时，采取累积投票制，确保全体股东尤其是中小股东享有平等地位，充分行使自己的权利。益生股份董事会成员7人，其中独立董事3人，公司董事会人数和人员构成符合法律、法规的要求。同时，益生股份充分尊重和维护相关利益者的合法权益，实现社会、公司、股东、员工等各方利益的协调平衡，共同推动公司持续、稳健发展。

2.4.3 晓鸣股份

宁夏晓鸣农牧股份有限公司是集祖代和父母代蛋种鸡饲养、蛋鸡养殖工程技术研发、种蛋孵化、雏鸡销售、技术服务于一体的"引、繁、推"科技型蛋鸡制种企业，是农业产业化国家重点龙头企业、国家高新技术企业。晓鸣股份在蛋鸡养殖行业历经三十年的技术沉淀和跨越发展，采用"集中养殖，分散孵化"的商业模式，建设了4大标准化蛋种鸡生态养殖基地，建成4座祖代养殖场，22座父母代养殖场，在宁夏闽宁、新疆五家渠、河南兰考、吉林长春、陕西三原、湖南常德分别建有大型孵化基地6座，公司投资建设年产二十万吨蛋鸡消毒饲料加工厂1座，在河南兰考建立青年鸡场1座，建立科技创新平台7处，院士工作站、专家工作站及人才小高地人才载体3个，自治区级科技创新团队1个。

2.4.3.1 ESG得分情况

晓鸣股份在农、林、牧、渔业企业ESG评价总得分中排名第三。在信息披露上，晓鸣股份在环境（E）、社会（S）、治理（G）的得分以及总得分均高于行业均值，相对于整个行业来说指标披露情况良好。在环境（E）方面，晓鸣股份披露了3个指标，表明晓鸣股份需要进一步增加在环境方面的相关信息披露。在社会（S）方面，三级指标仍有部分为空白信息，说明晓鸣股份仍需要关注企业社会责任方面的信息披露。在治理（G）方面，晓鸣股份得分远远高于均值，证明该企业在企业内部治理方面给予了足够的重视。晓鸣股份ESG得分与行业对比见表2.6。

表2.6　晓鸣股份ESG得分与行业对比

变量	样本量	行业均值	晓鸣股份得分
环境得分（E）	47	10.60	13.73
社会得分（S）	47	22.83	26.73
治理得分（G）	47	37.57	49.50
ESG总得分	47	22.36	28.36

2.4.3.2 ESG理念践行情况

在环境（E）方面，晓鸣股份采取了合理的产业规划和布局、科学的场区规划和标准化建设、规范的检疫措施及落实、投入品检验与控制、病死畜禽和粪污的无害化处理及循环利用等关乎生物安全、食品安全和环境保护的措施。

在社会（S）方面，晓鸣股份坚持"企业不论大小，我们深知自己的社会责任。饮水思源，不忘初心。我们努力奋斗，完善自我，同时拥抱社会，努力为社会创造更大的价值"。晓鸣股份主动承担社会责任，积极贯彻落实乡村振兴战略，将农业现代化的产业需求与巩固脱贫攻坚成果的现实需求结合起来。例如，晓鸣股份在宁夏闽宁镇及河南兰考县先后建立了大型生产基地，为当地贫困人口解决了大量就业问题。产品责任方面，晓鸣股份重视生物安全，在饲养过程中采取多种措施来保护蛋鸡免遭疫病侵袭，建立防疫屏障，保护蛋鸡群体健康，并避免病原体扩散到健康蛋鸡。晓鸣股份已经建立了先进的疾病预防和控制体系，具备极强的疾病预防和控制能力，自有场区从未发生过重大传染病。为提高综合防治能力，公司在生物安全领域投入资金及资源建成了畜禽规模养殖场生物安全隔离区。公司的生物安全优势主要体现在基础生物安全、结构生物安全、运作生物安全及文化生物安全。

在治理（G）方面，晓鸣股份注重技术研发优势以及专业人才培养。晓鸣股份在饲料营养研究、标准化和自动化养殖成套技术、疫病控制与净化等方面，积累了丰富的经验，逐步建立了技术竞争优势。晓鸣股份也积累了一批业务强、技术精，以高级科研人才为核心、优秀技术人才为骨干的一流的研发队伍，公司内部搭建了完善的技术研发体系；同时，公司建立了科学的科研激励机制，通过量化考核体系考核技术人员，将技术人员的薪酬直接与技术、工艺的研究开发和成果应用与创新挂钩。晓鸣股份也积极主动与相关高等院校、科研院所和企业建立广泛的合作关系，对接国内高端蛋鸡科研机构，汇集蛋鸡行业内专家为公司业务模式的创新提供长期稳定的技术支撑。

○ 3 采矿业上市公司ESG评价

3.1 评价指标体系

3.1.1 评价指标

根据证监会公布的行业分类，截止到2021年底，我国采矿业共有78家上市公司。本ESG评价体系共计包含3个一级指标、10个二级指标、74个三级指标（其中包括71个全行业通用指标和3个采矿业行业特色指标）。一级指标包含环境（E）、社会（S）和治理（G）。环境（E）评价要素包含资源消耗、污染防治、气候变化；社会（S）评价要素主要包含员工权益、产品责任、供应链管理、社会响应；治理（G）评价要素主要包含治理结构、治理机制、治理效能，具体指标如表3.1所示。

表3.1 评价指标体系一览

一级指标	二级指标	三级指标
环境（E）	资源消耗	总用水量、单位营收耗水量、节水/省水/循环用水量、总能源消耗、人均能源消耗、天然气消耗、燃油消耗、煤炭使用量、耗电量、是否有节能管理措施
	污染防治	废水/污水排放量、单位营收废水/污水排放量、氮氧化物排放、二氧化硫排放、悬浮粒子/颗粒物、有害废弃物量、单位营收有害废弃物量、无害废弃物量、单位营收无害废弃物量、是否有应对突发环境事件的应急预演
	气候变化	总温室气体排放、单位营收温室气体排放、是否有温室气体减排措施、温室气体减排量、单位温室气体减排量

续表

一级指标	二级指标	三级指标
社会（S）	员工权益	雇员总人数、女性员工比例、离职率、平均年薪、员工满意度、是否披露职工权益保护、人均培训投入、是否提供职业病防治健康管理
	产品责任	是否披露安全生产内容、是否披露客户及消费者权益保护、是否有产品撤回或召回
	供应链管理	供应商数量、是否披露供应商权益保护
	社会响应	是否披露公共关系和社会公益事业、是否披露社会制度建设及改善措施、社会捐赠额、是否响应国家战略、是否严格管理对当地社区及居民的影响
治理（G）	治理结构	第一大股东持股比例、机构投资者持股比例、两权分离度、高管持股比例、女性董事占比、董事会规模、董事会独立董事占比、董事长及CEO是否是同一人、监事人数、是否说明股东（大）会运作程序和情况、是否设立专业委员会
	治理机制	是否有重大负面信息、是否有股权激励计划、高管年薪前三名、是否有现金分红、管理费用率、大股东占款率、质押股票比例、商誉净资产比例、关联交易、是否有数据安全的措施、是否有违规触发、是否有气候风险识别及防范措施、是否进行数字化转型、是否有问责制度、是否有投诉举报制度、是否有商业道德培训
	治理效能	财务审计出具标准无保留意见、内控审计报告出具标准无保留意见、研发投入、创新成果

3.1.2　权重设计

权重指标设置方面，本评价体系以《国内外ESG评价与评级比较研究》为基础，结合我国社会经济发展现状和采矿业行业特点，采取"三级—二级——一级"设定路径对各级指标赋权，其中环境（E）、社会（S）、治理（G）三个一级指标的权重设置中，在给予治理（G）指标以较高权重的基础上，根据采矿业行业的评级侧重点，均衡环境（E）和社会（S）指标的权重设定，以此确保评价结果的客观性。

得到各级指标在其上级指标下的权重后，上市公司ESG总得分可根据各级指标的权重算出。图3.1所示为各二级指标在上市公司ESG总得分中所占比重。各二级指标在其上级指标下的权重不同，其所属的一级指标的权重也不同，叠加后导致不同二级指标的权重分配有较大区别。

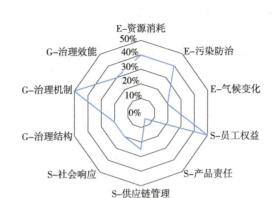

图 3.1　采矿业评价权重分配

3.2　ESG评价结果分析

3.2.1　ESG得分描述性统计

表 3.2 展示了根据证监会公布的行业分类得到的 78 家采矿业上市公司ESG总得分及环境（E）、社会（S）、治理（G）各分项得分的描述性统计结果。根据表中数据显示，78 家采矿业企业的ESG总得分均值仅为 22.50 分，总得分的标准差为 10.45，最小值与最大值分别为 10.80 分和 53.27 分，结合以上数据，可看出采矿业企业对于ESG信息披露的披露水平仍处于较低水平，行业内各企业对于ESG的重视程度存在明显的差异，部分企业有较好的ESG绩效，但采矿业整体对ESG理念的落实还有待提高。

另外，采矿业上市公司ESG环境（E）、社会（S）和公司治理（G）得分的均值分别为 18.32、16.20 和 38.01，都处于较低水平。从得分均值不难看出，环境（E）指标和社会（S）指标相较于公司治理（G）指标，信息披露较为薄弱，企业对于缺少自愿披露环境（E）指标和社会（S）指标的意识，导致环境（E）、社会（S）这两个一级指标下的三级指标大部分得分为 0。

此外，企业ESG总得分的最大值为 53.27，但最小值仅为 10.80，标准差达到了 10.45，这反映出部分采矿业企业主动地将ESG理念落实到生产活动中，但采矿业整体还需提升ESG意识，了解ESG内涵，增强对其重视程度，并逐步从对意识提升阶段发展为管理提升阶段。此外，相关部门应加强对企业的引导监督，共同提升采矿业的ESG绩效水平。

表3.2 2021年采矿业ESG得分的描述性统计

变量	样本量	均值	标准差	最小值	中位数	最大值
环境得分（E）	78	18.32	14.28	8.00	12.00	66.00
社会得分（S）	78	16.20	11.43	2.08	12.39	56.91
治理得分（G）	78	38.01	9.39	16.14	35.85	63.01
ESG总得分	78	22.50	10.45	10.80	18.62	53.27

3.2.2 企业ESG理念践行情况

3.2.2.1 环境维度

环境维度共有资源消耗、污染防治、气候变化3个ESG核心议题。环境（E）得分均值仅为18.32，中位数为12，最大值为66，最大最小值相差58。以上数据说明半数以上的企业没有有效披露环境信息，不同企业的采矿业环境信息披露数量和质量差异较大，表现良好的企业较少。要改善这种情况，还需各企业在生产时重视环境保护。同时，也需要政府相关部门完善相关法规，严厉整治违规违法污染事件，保证环境保护的理念从上至下贯穿始终，为行业的可持续发展保驾护航。采矿业是典型的第二产业，也就是利用基本的生产资料进行加工并出售的行业，有着"靠山吃山"的行业属性，保护环境是企业为谋求自身长足发展的重要战略，更是为保证人类环境而做出的社会贡献。

资源消耗下设总用水量、单位营收耗水量、节水/省水/循环用水量、总能源消耗、人均能源消耗、天然气消耗、燃油消耗、煤炭使用量、耗电量、是否有节能管理措施10个三级指标。采矿业78家企业中，绝大多数的企业信息披露完整程度较低，仅有8家企业的信息披露率达到80%，其中中国石油和兖矿能源的信息披露率达到了100%。

污染防治下设废水/污水排放量、单位营收废水/污水排放量、氮氧化物排放、二氧化硫排放、悬浮粒子/颗粒物、有害废弃物量、单位营收有害废弃物量、无害废弃物量、单位营收无害废弃物量9个通用指标和是否有应对突发环境事件的应急预演一个采矿业特色指标，共10个三级指标。通用指标的披露率普遍较低，绝大多数企业通用指标披露率不足50%，特色指标的披露较为完善。总体来看，兖矿能源和金钼股份信息披露度较高。

气候变化下设总温室气体排放、单位营收温室气体排放、是否有温室气体减排措施、温室气体减排量、单位营收温室气体减排量5个三级指标。其中是否有温室气体减排措施指标披露率为100%，其余指标仅有69家企业进行了不同程度的披露。这反映出采矿业各企业对气候变化的重视程度有待提高。

3.2.2.2　社会维度

社会维度共有员工权益、产品责任、供应链管理、社会响应4个ESG核心议题。社会（S）得分均值仅为16.20分，各企业在社会（S）维度的得分波动较大，标准差达到12.81分，最小值与最大值相差超过50分，说明采矿业各企业在承担社会责任的重视程度上存在着较大的差异。采矿业企业最高得分为56.91分，最低得分为2.08分，大部分企业得分集中在5~20分，采矿业在社会责任承担上的表现处于全行业较低水平，反映出企业对员工福利的投入与企业社会形象的建设还不够重视。

员工权益下设雇员总人数、女性员工比例、离职率、平均年薪、员工满意度、是否披露职工权益保护、人均培训投入三个通用指标和是否提供职业病防治健康管理一个特色指标，共8个三级指标，整体披露情况存在较大差异，披露度较高的是雇佣总人数、平均年薪以及是否提供职业病防治健康管理，分别有77、76和40家企业披露了相关数据信息；而披露度最低的指标为是否披露职工权益保护，仅有2家企业披露了相关数据。此外，大部分企业员工权益得分在20分以下，说明采矿业各企业应当提高对员工权益相关信息披露的重视程度，进一步保障员工在企业中的合法权益。

产品责任下设是否披露客户及消费者权益保护、是否披露安全生产内容、是否有产品撤回或召回三个三级指标。超过25%的企业披露了客户及消费者权益保护相关信息，所有企业均披露了是否有产品撤回或召回相关信息，仅金岭矿业一家企业对上述3个三级指标都进行了披露。这说明采矿业各企业对安全生产、客户与消费者权益保护和产品质量等问题有一定的重视，但对安全生产的信息披露还有待提高。

供应链管理下设供应商数量和是否披露供应商权益保护两个三级指标，

整体披露水平较低，分别只有9家和13家采矿业企业披露了两个三级指标的相关信息，但披露信息的企业得分水平较高，其中中国石油和洛阳钼业得分为100分。采矿业各企业需给予供应链管理更多重视，加强对供应链管理方面的披露情况。

社会响应下设是否披露公共关系和社会公益事业、是否披露社会责任制度建设及改善措施、社会捐赠额、是否响应国家战略四个行业通用指标和是否严格管理对当地社区及居民的影响一个行业特色指标，共5个三级指标。其中采矿业各企业对是否响应国家战略指标的披露率较高，达到了81%，但总体披露率仍处于较低水平。得分情况上，采矿业78家企业的最高分为60分，有48家企业的得分为20分，总体得分水平较低。相关部门仍需进一步规范和引导上市公司对于社会响应指标的披露，强化企业合规经营，提高上市公司的发展质量。

3.2.2.3 治理维度

治理维度共有治理结构、治理机制、治理效能3个ESG核心议题。采矿业公司治理（G）得分均值为38.01分，明显高于环境（E）和社会（S）的得分均值，最高得分为63.01分；78家企业中有3家企业治理（G）得分在60分以上，8家企业得分在40分以上，大多数企业治理（G）得分在25~40分。可见，行业内治理方面可作为模范榜样的头部企业数量不多。

治理结构下设第一大股东持股比例、机构投机者持股比例、两权分离度、高管持股比例、女性董事占比、董事会规模、董事会独立董事占比、董事长及CEO是否是同一人、监事人数、是否说明股东（大）会运作程序和情况、是否设立专业委员会11个三级指标。指标整体披露情况较好，有24家企业得分超过60分，超过98%的企业得分在45分以上，得分排名前二的企业为中国石油和中国石化。在披露度方面，治理结构下的11个三级指标披露情况明显好于其他三级指标，说明采矿业各企业在治理结构方面已形成较为完善的披露规范。

治理机制下设是否有重大负面信息、高管年薪前三名、是否有数据安全的措施、是否有违规触发、是否有气候风险识别及防范措施、是否进行数字化转型、是否有问责制度、是否有投诉举报制度、是否有商业道德培训、是否有股权激励计划、是否有现金分红、管理费用率、大股东占款率、质押股票比例、商誉净资产比例、关联交易16个三级指标，其中高管年薪前三名、管理费用率、大股东占款率、关联交易这4个指标的披露度和披露质量较高。治理机制得分有2家企业超过60分，分别为中国石油和西藏矿业。

治理效能下设财报审计出具标准无保留意见、内控审计报告出具标准无保留意见、研发投入、专利累计数量、发明专利累计数量5个三级指标，采矿业各企业对以上三级指标的披露度较高。采矿业有2家企业的治理效能得分在80分以上，分别为博迈科和驰宏锌锗；此外，有11家企业的治理效能得分在70分及以上，70%的企业治理效能得分在40~43分。这说明采矿业各企业十分重视企业治理效能，但各企业的治理效能披露存在较大差异。

3.3 企业财务分析

3.3.1 财务指标对比

表3.3分别从市值、盈利能力、运营效率和偿债能力方面，对比了采矿业业上市公司ESG得分前50%和后50%企业的表现。从表中可以看出，ESG得分前50%企业的市值均值达到674.74亿元，要明显高于ESG得分后50%企业的市值均值123.36亿元。在盈利能力方面，前50%企业的平均利润率为17.30%，明显高于后50%企业的平均利润率。以总资产周转率和应收账款周转率为代表的运营效率方面，得分前50%的企业表现更优。得分前50%的企业平均流动比率为145.48%，得分后50%企业的流动比率均值为117.97%，这表明前50%的企业变现能力与短期偿债能力都更强。

资产负债率方面，前50%企业较后50%企业更高，可一定程度表明，得分后50%的企业的举债经营能力不足。

表3.3 采矿业上市公司财务指标对比

上市公司	平均总市值（亿元）	盈利能力		运营效率		偿债能力	
		净资产收益率（%）	营业利润率（%）	总资产周转率（次）	应收账款周转率（次）	流动比率	资产负债率（%）
前50%	674.74	1 308.52	17.30	0.68	157.83	1.45	30.17
后50%	123.36	−222.51	2.21	0.43	67 298.58	1.18	15.38

3.3.2 投资回报分析

图 3.2 展示了采矿业 ESG 总得分排名前 50% 与后 50% 的企业在月个股回报率上的差异。纵轴为对应日期的月个股回报率（考虑现金分红）；横轴为 2021 年 1 月至 2022 年 12 月的股票交易日，为了更清晰直观地展示不同组别下月个股回报率的差异及变动趋势，本书选择了每个月的个股回报率数据，在共 24 个时间点上将两组数值进行比较。

由图可知，在 24 个月的时间内，ESG 总得分排名前 50% 和后 50% 的企业月个股回报率走势大体相同，两组企业个股回报率在 2021 年和 2022 年的波动程度接近。对比两组企业的月个股回报率可以看出，ESG 总得分排名前 50% 的企业波动情况要低于排名后 50% 的企业，在市场平稳期，ESG 总得分排名前 50% 的企业投资风险略低。虽然在 2021 年 2 月、3 月、6 月、12 月，2022 年 2 月、5 月、8 月、10 月等月份的个股回报率排名前 50% 的企业要低于排名后 50% 的企业，但当市场整体表现较差时（如 2022 年 2 月、3 月），ESG 得分排名靠前企业的个股回报率要明显高于排名靠后的企业。这说明 ESG 表现优异的企业，能够在整体市场出现较大损失风险时，获得市场参与人员的认可，帮助投资者避免更大的损失。

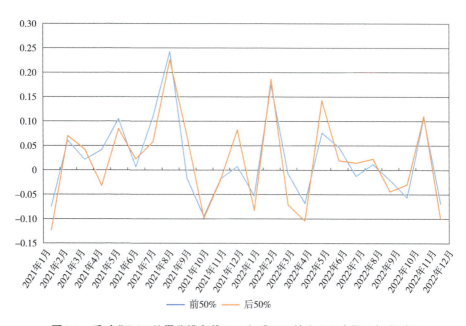

图 3.2 采矿业 ESG 总得分排名前 50% 和后 50% 的企业月个股回报率对比

3.4 ESG优秀企业

3.4.1 兖矿能源

兖矿能源集团股份有限公司是以煤炭、煤电、煤化工为主导产业的国际化特大型能源上市公司。公司成立于1997年，由原兖矿集团有限公司（目前已更名为山东能源集团有限公司）独家发起设立，总股本48.74亿股，其中山东能源集团有限公司占总股本的55.76%。1998年，公司在纽约、香港、上海联合上市；控股子公司兖煤澳大利亚公司于2012年和2018年在澳大利亚和中国香港两地上市，是中国唯一拥有境内外四地上市平台的煤炭企业。经过多年发展，兖矿能源发展区域由山东扩展至陕西、山西、内蒙古、澳大利亚和加拿大，初步建成山东、陕蒙、澳大利亚"三大基地"。

3.4.1.1 ESG得分情况

兖矿能源在ESG各项指标的总体披露数量和质量上好于采矿业其他企业，取得了采矿业ESG评价总得分第一名的成绩。在环境（E）指标的披露上，兖矿能源积极披露了其在资源消耗、污染防治与气候变化等指标的相关信息，在25个三级指标中共披露了20个指标的信息数据，披露率达到80%，无论在全行业还是采矿业中都处于顶尖水平。作为国际化特大型能源上市公司，兖矿能源在环境（E）方面的信息披露给全行业做出了表率。在社会（S）方面，兖矿能源披露了其在产品责任、员工权益、供应链管理、社会响应4个二级指标的信息，共披露了7项三级指标，社会（S）的得分远高于采矿业行业均值。在治理（G）方面，兖矿能源三级指标披露率达到了81%，得分为采矿业第二高，说明兖矿能源重视企业治理。兖矿能源ESG得分与行业对比见表3.4。

表3.4 兖矿能源ESG得分与行业对比

变量	样本量	行业均值	兖矿能源得分
环境得分（E）	78	18.32	66.00
社会得分（S）	78	16.20	32.27
治理得分（G）	78	38.01	62.32
ESG总得分	78	22.50	53.27

3.4.1.2 ESG理念践行情况

在环境（E）方面，兖矿能源抢抓战略转型机遇，坚持高碳能源低碳化、清洁能源规模化、综合能源智慧化发展方向，聚焦矿业、高端化工新材料、新能源、高端装备制造、智慧物流"五大主导产业"，加速高质量发展。兖矿能源矿业聚焦"智能高效"，全力破解智能开采、重大灾害治理、煤炭清洁利用等领域面临的难题。新能源产业发力"培育起势"，采用"光储一体+沉陷区治理"发展路径，十余个新能源项目落地推进。

在社会（S）方面，兖矿能源立足服务企业改革发展稳定大局，回应职工诉求和期盼，实施年轻干部培养工程，为各类人才打开晋升空间，为所属基层单位工会拨付暖心行动专项补助资金，用于改善职工群众生活设施和文体活动等。此外，兖矿能源曾荣获中国社科院企业社会责任研究中心"沪深300上市公司社会责任能力成熟度"第4名，充分体现了兖矿能源的企业社会责任意识。

在治理（G）方面，兖矿能源以精益思维谋划整体工作，以精益管理强化过程管控，以市场机制激发内生活力，"权责明晰、体系完善、机制健全、持续改善、运作精益、活力迸发"的卓越运营管理体系正在加速形成，为建设国际一流、可持续发展的清洁能源引领示范企业提供有力支撑。

3.4.2 中国石油

中国石油天然气集团有限公司（简称"中国石油"）是国有重要骨干企业和全球主要的油气生产商和供应商之一，是集国内外油气勘探开发和新能源、炼化销售和新材料、支持和服务、资本和金融等业务于一体的综合性国际能源公司，在全球32个国家和地区开展油气投资业务。2021年，在世界50大石油公司综合排名中位居第三，在《财富》杂志全球500家大公司排名中位居第四。中国石油致力于为全球能源转型、实现"碳达峰""碳中和"等气候和温控目标提供中国石油解决方案，为实现联合国可持续发展目标贡献中国石油力量。

3.4.2.1 ESG得分情况

中国石油ESG评价总得分为采矿业第二，各指标披露情况较为均衡，其在环境（E）、社会（S）、治理（G）的得分排名均在采矿业企业前五，排名分别为第五名、第二名、第四名。在环境（E）指标的披露上，中国石油披露了25个三级指标中的16个三级指标的相关信息，得分都在75分及以上，披露质量较高。在社会（S）指标的披露上，中国石油共有7项三级指标得到了满分，可以看出，中国石油较好的承担了企业的社会责任。在治理（G）指标的披露上，中国石油有18项三级指标的得分在75分及以上，可看出中国石油有完善的公司治理制度。整体来看，中国石油的ESG绩效处于采矿业顶尖水平，其ESG得分与行业对比见表3.5。

表3.5　中国石油ESG得分与行业对比

变量	样本量	行业均值	中国石油得分
环境得分（E）	78	18.32	50.00
社会得分（S）	78	16.20	49.49
治理得分（G）	78	38.01	59.98
ESG总得分	78	22.50	52.31

3.4.2.2　ESG理念践行情况

在环境（E）方面，中国石油以应对环境挑战、满足不断增长的清洁低碳能源需求为使命和责任，深化科技创新，持续提高油气资源开发和利用效率，大力发展天然气产业，积极拓展新能源新材料业务，不断增加清洁能源在能源供应中的比重，为构建多元、清洁能源供应体系和人类社会的繁荣发展做贡献。中国石油积极推动天然气在城市燃气、工业燃料、天然气发电、化工原料、车用燃料等方面的综合利用，加快推进实施天然气替代燃煤改造工程，积极建设零燃煤示范区。持续开展"煤改气"工程，气化雄安、气化河北、气化长江等项目不断推进，让清洁能源惠及千家万户。2021年，公司国内天然气终端销量增长11.2%。此外，中国石油响应巴黎气候大会通过的《巴黎协定》，贯彻我国政府提出的"碳达峰"与"碳中和"目标，在国际气候治理中主动作为，积极应对气候变化。

在社会（S）方面，中国石油坚持"诚实守信，精益求精"的质量方针，加强质量管理体系建设，严格过程质量控制，培育名牌产品，以产品、工程和服务质量的提升促进公司高质量发展。供应链管理上，坚持全球寻源、开放合作、资源共享、互惠双赢的供应商管理理念，实行从准入到退出全生命周期闭环管理。员工权益上，中国石油遵守有关劳动和人权的国际公约，尊重和保护员工合法权益，倡导平等和非歧视的用工政策，完善薪酬福利体系，健全民主机制，为员工创造公平、和谐的工作环境。此外，中国石油积极响应国家乡村振兴战略及联合国《2030年可持续发展议程》目标倡议，充分利用公司的业务优势，结合受援地资源特点，通过深化特色产业帮扶、扩大智力医疗帮扶范围、不断加大消费帮扶力度、帮助地方拓宽就地就近就业渠道、持续推动重点项目落实落地等措施，提升当地经济自身造血能力，推进脱贫攻坚成果同乡村振兴的有效衔接。

在治理（G）方面，中国石油根据《中华人民共和国公司法》《中华人民共和国企业国有资产法》《中国共产党章程》《中国共产党党组工作条例》等法律法规的要求和国务院国有资产监督管理委员会的部署，建立和完善中国特色现代企业制度，不断完善党组、董事会和经理层权责法定、权责透明、协调运转、有效制衡的公司治理机制，推动公司治理体系和治理能力现代化。同时，突出制度建设和责任落实，实现管控目标明确、资源有效整合、效率效益最优，推动公司全面履行经济责任、政治责任和社会责任，实现持续有效高质量发展。

3.4.3 洛阳钼业

洛阳栾川钼业集团股份有限公司（简称"洛阳钼业"）创立于1969年，2004年和2014年进行过两次混合所有制改革，目前是民营控股的股份制公司。该公司属于有色金属矿采选业，主要从事基本金属、稀有金属的采、选、冶等矿山采掘、加工业务和矿产贸易业务。目前，公司主要业务分布于亚洲、非洲、南美洲、大洋洲和欧洲五大洲，是全球领先的钨、钴、铌、钼生产商和重要的铜生产商，亦是巴西领先的磷肥生产商，公司基本金属贸易业务位居全球前三。公司位居《2021福布斯》全球上市公司2 000强第1 046位，2021全球矿业公司40强（市值）排行榜第15位。

3.4.3.1 ESG得分情况

洛阳钼业ESG评价总得分为采矿业第三名，其在环境（E）、社会（S）、治理（G）的得分均高于采矿业得分均值，整体披露数量和质量处于采矿业领先水平。在环境（E）指标的披露上，洛阳钼业披露了15个指标的相关信息，且得分均在75分及以上，但指标的披露数量还有待增加。在社会（S）指标的披露上，洛阳钼业的指标披露质量较高，有8项三级指标得到了满分，且社会（S）的得分为采矿业第一。在治理（G）指标的披露上，洛阳钼业的披露数量处于较高水平，但质量水平还有待提高。洛阳钼业ESG得分与行业对比见表3.6。

表3.6 洛阳钼业ESG得分与行业对比

变量	样本量	行业均值	洛阳钼业得分
环境得分（E）	78	18.32	49.00
社会得分（S）	78	16.20	56.91
治理得分（G）	78	38.01	47.38
ESG总得分	78	22.50	51.36

3.4.3.2 ESG理念践行情况

在环境（E）方面，洛阳钼业聚焦"双碳"目标、循环经济及气候变化等国内外关注话题，积极践行绿色发展理念。洛阳钼业在2021年制定了长期远景和短期量化目标，持续优化环境绩效。根据《2021年环境、社会及管治报告》，2021年公司总耗水量中约77%是循环水，总耗水密度比2020年下降了4%，极大地减小了业务对当地水资源的影响；2021年公司总体能源消耗的可再生率达到了36.7%，温室气体排放密度比2020年减少了约20%。

在社会（S）方面，在中国矿区所在地河南省洛阳市栾川县，洛阳钼业多年来积极参与脱贫攻坚，长期为地方发展捐资助力。截至2021年，公司累计向栾川城乡建设、扶贫、教育、卫生等事业无偿捐资超1.6亿元。在员工权益保护领域，洛阳钼业聚焦职业健康安全，并通过培训促进员工的职业发展。在社区，洛阳钼业一直保持积极的社区投资政策，在各运营地均有扶贫、医疗卫生、教育、农业、基础设施和土地安置等各个领域的社会投资。

在治理（G）方面，洛阳钼业的独立董事充分参与董事会委员会工作，对公司管理提供了强有力的监管。公司董事会负责对风险的监督，董事会共设有四个委员会，战略及可持续发展委员会由董事长担任主任，负责制定公司可持续发展战略。作为上海和香港两地上市的公司，洛阳钼业持续重视信息披露工作，是有色行业里唯一连续四年获得上交所"上市公司信息披露"A级评价的民营企业。

O 4 制造业上市公司ESG评价

4.1 评价指标体系

4.1.1 评价指标

如今,追求长期可持续增长的理念和价值观已成为企业发展的主旋律。根据证监会公布的行业分类,截至2021年底,我国制造业共有3 045家上市公司。在我国制造业上市公司ESG评价体系中,共计包含3个一级指标、10个二级指标、71个三级指标。一级指标包括环境(E)、社会责任(S)和公司治理(G),力图兼顾经济、环境、社会和治理效益,促进企业和组织形成追求长期价值增长的理念。环境(E)评价要素主要包含资源消耗、污染防治、气候变化,社会责任(S)评价要素主要包含员工权益、产品责任、供应链管理和社会响应,治理(G)评价要素主要包含治理结构、治理机制、治理效能,具体指标如表4.1所示。

表4.1 评价指标体系一览

一级指标	二级指标	三级指标
环境(E)	资源消耗	总用水量、单位营收耗水量、节水/省水/循环用水量、总能源消耗、人均能源消耗、天然气消耗、燃油消耗、煤炭使用量、耗电量、是否有节能管理措施
	污染防治	废水/污水排放量、单位营收废水/污水排放量、氮氧化物排放、二氧化硫排放、悬浮粒子/颗粒物、有害废弃物量、单位营收有害废弃物量、无害废弃物量、单位营收无害废弃物量

续表

一级指标	二级指标	三级指标
环境（E）	气候变化	总温室气体排放、单位营收温室气体排放、是否有温室气体减排措施、温室气体减排量、单位温室气体减排量
社会（S）	员工权益	雇员总人数、女性员工比例、离职率、平均年薪、员工满意度、是否披露职工权益保护、人均培训投入
	产品责任	是否披露安全生产内容、是否披露客户及消费者权益保护、是否有产品撤回或召回
	供应链管理	供应商数量、是否披露供应商权益保护
	社会响应	是否披露公共关系和社会公益事业、是否披露社会制度建设及改善措施、社会捐赠额、是否响应国家战略
治理（G）	治理结构	第一大股东持股比例、机构投资者持股比例、两权分离度、高管持股比例、女性董事占比、董事会规模、董事会独立董事占比、董事长及CEO是否是同一人、监事人数、是否说明股东（大）会运作程序和情况、是否设立专业委员会
	治理机制	是否有重大负面信息、是否有股权激励计划、高管年薪前三名、是否有现金分红、管理费用率、大股东占款率、质押股票比例、商誉净资产比例、关联交易、是否有数据安全的措施、是否有违规触发、是否有气候风险识别及防范措施、是否进行数字化转型、是否有问责制度、是否有投诉举报制度、是否有商业道德培训
	治理效能	财务审计出具标准无保留意见、内控审计报告出具标准无保留意见、研发投入、创新成果

4.1.2 权重设计

本研究参考了ESG的通用评价体系权重设计，结合了社会经济发展现状和制造业的行业特点，同时考虑了治理机制相关指标会对制造业上市公司产生深远影响，所以赋予制造业上市公司治理机制较高的权重，希望能够提高相关对公司治理机制的关注，加强对相关数据信息的披露；同时，资源的消耗及其相关防治行为也是影响制造业可持续发展的又一重要因素，供应链管理对于制造业企业也尤为重要，因此赋予资源消耗、污染防治以及供应链管理较高的权重，具体的权重分配图如图4.1所示。

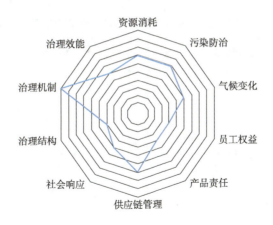

图4.1　制造业评价权重分配

4.2　ESG评价结果分析

4.2.1　ESG得分描述性统计

表4.2展示了2021年制造行业ESG总得分及环境（E）、社会责任（S）、公司治理（G）各分项得分的描述性统计结果。本项研究共涵盖了2021年的3 045家制造行业内的企业，观察表4.2可知，3 045家制造业企业的ESG总得分均值为20.31，总得分未到50，整体行业ESG得分偏低，相当数量的企业对于ESG这一理念的认识与实践还存在一定的不足；ESG总得分的标准差为5.81，最小值与最大值相差近60分，说明在制造业行业内部分企业对ESG的重视程度较高，但是仍然存在个别企业对ESG的重视程度较低，也间接反映出我国制造业各企业需要进一步进行自身信息的披露工作，充分认识ESG对企业长远发展的重要性；此外，还需要有关部门出台更多规范性文件以及奖励性的政策措施，引导企业在相关领域进行改变，推动制造业的可持续发展。

另外，环境（E）得分、社会（S）得分和治理（G）得分的均值分别为9.87、20.87和38.97，均小于50分。其中环境（E）得分的均值最小，由此得出，目前还有很多制造业企业未能真正对环境方面信息进行充分的披露，相关制造业企业应该加大对环境方面的重视程度，在注重自身经营的同时，不断创新制造技术，提高资源利用率，由此提高制造业企业在环境方面的绩效表现，实现行业的长远发展。

表4.2　2021年制造业ESG得分的描述性统计

变量	样本量	均值	标准差	最小值	中位数	最大值
环境得分（E）	3 045	9.87	6.97	0.00	9.50	80.57
社会得分（S）	3 045	20.87	13.96	0.22	19.70	83.05
治理得分（G）	3 045	38.97	8.34	11.17	38.62	67.59
ESG总得分	3 045	20.31	5.81	7.38	19.46	64.40

4.2.2　企业ESG理念践行情况

4.2.2.1　环境维度

环境（E）得分均值仅为9.87，中位数为0，其中有20个企业得分为0，并且制造业披露环境信息的企业得分也整体偏低，说明大部分企业没有有效披露环境信息，缺乏对环境信息披露的意识；同时，相关企业环境得分最大值和最小值相差80分，仅有29家企业得分超过50分，由此可知，不同制造业企业中对于环境保护投入和环境保护信息披露的重视程度差异较大，且表现优异的企业数量有限。随着中国经济的发展和社会的进步，需要各制造业企业加强环保意识，积极披露相关数据信息，不断创新技术，充分利用资源，提高资源利用率，减少污染物的排放；同时还需要政府及相关部门不断提高对环境保护与治理的重视程度，从而实现经济效益、社会效益、生态效益的有机统一。

4.2.2.2　社会维度

观察制造业各上市公司的ESG相关得分，可以看出在社会（S）得分方面最大值为83.05，最小值为0.22，二者相差近83分，标准差达到13.96，不同企业得分差异较大，说明各企业对承担社会责任的重视程度存在很大的差异；行业社会得分均值为20.87，可以看出制造业全行业对员工福利的投入和企业形象的建设还没有足够重视，全行业3 045家企业中，社会（S）得分在60分或以上有47家企业，其中仅有1家企业得分达到80分以上，说明制造业亟需加强对员工福利的投入和企业社会形象的建设，在创造利润、对股东和员工负责的同时，承担相应的社会责任，进而实现长远发展。

4.2.2.3 治理维度

治理（G）得分均值为38.97，是三个一级指标中平均值最大的指标，制造业企业对公司治理等相关方面重视程度较高，其中最高得分为67.59，在3 045家企业中仅有12家企业公司治理得分在60分或以上，但均在80分以下，可以说明制造业企业在治理方面表现优秀的企业数量有限，大多数企业得分集中在60至70分之间，制造业各企业在该方面仍有很大的提升空间，企业的可持续发展与整体质量与治理水平息息相关，未来还需进一步提高公司治理水平，优化公司结构和发展环境，从而增强企业的可持续发展能力和整体质量。

4.3 企业财务分析

4.3.1 财务指标对比

表4.3分别从市值、盈利能力、运营效率和偿债能力方面，对比了制造业上市公司ESG得分前50%和后50%企业的表现。从表中可以看出，制造业上市公司ESG得分前50%和后50%企业在市值方面的得分存在明显差距，ESG得分前50%企业的市值均值达到282亿元，远高于ESG得分后50%企业的市值259亿元；在盈利能力方面，制造业上市公司ESG得分前50%的企业净资产收益率和营业利润率分别为16.43%和10%，而制造业上市公司ESG得分后50%的企业净资产收益率和营业利润率分别为-3.48%和-12.55%，得分前50%的企业表现更好。同时ESG得分前50%的制造业上市公司的运营效率和偿债能力也远优于ESG得分后50%的制造业上市公司。

表4.3 制造业上市公司财务指标对比

上市公司	平均总市值（亿元）	盈利能力		运营效率		偿债能力	
		净资产收益率（%）	营业利润率（%）	总资产周转率（次）	应收账款周转率（次）	流动比率	资产负债率（%）
前50%	282	16.43	10.00	0.91	134.07	3.83	52.83
后50%	23	-3.48	-12.55	0.29	2.05	0.85	15.63

4.3.2 投资回报分析

图 4.2 展示了 ESG 总得分排名前 50% 与后 50% 的制造业上市公司在月个股回报率上的差异。纵轴为对应日期的月个股回报率（考虑现金分红）；横轴为 2020 年 1 月至 2021 年 12 月的股票交易日，为了更清晰直观地展示不同组别下月个股回报率的差异及变动趋势，此部分选择月个股回报率数据，即共 24 个时间点上的两组数值进行比较。

由图 4.2 可知，在绝大部分时间内，制造业 ESG 得分前后 50% 的企业的月个股回报率的波动趋势大致相似，对比得分前后 50% 企业的个股回报率波动的幅度可以看出，ESG 得分排名前 50% 的制造业上市公司的波动幅度与排名后 50% 的制造业上市公司基本一致，但相对于排名后 50% 的上市公司更平稳一些，一定程度上反映出 ESG 表现优异的企业能够在面对整体经济环境各种不确定因素时，为投资者带来更稳定的投资收益，降低投资风险，为说明积极践行 ESG 理念有助于企业以更优的方案保持公司平稳运行。

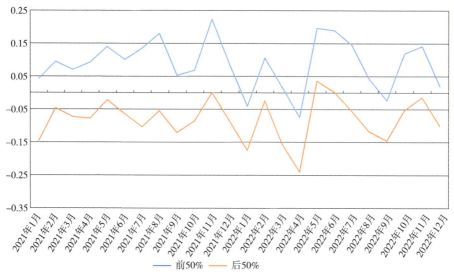

图 4.2 制造业 ESG 总得分排名前 50% 和后 50% 的企业月个股回报率对比

4.4 ESG 优秀企业

4.4.1 东方电气

东方电气股份有限公司（以下简称"东方电气"），是由中国东方电气集团有限公司控股的企业。历经60余年的发展，公司已成为全球最大的发电设备供应商和电站工程总承包商之一；截至2021年底，东方电气累计生产发电设备已超过6亿千瓦，继续在全球同行业中保持领先地位。目前，东方电气的产品和服务已出口近80个国家和地区。东方电气作为国家重大技术装备国产化基地、国家级企业技术中心，拥有中国发电设备制造行业中一流的综合技术开发能力，通过自主开发、产学研合作，形成了一批拥有自主知识产权的重大技术装备产品，具备了风电、太阳能、水电、核电、气电、火电等发电设备的开发、设计、制造、销售、设备供应及电站工程总承包能力。

4.4.1.1 ESG得分情况

在ESG总得分排名中，东方电气位于全行业第一位，其在环境（E）、社会（S）两个一级指标的得分上两个指标得分相差不大，其中社会（S）得分最高，这说明东方电气在企业发展、创造利润的同时，能够兼顾社会与治理两大方面。公司在治理（G）方面的得分在三个一级指标中为最低，这说明在未来的发展中，公司还需不断完善企业内部治理，并积极地向公众披露相关数据信息。东方电气ESG得分与行业对比见表4.4。

表4.4　东方电气ESG得分与行业对比

变量	样本量	行业均值	东方电气得分
环境得分（E）	3 045	9.87	74.15
社会得分（S）	3 045	20.87	75.87
治理得分（G）	3 045	38.97	52.87
ESG总得分	3 045	20.31	64.40

4.4.1.2 ESG理念践行情况

在环境（E）方面，东方电气秉持"绿色动力驱动未来"理念，坚持创造绿色动力、驱动绿色发展，积极构建清洁低碳、安全高效的现代能源体系，为经济社会发展注入"绿色动能"。2021年，东方电气在新能源领域持续发力，狠抓清洁高效先进发电技术攻关，推动绿色装备新产品研发，潜心绿色工程打造，促进清洁能源的全方位发展，并积极披露与环境（E）相关的各项数据信息，环保总投入达5 960万元，较大突发环境污染事件为0，氮氧化物排放为 273 000 千克，天然气使用量共 33 771 吨，温室气体排放共 24 100 吨，东方电气还结合相关法律法规制定环境保护专项督导检查工作清单，完善能源管理相关制度，建立绿色车间评价体系，持续提升能源管理绩效。

在社会（S）方面，东方电气秉承"共创价值，共享成功"的核心价值观，为员工提供开放包容、平等尊重、健康安全的工作环境，增加员工福祉，关注员工健康与安全，紧抓安全生产。2021 年，公司较大生产安全事故为 0、较大火灾事故为 0、较大突发环境污染事件为 0；公司重大职业病危害事故为 0，员工体检覆盖率 100%。东方电气携手伙伴共创价值，不断构建完善的供应链管理体系，积极与各方开展交流合作，探索多元化合作模式，截至 2021 年底，共有合格供应商 13 323 家，其中国外供应方为 637 家，国内供应方为 12 686 家。不仅如此，东方电气积极投身社会公益，以真诚回馈推动社区发展，竭力同创友好型社会，共享和谐幸福生活，向在定点帮扶地区共投入 2 650 万元。

在治理（G）方面，东方电气建立健全公司 ESG 管理机制，重视与利益相关方的沟通，持续完善 ESG 管理制度，不断提升公司核心竞争力。持续深化改造，强化科技创新，扎实推进信息与数字化工作，经理层及职能部门负责执行具体工作，推动各下属子企业在日常经营层面实施可持续发展，同时确保公司运营符合相关法律法规的规定。依托于完善的利益相关方沟通机制，积极开展实质性议题分析，确保企业发展再上新的台阶。

4.4.2 大全能源

新疆大全新能源股份有限公司（以下简称"大全能源"）作为全球多晶硅生产成本最低的厂商之一，已逐步发展成一家全球化的太阳能光伏高纯度硅料制造企业。大全能源拥有先进的设备工艺、专业的研发团队和管理团队，紧紧围绕国家新能源战略规划，依托持续的研发投入和技术创新，结合低成本能源优势以及地处硅产业基地集群优势，一直专注于高纯度多晶硅的研发、生产和销售。公司目前已形成年产 10.5 万吨高质量、低能耗、低成本的高纯多晶硅产能，是多晶硅行业主要的市场参与者之一。

4.4.2.1　ESG得分情况

大全能源ESG得分排名为全行业第二，在环境（E）、社会（S）和治理（G）三个方面得分之间存在较大的差异。在信息披露上，大全能源在环境（E）方面表现突出，三级指标披露率达87.5%，处于全行业披露数据前列；在披露的24个三级指标中13个指标得分为满分，说明大全能源在环境保护、污染防治等方面积极响应国家政策并付出了实际的行动。大全能源ESG得分与行业对比见表4.5。

表4.5　大全能源ESG得分与行业对比

变量	样本量	行业均值	大全能源得分
环境得分（E）	3 045	9.87	80.57
社会得分（S）	3 045	20.87	61.50
治理得分（G）	3 045	38.97	49.44
ESG总得分	3 045	20.31	63.39

4.4.2.2　ESG理念践行情况

在环境（E）方面，大全能源深入贯彻绿色发展理念，以企业发展绿色转型为引领，以能源绿色低碳发展为关键，坚持走绿色发展道路。大全能源开展的循环水节水技术开发项目实现了减少循环水排水量70%、减少循环水药剂用量65%的效果。2021年，大全能源积极披露环境相关绩效数据，其中氮氧化物排放量达4 230千克，大全能源致力于产品的研发创新、不断升级，为光伏行业提供坚实保障，助力社会能源结构的全面绿色转型，为应对气候变化作出贡献。

在社会（S）方面，长期以来，大全能源始终致力于企业和员工共同发展，通过加强人才梯队化建设，培养员工专业技能，保障员工基本权益，重视员工关怀工作，组织有关安全培训方面的培训总小时数达57 260小时，受到安全培训方面培训的员工总人数达28 200人次。大全能源还大力弘扬公益精神，持续加强公益行动的投入力度，通过消费助农、教育传递、关爱儿童的方式回馈社会，截至2021年底，向社区投入共计101.5万元。

在治理（G）方面，大全能源深入优化了以董事会、财务总监、ESG工作小组为核心的三级 ESG 治理架构，不断提高公司治理水平，采用完善治理框架、细化内部治理制度等方式保障各利益相关方权益，走高质量的可持续发展道路，推动企业高效率运行，进一步提升经营目标与生产效率，致力于探索"自动化—数字化—网络化—智能化"的转型路径，以内部管理升级与外部供应保障为两大抓手，持续深耕于产业创新与数字建设领域。

○ 5　电力、热力、燃气及水生产和供应业上市公司ESG评价

5.1　评价指标体系

5.1.1　评价指标

根据证监会公布的行业分类，截止到2021年，我国电力、热力、燃气及水生产和供应业共有129家上市公司。本行业ESG评价体系共计包含3个一级指标、10个二级指标、76个三级指标（包括4个行业特色指标）。一级指标包括环境（E）、社会责任（S）和公司治理（G），其中环境（E）评价要素主要包含资源消耗、防治行为、废物排放；社会责任（S）评价要素主要包含员工权益、产品责任、社会响应；公司治理（G）评价要素主要包含治理结构、治理机制、治理效能，具体指标如表5.1所示。

表5.1　评价指标体系一览

一级指标	二级指标	三级指标
环境（E）	资源消耗	总用水量、单位营收耗水量、节水/省水/循环用水数量、总能源消耗、人均能源消耗、天然气消耗、燃油消耗、煤炭使用量、耗电量、是否有节能管理措施、是否回收和清洁利用再生资源
	污染防治	废水/污水排放量、单位营收废水/污水排放量、氮氧化物排放、二氧化硫排放、悬浮粒子/颗粒物、有害废弃物量、单位营收有害废弃物量、是否在新能源研发有所投入、厂区环境是否环保
	气候变化	总温室气体排放、单位营收温室气体排放、温室气体减排量、单位营收温室气体减排量

续表

一级指标	二级指标	三级指标
社会（S）	员工权益	雇员总人数、女性员工比例、离职率/流动率、平均年薪、员工满意度、是否披露职工权益保护、人均培训投入
	产品责任	是否披露安全生产内容、是否披露客户及消费者权益保护、是否有产品撤回或召回、是否严格管理车间工作及设备迭代
	供应链管理	供应商数量、是否披露供应商权益保护
	社会响应	是否披露公共关系和社会公益事业、是否披露社会责任制度建设及改善措施、社会捐赠额、是否响应国家战略
治理（G）	治理结构	第一大股东持股比例、机构投资者持股比例、两权分离度、高管持股比例、女性董事占比、董事会规模、董事会独立董事比例、董事长及CEO是否是同一人、监事人数、是否说明股东（大）会运作程序和情况、是否举办专业委员会会议
	治理机制	是否有重大负面信息、是否有股权激励计划、高管年薪、是否有现金分红、管理费用率、大股东占款率、质押股票比例、商誉净资产比例、关联交易、是否有保护数据安全的措施、是否有违规处罚、是否有气候风险识别及防范措施、是否进行数字化转型、是否有问责制度、是否有投诉举报制度、是否有商业道德培训
	治理效能	财报审计出具标准无保留意见、内控审计报告出具标准无保留意见、研发投入、专利、发明专利

5.1.2 特色指标解读

5.1.2.1 是否回收和清洁利用再生资源

再生资源回收以物资不断循环利用的经济发展模式，正在成为全球潮流，获得了国内国际的一致认同。可持续发展强调在发展经济时不能只顾企业自身，既要符合当代人类的需求，又不能损害后代人满足其需求的发展方式，强调在注意经济增长的数量同时，注意追求经济增长的质量。可持续发展最主要的标志就是能源能够重复多次的利用，保持良好的生态发展环境。

电力、热力、燃气及水生产和供应业企业应牢牢遵守《中华人民共和国清洁生产促进法》，同时根据这一法律，企业还应主动承担清洁生产的社会责任，提高资源利用效率，减少和避免污染物的产生，保护和改善环境，保障人体健康，促进经济与社会可持续发展；不断采取改进设计、使用清洁的能源和原料、采用先进的工艺技术与设备、改善管理、综合利用等措施，从源头削减污染，提高资源利用效率，减少或者避免生产、服务和产品使用过程中污染物的产生和排放，以减轻或者消除对人类健康和环境的危害。

5.1.2.2 是否在新能源研发有所投入

新能源是传统能源之外的各种能源形式，包括正在开发利用或积极研究、有待推广的能源，如太阳能、地热能、风能、海洋能等。传统的能源行业（如热力、燃气等）在生产时产生的二氧化碳、废水、粉尘等等会对环境产生污染和危害，不利于行业经济的可持续发展，因此需要对新能源进行投入研发，以代替传统能源生产方式。

新能源行业其核心仍然是技术的比拼，而这就离不开背后研发费用的大量投入。加强研发投入将继续成为企业提高竞争力的重要手段，而这也必将推动新能源行业整体更高效的发展。

5.1.2.3 厂区环境是否环保

为保护和改善环境，防治污染和其他公害，保障公众健康，推进生态文明建设，促进经济社会可持续发展，中华人民共和国第十二届全国人民代表大会常务委员会第八次会议于2014年4月24日修订通过《中华人民共和国环境保护法》（以下简称《环保法》），自2015年1月1日起施行。

《环保法》提到："保护环境是国家的基本国策，一切单位和个人都有保护环境的义务。"企业事业单位和其他生产经营者应当防止、减少环境污染和生态破坏，对所造成的损害依法承担责任。作为有担当、有责任心的中国企业应该主动履行环保义务，促进行业健康可持续发展。

5.1.2.4 是否严格管理车间工作及设备迭代

企业严格管理车间工作及设备迭代不仅可以将工作流程化、合理化，提高员工工作效率和员工工作素养、专业程度，这也更是企业对其生产的产品及产品质量负责的表现。企业对车间进行严格管理，不能只发布各种指示精神，更应该将工作落到实处，培训员工、建立信息共享平台，合理利用数字化方式、积极进行技术创新、制度创新。

2005年1月26日，国务院第79次常务会议通过了《国家突发公共事件总体应急预案》，并在2006年1月8日发布并实施。2002年6月29日第九届全国人民代表大会常务委员会第二十八次会议通过《中华人民共和国安全生产法》，其后经多次修改，并在2021年6月10日第十三届全国人民代表大会常务委员会第二十九次会议进行通过了《关于修改〈中华人民共和国安全生产法〉的决定》。除此之外，国家还编制了《中华人民共和国环境保护法》《国家突发环境事故应急预案》等相关的法律、行政法规。

安全生产、减少生产安全事故是保障人民生命和财产安全的第一步，是促进经济社会健康发展的基本要求，对于生产安全水平要求较高的电力、热力、燃气及水生产和供应业如此，对于所有行业的所有企业也当如此。

5.1.3　权重设计

考虑到电力、热力、燃气及水生产和供应业与社会关联密切的行业特点，在指标权重的设定上，本部分给予社会（S）指标较高的权重，其次是环境（E）指标，最后是治理（G）指标，权重分配如图5.1所示。

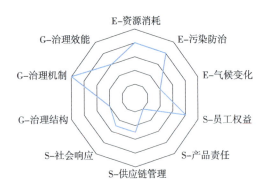

图5.1　电力、热力、燃气及水生产和供应业评价权重分配

5.2　ESG得分描述性统计

表5.2展示了2021年电力、热力、燃气及水生产和供应业行业ESG总得分及环境（E）、社会责任（S）、公司治理（G）各分项得分的描述性统计结果。可以看到，129家电力、热力、燃气及水生产和供应业企业的ESG总得分均值为29.92，ESG总得分的标准差为7.00，最小值与最大值有41.15的差值；可以

看出，行业内各企业对ESG的重视程度存在一定的差距，数据也反映出我国电力、热力、燃气及水生产和供应业对ESG的认识尚未成熟，而且也没有达成共识。

另外，环境（E）得分、社会（S）得分和公司治理（G）得分的均值分别为13.37、27.44和44.19，都小于50分。其中环境（E）得分的均值最小，仅为13.37分。根据分析，企业对于相关资源消耗、环境污染与治理方面的内容披露较少且不完整，这反映了电力、热力、燃气及水生产和供应业企业还缺少主动披露相关环境信息的意识，甚至出现了很多企业相关得分为0的情况。

此外，我国电力、热力、燃气及水生产和供应业行业总得分最高的企业为56.12分，而得分最低的企业仅有14.97分。这反映出目前在该行业内的企业在披露ESG相关信息与贯彻ESG相关理念的力度等方面仍存在很大的改善空间，尤其是对于环境情况的披露需要得到重视。得分也凸显了企业需要加大对与ESG有关信息的关注的紧迫性，这也为国家和行业加快制定相关的ESG政策提供了事实依据。

表5.2　2021年电力、热力、燃气及水生产和供应业ESG得分的描述性统计

变量	样本量	均值	标准差	最小值	中位数	最大值
环境得分（E）	129	13.37	12.00	0.00	10.00	67.31
社会得分（S）	129	27.44	12.10	7.05	26.84	60.76
治理得分（G）	129	44.19	6.39	24.64	43.83	61.17
ESG总得分	129	29.92	7.00	14.97	28.52	56.12

5.3　企业ESG理念践行情况

5.3.1　环境维度

环境（E）得分均值仅为13.37，中位数为10，最大值为67.31，最大最小值相差67.31。这一组数据说明电力、热力、燃气及水生产和供应业的上市公司在披露环境信息的表现较差，且各公司披露的情况差异较大，在披露环境信息这方面表现良好的企业数量较少。各企业需要进一步学习了解环境保护对于企业长远发展的积极作用，将保护环境的理念贯穿生产全流程。政府相关部门需要完善相关治理办法，合理立法立规，严厉整治违规违法污染事件，同时为企业绿色环保的发展提供支持与保障。

5.3.1.1　资源消耗

数据资料显示，电力、热力、燃气及水生产和供应业在资源消耗这一项指标上的披露情况很差，129家上市公司中，没有企业对"资源消耗"下所有三级指标进行了披露；其中，有关资源消耗披露情况表现最好的是联美控股，对"资源消耗"下的除耗电量外全部三级指标信息都进行了有效的披露和公示。

5.3.1.2　污染防治

污染防治指标包括废水/污水排放量、单位营收废水/污水排放量、氮氧化物排放、二氧化硫排放、悬浮粒子/颗粒物、有害废弃物量、单位营收有害废弃物量9个通用三级指标和是否在新能源研发有所投入、厂区环境是否环保两个行业特色三级指标。行业对特色指标的披露情况一般。129家公司中在污染防治这一项目表现最好的是华电国际，在11个三级指标中有效披露了十个指标的相关信息，且得分表现也较为良好。

5.3.1.3　气候变化

废物排放指标包括总温室气体排放、单位营收温室气体排放、是否有温室气体减排措施、温室气体减排量、单位营收温室气体减排量5个三级指标。电力、热力、燃气及水生产和供应业对于气候变化相关信息的披露情况仍不容乐观；但值得注意的是，在"是否有温室气体减排措施"这一指标中，129家上市公司中有99家公司公开了相关信息。迪森股份和洪通燃气在这项指标中表现突出，5项三级指标披露了3项，且全部满分。

5.3.2　社会维度

电力、热力、燃气及水生产和供应业社会（S）得分的最大值为60.76分，均值得分为27.44分，通过这一组数据可以看出，电力、热力、燃气及水生产和供应业整体能够注意承担相关企业社会责任，但及时有效披露相关信息这一方面有所欠缺；该行业129家上市公司中仅有5家公司的得分大于50分，可以看出行业内在社会责任方面表现较好的公司数量较少，在社会响应、保护员工权益这些企业责任方面尚未形成良好的行业氛围，急需更多领头企业给行业带来正面的示范作用；本行业社会责任得分的标准差为12.10，最小值与最大值相差53.71分，表明行业内各上市公司对于社会福祉表现的重视程度存在较大的差异。

5.3.2.1 员工权益

员工权益二级指标下包括雇员总人数、女性员工比例、离职率/流动率、平均年薪、员工满意度、是否披露职工权益保护、人均培训投入共7个三级指标。电力、热力、燃气及水生产和供应业在员工权益项得分的均值为5.4分，129家上市公司在员工权益项得分普遍较低，较低的得分均值表明电力、热力、燃气及水生产和供应业对于员工权益保障方面欠缺重视，反映出在该行业中注重维护员工权益这方面需要提高，且不同公司对于这方面的重视程度也存在着较大差异。

金开新能是员工权益指标中得分最高的企业。金开新能不仅公布大部分员工权益的相关信息，而且能够在各三级指标上获得较高的分数，能够将员工权益保护融入生产工作始终，将员工发展同企业发展紧密联系在一起。

5.3.2.2 产品责任

产品责任指标下包含是否披露安全生产内容、是否披露客户及消费者权益保护和是否有产品撤回或召回3个通用三级指标和是否严格管理车间工作及设备迭代1个行业特色三级指标，电力、热力、燃气及水生产和供应业在产品责任的得分均值为63.57，129家上市公司中有16家公司在这项二级指标中获得了满分，即这16家公司不仅全面地披露了客户消费者和供应商这两方的权益保护信息，还能够对车间进行严格管理，定时检查设备并及时对设备更新迭代。此次没有公司在产品责任指标中得分为0，即没有公司未披露消费者或供应商两方中任意一方相关的权益保护等信息。从整体数据来看，该行业目前虽没有公司未披露任何关于产品责任的信息，信息披露工作做得较好，但从均值来看，仍有相当数量的企业还需提高自身对产品责任的认识。

电力、热力、燃气及水生产和供应业肩负着为全社会及工业企业提供能源、动力的重任，披露产品责任相关信息不仅是对上下游企业等相关利益者的保护与支持，更是使企业能够长久发展，在时代的浪潮中立于不败之地的重要保障，政府相关部门也应进一步加强引导，保护行业以及行业间和谐地可持续发展。

5.3.2.3 供应链管理

供应链管理指标下包含供应商数量、是否披露供应商权益保护两个三级指标。电力、热力、燃气及水生产和供应业在供应链管理这一指标的得分均值为 11.82；整体来看，电力、热力、燃气及水生产和供应业在供应链管理这方面的表现较差，原因是有大量公司未披露供应链管理的相关指标（或得分为 0），在披露相关数据的公司中有三家公司得分在 75 分以上，还有两家公司在这一项获得了满分。

在供应链管理指标中名列第一为新奥股份。该公司将积极承担社会责任视为企业基因与生存基石，将坚持把企业战略与国家战略相结合设为履行社会责任的起点，坚持把财富反哺于人民和社会。新奥股份企业社会责任表现获得国际机构的高度认可，公司推行可持续发展战略，参照国际标准搭建了完整的治理架构与执行体系，通过设立 ESG 委员会及管理团队，不断强化 ESG 的战略引领作用，将 ESG 要素根植于核心业务与企业文化中。公司先后获评"2021 年度 ESG 卓越企业""2022 年"财经长青奖—可持续发展效益奖""第十一届上市公司口碑榜—最具社会责任上市公司"等行业大奖。

该行业以新奥股份为代表的一众公司都在为促进经济和社会和谐发展做着积极正面的努力，它们关注民生和社会发展，大力支持脱贫攻坚，将企业命运与时代命运紧密联系在一起，共同承担新时代的新使命，为构建和谐健康可持续的经济生态而共同努力着。

5.3.2.4 社会响应

社会响应指标下包括是否披露公共关系和社会公益事业、是否披露社会责任制度建设及改善措施、社会捐赠额、是否响应国家战略共 4 项三级指标。电力、热力、燃气及水生产和供应业在社会响应的得分均值为 37.26，129 家企业中共有 13 家得分在 60 分以上（其中有 6 家公司得分大于等于 75 分）。这组数据说明电力、热力、燃气及水生产和供应业目前在社会响应方面的整体表现欠佳，表现优异的公司数量不多，进步空间较大。

首创环保的社会响应得分为满分，是行业中社会响应指标得分最高的。该公司铭记肩负的社会责任，始终以造福社会为己任，积极投身各项公益活动，充分发挥了示范引领作用。

5.3.3 治理维度

电力、热力、燃气及水生产和供应业129家上市公司企业治理（G）得分均值为46.06，最高得分为66.3，其中有四家公司在公司治理的得分高于60分，有19家公司在公司治理的得分大于50分，可见该行业在公司治理方面有显著提升，但是有少部分公司得分较低，在公司生产运作时，应多将视线转移到公司治理上来，以收获更好的经营效果。

5.5.3.1 治理结构

电力、热力、燃气及水生产和供应业在治理结构的得分普遍较高，129家上市公司平均得分为63.33分，最高分达到74.80分，这组数据说明了该行业整体对于公司内部管理控制度方面表现良好，信息披露工作积极到位。其中获得最高分73.80分的公司是华能国际，该公司在2021年年报中积极披露公司治理情况，公司治理水平得分较高。

5.5.3.2 治理机制

电力、热力、燃气及水生产和供应业在治理机制上的得分均值为32.27，129家上市公司中仅有1家企业治理机制得分在60分以上，行业整体表现较差，在治理机制上还需进一步学习和完善，做好相关信息披露工作。其中治理机制得分最高的公司是中山公用，得分为63.87。

5.5.3.3 治理效能

电力、热力、燃气及水生产和供应业在治理效能指标的得分均值为42.57，在129家上市公司中有家6家公司的得分在75分或以上，行业整体在治理效能方面本身以及有效披露相关信息的表现都较为一般，深圳燃气和佛燃能源两家公司的治理效能指标得分最高，不但能够积极披露相关数据，而且在各项三级指标中获得了较高分数。

5.4 企业财务分析

5.4.1 财务指标对比

表5.3分别从市值、盈利能力、运营效率和偿债能力方面，对比了电力、热力、燃气及水生产和供应业上市公司ESG得分前50%和后50%企业的表现。

从表中可以看出，ESG得分前50%企业的市值均值达到348亿元，远高于ESG得分后50%企业的市值均值38亿元。对比该行业前后50%公司的财务指标可以发现，以净资产收益率和营业利润率为代表的盈利能力，以及以总资产周转率和应收账款周转率为代表的运营效率方面，都是得分前50%的企业表现更优。在偿债能力方面，得分前50%的企业平均流动比率为1.69，得分后50%企业的流动比率均值为0.51；得分前50%的资产负债率为67.5%，得分后50%企业的流动比率均值为0.48，二者差别并不大。

表5.3 电力、热力、燃气及水生产和供应业上市公司财务指标对比

上市公司	平均总市值（亿元）	盈利能力		运营效率		偿债能力	
		净资产收益率（%）	营业利润率（%）	总资产周转率（次）	应收账款周转率（次）	流动比率	资产负债率（%）
前50%	348	12.4	25.1	0.56	21.2	1.72	67.54
后50%	38	−9.1	−3.0	0.21	2.6	0.48	32.31

5.4.2 投资回报分析

图5.2展示了电力、热力、燃气及水生产和供应业ESG总得分排名前50%与后50%的企业在月个股回报率上的差异。纵轴为对应日期的月个股回报率（考虑现金分红）；横轴为2021年1月至2022年12月的股票交易日，为了更清晰直观地展示不同组别下月个股回报率的差异及变动趋势，课题组选择了每个月的个股回报率数据，在24个时间点上对两组数值进行比较。

由图5.2呈现的结果可知，在这两年多的时间里，ESG得分前后50%的企业在月个股回报率上的变化趋势相差较远，看上去两条折线重合之处较少，同月数据以及最高值等相差较大，得分前50%的企业的月个股回报率要在绝大多数时间点内高于得分后50%的企业。尤其在2021年8月至2021年10月，可以明显看出电力、热力、燃气及水生产和供应业中ESG得分前50%的企业的个股回报率远远高于得分后50%的企业。

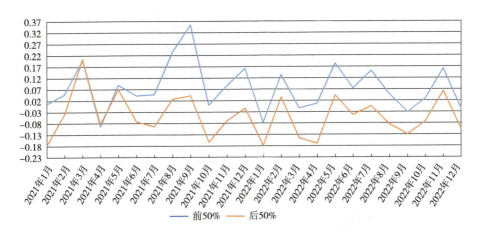

图5.2　电力、热力、燃气及水生产和供应业ESG总得分
排名前50%和后50%的企业月个股回报率对比

5.5　ESG优秀企业

5.5.1　新奥集团

新奥集团，全称是新奥集团股份有限公司，成立于1997年，位于河北省廊坊市，是一家以从事商务服务业为主的企业，现任领导人为王玉锁。新奥集团旗下有4家上市公司，分别为新奥能源、新奥股份、新智认知、西藏旅游。现有员工数超40 000名，国内业务覆盖21个省份。新奥集团以城市燃气为起点，逐步覆盖了分销、贸易、输储、生产、工程智造等天然气产业全场景，贯通清洁能源产业链，随后又拓展了置业、旅游、文化、健康等业务。

5.5.1.1　ESG得分情况

集团下属企业新奥股份得分排名为全行业第一，在信息披露上，新奥股份治理（G）指标的表现突出，在披露的个三级指标中有个指标得分为满分，这说明新奥股份在完善公司治理上努力践行ESG理念。在环境（E）和社会（S）方面，新奥股份均披露了大量相关信息，表明在环境保护、污染治理与社会责任上新奥股份都在努力践行ESG理念，并能够主动地将相关信息面向公众披露。新奥股份ESG得分与行业对比见表5.4。

表5.4　新奥股份ESG得分与行业对比

变量	样本量	行业均值	新奥股份得分
环境得分（E）	129	13.37	46.73
社会得分（S）	129	27.44	53.31
治理得分（G）	129	44.19	56.37
ESG总得分	129	29.92	51.77

5.5.1.2　ESG理念践行情况

在环境（E）方面，集体下属企业新奥能源确保对其拥有控股权益的公司均需进行与其业务营运相关的生物多样性评估，并落实相关举措促进生态系统修复；采取降低碳排放、保护自然资源、减少有害化学物质等系列举措，把节能环保理念及举措贯穿全业务链各个环节。

在社会（S）方面，公司秉承与社会共享发展成果的公益理念，积极响应国家号召，投身巩固拓展脱贫攻坚成果、乡村振兴工作。公司通过打造特色乡镇、救助乡村弱势群体、改善贫困村通信条件、修建基础设施、资助贫困学生建档立卡、改善学校饮水条件等举措，合计支出252万元支持脱贫攻坚、乡村振兴工作

在治理（G）方面，新奥股份公司根据《公司法》《证券法》《上市公司治理准则》等法律、法规及规范性文件的要求，建立了由股东大会、董事会、监事会和公司管理层组成的法人治理机构及运作机制，形成了决策机构、监督机构和管理层之间权责明确、运作规范、相互协调的公司治理体系。董事会向股东大会负责，对公司经营活动中的重大事项进行审议，并做出决定或提交股东大会审议。监事会是公司的监督机构，负责对公司董事、管理层的行为及公司的财务进行监督。公司联席首席执行官、总裁和其他高级管理人员由董事会聘任，在董事会的领导下，全面负责公司的日常经营管理活动。

5.5.2　金开新能

金开新能源股份有限公司是一家立足于光伏、风电领域的综合清洁能源服务商，业务聚焦新能源项目的开发、投资、建设及运维，主要经营模式为

光伏电站和风电场的开发、建设及运营。2021年6月上市公司正式更名为金开新能源股份有限公司（简称"金开新能"）。金开新能在以光伏、风电等多种形式的新能源电站投资、建设及运维为主的业务基础上，积极拓展储能、氢能、能源互联网、配电网等多种形式的能源延伸服务。

5.5.2.1 ESG得分情况

金开新能取得了全行业ESG评价总分得分第二名的成绩，其ESG得分与行业对比见表5.5。在社会（S）方面得分为53.89，表现最突出，尤其在资源消耗和气候变化这两个二级指标的披露上，反映了金开新能响应国家号召，积极承担相应的社会责任，为该行业其他企业起到表率作用。环境（E）得分为34.55，金开新能积极披露了其在资源消耗、污染防治与气候变化等指标的相关信息，在多个三级指标中共披露了11个指标的信息数据，在全行业的披露中属于较高水平。在治理（G）方面得分为42.16，可见金开新能十分重视企业内部治理结构，积极践行ESG企业治理理念。

表5.5 金开新能ESG得分与行业对比

变量	样本量	行业均值	金开新能得分
环境得分（E）	129	13.37	34.55
社会得分（S）	129	27.44	53.89
治理得分（G）	129	44.19	42.16
ESG总得分	129	29.92	44.18

5.5.2.2 ESG理念践行情况

在环境（E）方面，金开新能致力于可持续发展，为中国"双碳"目标的实现贡献自己的力量，努力减少公司运营过程中对环境的负面影响。公司着眼于新能源的更广泛使用，着力于不断的技术创新，希望通过减少自身的碳排放助力应对全球气候变化。在全球气候变暖的大背景下，公司对其面临的市场、政策和法律、实体、技术等气候风险进行了识别，并做出相应的应对措施。

在社会（S）方面，金开新能积极响应脱贫攻坚、乡村振兴的战略号召，积极承担企业公民责任，致力于营造共融的社区氛围，主动关注社会问题，不断寻找与社会共同发展的契合点，积极参与扶贫公益事业。2021年，公司持续开展光伏扶贫项目，按照国家标准帮助当地争取项目补贴，通过帮助改善当地的基础设施，有效地提升了当地产业经济发展水平，推进了地区就业稳岗和劳务协作，提升民生福利水平。

在治理（G）方面，自上市以来，金开新能公司严格按照《公司法》《证券法》《上市公司治理准则》《上海证券交易所股票上市规则》等法律、行政法规、部门规章和规范性文件以及《公司章程》等规定，不断完善公司治理结构。目前，公司法人治理结构的实际情况符合国家法律法规以及证券监管部门的要求。公司制定了《股东大会议事规则》，保障所有股东，尤其是中小股东享有平等地位。公司严格按照《公司法》《公司章程》《股东大会议事规则》等规定召集、召开股东大会，股东大会审议事项采用现场与网络投票相结合的方式，积极为股东参加会议提供便利，确保所有股东，尤其是中小股东能够依法行使权利。

5.5.3 中国广核

中国广核集团有限公司（简称"中广核"或"中国广核"），总部位于广东省深圳市，是由国务院国有资产监督管理委员会控股的清洁能源大型中央企业。中广核是伴随我国改革开放和核电事业发展逐步成长壮大起来的中央企业，以"发展清洁能源，造福人类社会"为使命，经过40余年的发展，优化构建"6+1"产业体系，涵盖核能、核燃料、新能源、非动力核技术应用、数字化、科技型环保和产业金融等领域，拥有2个内地上市平台及3个香港上市平台。

5.5.3.1 ESG得分情况

在ESG总得分排名中，中国广核排名全行业第三位，在环境（E）、社会（S）和治理（G）三个一级指标的得分中，社会（S）得分最优，这说明中广核主动承担自身社会责任，并积极为社会做出企业贡献。中国广核在环境（E）、治理（G）方面的得分在整个行业中处于中等水平，这说明在未来的发展中，中国广核应进一步提高对环境保护、公司治理相关方面的重视度，响应国家政策和呼吁，不断优化企业内部管理体系和结构，为该行业其他企业起到表率作用。中国广核ESG得分与行业对比见表5.6。

表5.6　中国广核ESG得分与行业对比

变量	样本量	行业均值	中国广核得分
环境得分（E）	129	13.37	22.18
社会得分（S）	129	27.44	54.71
治理得分（G）	129	44.19	54.46
ESG总得分	129	29.92	43.27

5.5.3.2　ESG理念践行情况

在环境（E）方面，中国广核为持续提升环境管理能力和绩效，按照 ISO14001标准以及《中华人民共和国核安全法》《中华人民共和国放射性污染防治法》《中华人民共和国环境保护法》等国家法律法规的要求，持续完善环境管理体系，各核电站均制定环境管理手册，让环境管理体系与生产管理体系相结合，致力打造生态核电，与周边自然和社会环境建立共生、互生和再生格局。公司持续提升放射性废物管理水平，优化控制放射性液体废物和放射性气体废物排放过程，严格执行排放控制标准。2021年，公司管理的25台在运机组放射性废物管理均严格遵守国家相关法规标准，并满足相关技术规范，气态和液态流出物排放总量均低于国家批复的限值要求，年度内未发生放射性物质超标排放和环境污染事件。

在社会（S）方面，中国广核集团实施的小学阶段白鹭班"彩虹计划"为山区留守儿童搭建了一条出山路。2021年，集团为览金小学引入资教工程、智慧语文、女童保护等公益项目，创新"党支部+志愿者+学生"的结对帮扶机制，完成6批12人次接力支教，3期共9名学生的圆梦行动，1次趣味活动，1次主题日活动。2021年，集团及本公司员工被广东省委、省政府评为广东省脱贫攻坚先进集体和先进个人，阳江核电连续四年获评"广东扶贫济困日"活动"募捐之星"。

在治理（G）方面，中国广核公司内部的治理结构主要由股东、董事会及董事会专门委员会、监事会、内部审计师和管理层及员工构成；外聘审计师对公司的管治进行独立评审，以帮助我们不断优化内部治理；与此同时，公司与其他业务有关人士（包括客户、合作伙伴、社会环境、监管机构等）的关系也反映我们在企业管治方面的成效，让我们深知作为一家公众公司的企业责任和社会责任深远重大，需要持续不断地践行企业管治最佳实践。

6 建筑业上市公司ESG评价

6.1 评价指标体系

6.1.1 评价指标

建筑业指国民经济中从事建筑安装工程的勘察、设计、施工以及对原有建筑物进行维修活动的物质生产部门。按照国民经济行业分类目录，建筑业由以下四个大类组成：房屋建筑业，土木工程建筑业，建筑安装业，建筑装饰、装修和其他建筑业。本行业ESG评价体系共计包含3个一级指标、10个二级指标、75个三级指标（包括4个建筑业特色指标）。一级指标包括环境（E）、社会（S）和治理（G），环境（E）评价要素主要包含资源消耗、污染防治、气候变化；社会（S）评价要素主要包含员工权益、产品责任、社会响应；治理（G）评价要素主要包含治理结构、治理机制、治理效能，具体指标如表6.1所示。

表6.1 评价指标体系一览

一级指标	二级指标	三级指标
环境（E）	资源消耗	总用水量、单位营收耗水量、节水/省水/循环用水量、总能源消耗、人均能源消耗、天然气消耗、燃油消耗、煤炭使用量、耗电量、是否有节能管理措施、是否在生产中推广节能产品
	污染防治	废水/污水排放量、单位营收废水/污水排放量、氮氧化物排放、二氧化硫排放、悬浮粒子/颗粒物、有害废弃物量、单位营收有害废弃物量、无害废弃物量、单位营收无害废弃物量、建筑垃圾处理是否环保

一级指标	二级指标	三级指标
环境（E）	气候变化	总温室气体排放、单位营收温室气体排放、是否有温室气体减排措施、温室气体减排量、单位温室气体减排量
社会（S）	员工权益	雇员总人数、女性员工比例、离职率、平均年薪、员工满意度、是否披露职工权益保护、人均培训投入、是否有关爱农民工计划、是否披露安全生产内容
	产品责任	是否披露安全生产内容、是否披露客户及消费者权益保护、是否有产品撤回或召回
	供应链管理	供应商数量、是否披露供应商权益保护
	社会响应	是否披露公共关系和社会公益事业、是否披露社会制度建设及改善措施、社会捐赠额、是否响应国家战略
治理（G）	治理结构	第一大股东持股比例、机构投资者持股比例、两权分离度、高管持股比例、女性董事占比、董事会规模、董事会独立董事占比、董事长及CEO 是否是同一人、监事人数、是否说明股东（大）会运作程序和情况、是否设立专业委员会
	治理机制	是否有重大负面信息、是否有股权激励计划、高管年薪前三名、是否有现金分红、管理费用率、大股东占款率、质押股票比例、商誉净资产比例、关联交易、是否有数据安全的措施、是否有违规触发、是否有气候风险识别及防范措施、是否进行数字化转型、是否有问责制度、是否有投诉举报制度、是否有商业道德培训
	治理效能	财务审计出具标准无保留意见、内控审计报告出具标准无保留意见、研发投入、创新成果

6.1.2 权重设计

由于建筑行业企业的大多数业务对环境影响较大，所以赋予环境（E）指标较高的权重，以此均衡社会（S）、治理（G）的权重配比。在环境（E）下的二级指标中更加侧重于资源消耗和气候变化；在社会（S）指标中则给予员工权益较高的权重；在治理（G）指标中则更加侧重治理机制；权重分配如图6.1所示。

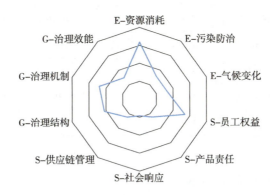

图6.1　建筑业评价权重分配

6.2　ESG得分描述性统计

表6.2是2021年建筑业行业ESG总得分及环境（E）、社会（S）、治理（G）各分项得分的描述性统计结果。由表6.2列示的结果可得，该项研究共包括了2021年的108家建筑业企业，在按照评分标准及二级指标权重分别得到每家企业环境（E）、社会（S）及治理（G）各分项得分的基础上，根据各分项一级指标的权重汇总得到了各企业的ESG总得分。2021年，这108家企业的ESG总得分的均值为24.55，得分水平较低。ESG总得分的标准差为10.18，其中最大值69.51和最小值12.19差值为57.32，说明ESG的整体披露情况在行业内部存在着较大的差异，也反映出我国建筑行业仍未形成有行业共识性的ESG相关政策法规，亟待相关部门的引导推进。

此外，环境（E）的得分均值仅为6.86，与社会（S）均值29.90和治理（G）均值42.77相比差距很大，说明建筑业在环境（E）相关信息的披露上仍需提高关注度，大部分企业仅对自身环保努力做了定性描述，从而导致得分的最小值为0且中位数小于5。但是，环境（E）、社会（S）和治理（G）最大得分均超过了60分，取得了较好的成绩，这表明在建筑业中，有少部分企业切实关注并积极披露了相关信息，可以作为行业信息披露标杆，为其他企业在环境（E）、社会（S）和治理（G）的披露方面提供指引。

表6.2 2021年建筑业ESG得分的描述性统计

变量	样本量	均值	标准差	最小值	中位数	最大值
环境得分（E）	108	6.86	12.25	0.00	3.64	70.55
社会得分（S）	108	29.90	16.54	12.13	24.88	72.63
治理得分（G）	108	42.77	7.16	28.38	41.80	69.38
ESG总得分	108	24.55	10.18	12.19	22.50	69.51

6.3 企业ESG理念践行情况

6.3.1 环境维度

建筑业108家企业环境（E）得分均值仅为6.86，中位数为3.64，最小值为0，环境得分最高为70.55分；其中有35%，即39家企业的一级指标得分为0，说明大多数的企业都披露了环境信息，较去年相比有所进步，但是披露质量有待提高。环境（E）得分中虽然前三名得分均超过60分，但从第四名到第五名得分呈现断崖式下跌，总体来看，大部分建筑业的企业环境（E）得分都集中在20分以下，得分偏低。该现象说明建筑业出现了注重环境信息披露的企业，但大部分企业的环境信息披露的意识依旧需要提高。建筑企业在生产经营过程中会对环境产生许多影响，因此建筑业的企业应该重视对环境的保护，加强环境保护意识，积极披露相关信息，做到在经营过程中充分利用资源，减少废物排放。建筑业中企业也应该向标杆企业学习，尽早完成信息的有效披露。

资源消耗这一指标下设"总用水量""单位营收耗水量""天然气消耗""燃油消耗""煤炭使用量""节水/省水/循环用水数量""总能源消耗""人均能源消耗""耗电量""是否有节能管理措施""是否在生产中推广节能产品"11个三级指标；其中，"是否在生产中推广节能产品"是建筑行业的特色指标。建筑行业中，有近30%的企业都披露了"是否有节能管理措施""是否在生产中推广节能产品"两项指标；但数据总体披露情况较差，大部分企业没有披露相关数据，资源消耗方面的环保意识不够重视。行业中，中国铁建、中国中冶、中国中铁、中国交建四家企业披露状况良好，中国铁建仅有一项指标没有披露，得分达到86.36分，在行业内处于领先地位，行业内其他企业应向中国铁建学习，重视资源消耗，合理利用各项资源。

污染防治这一指标下设"废水/污水排放量""单位营收废水/污水排放量""氮氧化物排放""二氧化硫排放""悬浮粒子/颗粒物""有害废弃物量""单位营收有害废弃物量""无害废弃物量""单位营收无害废弃物量"9个通用指标和"建筑垃圾处理是否环保"一个建筑业特色指标，共10个三级指标。行业内企业通用指标披露程度较低，仅中国中铁和中国中冶两家企业披露状况良好，得分情况分别为70分、62.5分。特色指标披露情况相对于通用指标的披露情况较好，其中有28家企业披露了"建筑垃圾处理是否环保"。总体而言，污染防治方面，建筑业大部分企业得分集中在10分及10分以下，但建筑业在生产经营过程中必然会产生废水等污染，因此污染防治对于建筑业企业来说至关重要，建筑业企业应该重视污染的排放量以及排放的方式。

气候变化这一指标下设"总温室气体排放""单位营收温室气体排放""是否有温室气体减排措施""温室气体减排量""单位温室气体减排量"5个三级指标；指标中，行业内企业"是否有温室气体减排措施"这个指标披露状况较好，有28家企业进行披露。对于得分情况，有两家企业得分超过60分，分别是中国铁建和中国交建（中国铁建得分高达85分，披露状况良好，5项指标全部披露）；其余建筑行业的企业得分大部分集中在20分及20分以下，说明建筑业已经出现了在气候变化方面进行信息有效披露的企业，但大部分企业对于气候变化的披露情况较差。该行业企业在生产经营过程中应加强环境保护意识，积极披露气候变化相关指标，控制温室气体的排放。

6.3.2 社会维度

行业内企业社会（S）的得分均值为29.90，标准差为16.54，最大值为72.63，与最小值12.13相差超过60分，说明建筑业内各个企业对于社会（S）方面信息披露的重视程度差异较大，有部分企业对于社会责任的关注度更大，但整体水平依旧需要继续发展。在社会责任部分分设4个二级指标，分别是员工权益、产品责任、供应链管理、社会响应。在108家建筑企业中有7家社会得分超过60分，其中得分最高的是中国中冶72.63分，说明该行业部分企业虽然对社会责任有所关注，但没有充分重视，企业在发展的过程中应该维护员工权益，对所生产的产品负责到底，努力做好供应链管理，积极响应社会的需求，充分发挥企业的社会责任。员工权益这一指标下设"雇员总人数""女性员工比例""离职率""平均年薪""员工满意度""是否披露职工权益保护""人均培训投入"7 个通用指标和两个特色指标，分别是"是否有关爱农民工计划"和"是否披露安全生产内容"。在员工权益指标下，整体披露度不高，并未有企业得分超过 60 分，最高分是中国建筑 58 分，大部分企业得分集中在 20~50 分。整体披露情况存在较大差异。披露度最高的是"雇员总人数"和"平均年薪"指标，行业内的所有企业都披露了相关信息；其次，有 50 家企业披露了"是否披露职工权益保护"相关信息，但其余通用指标披露情况较差。对于两项特色指标"是否有关爱农民工计划"和"是否披露安全生产内容"，披露状况良好，其中有 97.2% 的企业披露了安全生产内容，有 34.8% 的企业有关爱农民工计划。总体而言，建筑业的企业应该进一步重视员工权益的保护以及相关信息的披露。

产品责任这一指标下设"是否披露客户及消费者权益保护""是否披露安全生产内容""是否有产品撤回或召回"3 个三级指标。该类指标总体披露状况较好，有 46 家企业得分在 60 分以上，其中有 18 家企业得分为 100 分，其余企业得分集中在 33 分左右。建筑业所有企业均没有产品撤回或召回，几乎所有企业都披露了安全生产内容，有 36.6% 的企业披露了客户及消费者权益保护。说明行业中的大部分企业都十分关注产品责任，对于建筑业而言，企业与下游之间的关系维护十分重要，因此企业应该进一步保护好消费者权益，从而增加与顾客之间的信任。

供应链管理这一指标下设"供应商数量""是否披露供应商权益保护"两个三级指标。整体披露情况较差，仅有 1 家企业得分在 60 分以上，有 33 家企业得分在 50 分左右，大部分企业未披露相关信息；其中，有 34 家企业披露"是否披露供应商权益保护"，有 1 家企业披露了供应商数量，即中国中治。这说明建筑业应该进一步加强企业与供应商之间的关系管理，更好地维护供应商的权益，从而合作共赢。

社会响应下的三级指标共四项，分别是"是否披露公共关系和社会公益事业""是否披露社会制度建设及改善措施""社会捐赠额""是否响应国家战略"。有 35 家企业得分在 60 分以上，有 10 家企业得到满分，有 59 家企业并未披露，得分为0。披露度最好的指标是"是否披露公共关系和社会公益事业"和"是否响应国家战略"两个指标，均有接近一半的企业进行披露。总体而言，相关部门仍需进一步引导建筑业上市公司对于社会响应指标的披露，强化该行业对于社会响应方面信息的重视程度。

6.3.3 治理维度

行业内企业公司治理（G）的得分均值为42.77，是三项一级指标中得分最高的一项；得分的标准差为7.16，最大值与最小值分别为69.38和28.38，相差41分，说明建筑业企业普遍比较关注对公司的治理，但多数企业还有较大的改进空间。在108家建筑企业中，有三家治理（G）得分超过60，得分最高的是中国中冶69.38分。在治理层面中共设有3个二级指标，分别是治理结构、治理机制、治理效能。虽然行业中企业在治理层面相较于环境和社会的表现好，但仍要继续努力，建筑业大部分治理（G）得分集中在30到50分，应引起行业重视。建筑业在生产经营的过程中也应做好公司内部的治理活动，调整治理结构、改善治理机制、提高治理效能。

治理结构这一指标下设"第一大股东持股比例""机构投资者持股比例""两权分离度""高管持股比例""女性董事占比""董事会规模""董事会独立董事占比""董事长CEO是否是同一人""监事人数""是否说明股东（大）会运作程序和情况""是否设立专业委员会"11个三级指标。该行业在治理结构方面表现比较好，指标整体披露情况良好，有60家企业得分超过60分，得分最高的是大千生态78.65，剩余企业得分均在45分以上。说明建筑业的企业大部分都充分认识到治理结构的重要性。

治理机制这一指标下设"是否有重大负面信息""高管年薪前三名""是否有数据安全的措施""是否有违规触发""是否有气候风险识别及防范措施""是否进行数字化转型""是否有问责制度""是否有投诉举报制度""是否有商业道德培训""是否有股权激励计划""是否有现金分红""管理费用率""大股东占款率""质押股票比例""商誉/净资产""关联交易"16个三级指标。从得分上来看，有2家企业得分在60分以上，分别是中国中冶和中国铁建，大部分企业得分集中在20到60分之间；有47家企业得分低于20分，说明行业内企业对于治理机制的重视程度存在较大差异。三级指标中，"高管年薪前三名""管理费用率""大股东占款率""关联交易"3 个指标披露情况较好,"保护数据安全""气候风险识别"等指标披露情况较差,希望更多的企业可以进行相关披露。

治理效能这一指标下设"研发投入""创新成果""财报审计出具标准无保留意见""内控审计报告出具标准无保留意见"4 个三级指标,通过观察建筑业中企业的治理效能得分的结构,发现该行业的企业治理效能得分呈现差异较大,有 29 家企业得分超过 60,其中最高得分为 92.42 分,40 分到 50 分的企业有 66 家,20 分左右以及低于 20 分的企业有 13 家,大部分企业都位于中高分数段,说明行业内大部分企业都很关注公司治理效能的管理,也有部分企业做得较好,但多数企业需要提高对公司治理效能的关注度。

6.4　企业财务分析

6.4.1　财务指标对比

表 6.3 展示了建筑行业总市值、盈利能力、运营能力、偿债能力四个方面的相关财务指标,并对该行业中 ESG 得分前 50% 和后 50% 的企业进行对比。从表中可以看出,得分前 50% 的企业平均总市值为 215 亿元,得分后 50% 的企业平均总市值只有 53 亿元,得分前 50% 和后 50% 企业的总市值存在较大的差距。在盈利能力方面,通过对比净资产收益率和营业利润率来衡量企业的盈利能力,数据显示,无论是净资产收益率还是营业利润率,得分前 50% 的企业都远高于得分后 50% 的企业,得分前 50% 企业的净资产收益率为 −5.33%,然而得分后 50% 的企业净资产收益率为 −12.05%,得分前 50% 企业的营业利润率为 −15.44%,得分后 50% 的企业营业利润率为 −26.19%。建筑行业整体是亏损的,但得分前 50% 的企业能够避免更大的亏损。关于运营效率,得分前 50% 的总资产周转率为 0.6,应收账款周转率是 4.32,而得分后 50% 的总资产周转率为 0.49,应收账款周转率分是 10.72,可以看出应收账款周转率得分后 50% 的企业表现较优,总资产周转率得分前 50% 的企业表现更优。另外,得分前 50% 企业的流动比率为 1.32,得分后 50% 企业的流动比率为 1.51,后 50% 的企业资产的变现能力要强于前 50% 的企业,而资产负债率得分前 50% 的企业要高于后 50% 的企业。

表6.3 建筑业上市公司财务指标对比

上市公司	平均总市值（亿元）	盈利能力		运营效率		偿债能力	
		净资产收益率（%）	营业利润率（%）	总资产周转率（次）	应收账款周转率（次）	流动比率	资产负债率（%）
前50%	215	−5.33	−15.44	0.60	4.32	1.32	69.31
后50%	53	−12.05	−26.19	0.49	10.72	1.51	66.02

6.4.2 投资回报分析

图6.2展示了建筑业ESG总得分排名前50%与后50%的企业在月个股回报率上的差异。纵轴为对应日期的月个股回报率（考虑现金分红）；横轴为2021年1月至2022年12月的股票交易日，为了更清晰直观地展示不同组别下月个股回报率的差异及变动趋势，选择了每个月的个股回报率数据，即对共24个时间点上的两组数值进行比较。

由图可知，2021年1月至2022年12月整个建筑业市场面临了较大波动，2022年2月和2022年5月行业盈利效应明显。整体而言，前50%的企业和后50%的企业波动趋势相似，在2021年11月到2021年12月，后50%的企业盈利相对明显，在2022年1月和2022年4月，后50%的企业损失相对明显，但总体相差不大。在整个市场有所波动时，得分前50%企业的个股回报率曲线更加平稳，表明其能够给投资者带来更稳定的收益。

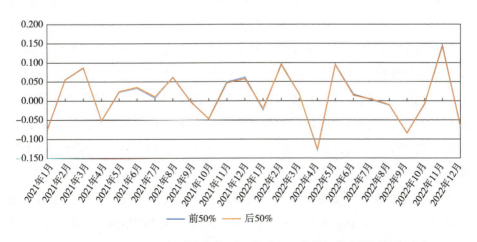

图6.2 建筑业ESG总得分排名前50%和后50%的企业月个股回报率对比

6.5 ESG优秀企业

6.5.1 中国铁建

中国铁建是全球最具实力及规模的特大型综合建设集团之一，位居2022年《财富》"世界500强企业"排名第39位、"全球250家最大承包商"排名第3位、"中国企业500强"排名第11位。公司业务涵盖工程承包、规划设计咨询、投资运营、房地产开发、工业制造、物资物流、绿色环保、产业金融及其他新兴产业，经营范围遍及全国32个省、自治区、直辖市以及全球130多个国家和地区。公司坚持新发展理念，遵循"实事求是、守正创新、行稳致远"的工作方针，以服务国家经济社会发展和满足人民对美好生活的向往为发展方向，围绕政府、城市和人作文章，倾力打造"品质铁建"，发挥全产业链优势，为客户提供一站式综合服务，向着最值得信赖的世界一流综合建设产业集团的企业愿景迈进。

6.5.1.1　ESG得分情况

中国铁建在ESG各项之指标披露上表现良好，ESG得分将近70分，远高于行业均值，取得了建筑业ESG评价总得分第一名的成绩；并且，中国铁建在环境、社会、治理三方面的得分均衡，都在70分左右，说明企业重视ESG相关指标的披露和落实。中国铁建的环境得分高于社会和治理得分，说明中国铁建格外重视环境治理。在环境（E）指标的披露上，中国铁建积极披露资源消耗、气候变化两方面的信息，得分均在85分以上，但公司需要进一步关注污染防治指标相关信息的披露，做好污水、有害废弃物等污染物排放的披露，更好地实现与自然的和谐相处。在社会（S）方面，中国铁建在产品责任和社会响应方面的相关信息披露比较完整，员工权益和供应链管理相关指标披露仍需加强，做到更好地维护员工和上游供应商的权益，建立良好的合作关系。在治理（G）方面，中国铁建在治理结构、治理机制和治理效能三个二级指标的得分均高于60分，其中在治理效能方面表现更加出色，得分在85分以上，说明中国铁建比较重视企业的治理，在以后的发展中可以加强对治理机制的关注，对于数据安全保护等方面采取行之有效的措施，以利于企业的长远发展。中国铁建ESG得分与行业对比见表6.4。

表6.4 中国铁建ESG得分与行业对比

变量	样本量	行业均值	中国铁建得分
环境得分（E）	108	6.86	70.55
社会得分（S）	108	29.90	68.61
治理得分（G）	108	42.77	69.04
ESG总得分	108	24.55	69.51

6.5.1.2 ESG理念践行情况

在环境（E）方面，中国铁建以习近平生态文明思想为指导，以服务"双碳"目标为己任，倡导"绿色工程"理念，努力建设资源节约型和环境友好型企业，履行环境保护责任，以实际行动推动环境可持续发展。中国铁建重视环境管理，不仅建立首个EOD研究中心，还通过开展垃圾分类、植树造林、环境保护公益活动，向员工宣传环保理念；同时，中国铁建全力打造海上风电项目，助力双碳目标。绿色施工也是中国铁建践行的一大标准，其在粉尘、噪声、有害气体等方面进行污染控制。生物多样性是人类生存和发展的基础，中国铁建通过"与象相伴而行"等多个案例，加强生态保护，认真开展生态修复，2021年，公司临时用地实现100%复耕和绿化。

在社会（S）方面，中国铁建秉持"生命至上，预防为主"的安全发展理念，持续完善安全生产管理体系，强化安全风险识别，安全生产投入158.727亿元，接受安全生产教育培训人数达到27 980人次；同时，中国铁建主张与员工共成长，关心员工健康，重视女员工保护，给予适当的照料和补贴，重视员工培训，采取线上线下相结合的方式。作为建筑业企业，中国铁建也非常关爱农民工，致力于改善其生活条件。中国铁建贯彻落实习近平总书记关于实施乡村振兴重要指示批示精神，有效衔接乡村振兴，聚焦产业、人才、文化、生态、组织"五大振兴"，扎实增进民生福祉，朝着共同富裕前进，投入帮扶资金4 590.24万元，打造乡村振兴示范点6个。中国铁建开展"纾困工程""关爱工程""共享工程"，解决群众的所思、所想、所需、所盼；开展"暖心工程""润心工程"，帮扶生活困难员工群众；开展"希望工程""巩固工程"，关怀老区人民和英烈后代；开展"储能工程""特供工程"，破解"招脖子"难题，推动供给质量。

在治理（G）方面，中国铁建坚持"两个一以贯之"，根据相关法律法规及现代企业治理要求，优化公司治理结构，完善公司治理。2021年，中国铁建召开股东大会3次，对26项议案进行审议并形成决议，召开董事会21次，对136项议案进行审议并形成决议。中国铁建注重责任沟通，强化多渠道沟通机制，深入了解利益相关方的期望与诉求并积极给予回应；同时，中国铁建注重科技创新，累计获国家科学技术奖87项，中国土木工程詹天佑奖136项，国家优质工程奖444项，中国建设工程鲁班奖148项，省部级工法3 182项，累计拥有专利19 072项。

6.5.2　中国中铁

中国中铁股份有限公司是集勘察设计、施工安装、工业制造、房地产开发、资源利用、金融投资和其他新兴业务于一体的特大型企业集团。作为全球最大建筑工程承包商之一，中国中铁连续17年进入世界企业500强，2022年在《财富》世界500强企业排名第34位，中国企业500强排名第5位。中国中铁在全球市场久负盛名。自20世纪70年代建设长达1 861公里的坦桑尼亚至赞比亚铁路项目开始至今，先后在亚洲、非洲、欧洲、南美洲、大洋洲等多个国家建设了一大批精品工程。目前在全球90多个国家和地区设有机构和实施项目。公司入选国务院国资委"央企ESG·先锋50指数"，是中国上市公司协会，公司入选北京上市公司协会"业绩说明会优秀实践案例""上市公司ESG优秀实践案例""'一带一路'优秀实践案例"等。

6.5.2.1　ESG得分情况

中国中铁在建筑业ESG评价总得分中排名第三，总得分为62.23分，环境和社会得分均在60分以上，治理得分为59.31分；但中国中铁在环境（E）、社会（S）、治理（G）的得分以及总得分均高于行业均值，相对于整个行业来水指标来说，披露情况良好。在环境（E）指标的披露上，中国中铁在资源消耗和污染防治方面披露情况较好，得分均在70分以上，但气候变化方面披露情况相对较差，得分为50分，说明中国中铁对于环境相关信息披露有一定的意识，但仍需加强温室气体排放方面的信息披露。在社会（S）方面，中国中铁虽然在产品责任和社会响应方面得分为满分，但在员工权益和供应链管理方面分数较低，不足60分，说明中国中铁需要进一步提升对于员工权益和供应链的关注度，加强这两项指标的信息披露。在治理（G）方面，中国中铁在治理结构和治理效能两个二级指标上表现良好，得分均超过60分，治理效能指标表现尤为突出，得分为92.42分，但治理机制指标披露情况较差，表明在完善企业内部治理上中国中治给予了足够的重视，但仍需落实数据安全保护、气候风险识别等方面的措施并进行有效披露。中国中铁ESG得分与行业对比见表6.5。

表6.5　中国中铁ESG得分与行业对比

变量	样本量	行业均值	中国中铁得分
环境得分（E）	108	6.86	63.09
社会得分（S）	108	29.90	63.99
治理得分（G）	108	42.77	59.31
ESG总得分	108	24.55	62.23

6.5.2.2　ESG理念践行情况

在环境（E）方面，中国中铁坚持绿水青山就是金山银山理念，落实双碳目标，助力推动碳达峰、碳中和进程，加强生态环境保护、提倡绿色低碳生活方式，加快企业绿色转型升级。中国中铁注重环境风险管控、排放物管理自然资源的使用与保护、提倡绿色办公。作为建筑业企业，中国中铁注重生态保护，在生物多样性保护方面，中国中铁持续监测生物多样性影响，并采取有效措施，努力降低施工生产对生物种群造成的影响。清洁能源开发也是中国中铁环境保护方面的一项举措，公司积极参与清洁能源开发项目，在各施工项目上积极研发推广使用地源热泵、光伏发电、热电冷三联供、空气能使用等清洁能源技术，积极应对气候变化。

在社会（S）方面，2021年，中国中铁持续为稳定农民工就业创收提供机遇，推进农民工实名制管理、工资专用账户、工资保证金和银行代发工资等措施，保证农民工工资按时且足额发放；同时，公司对特殊工种全部进行岗前强化培训，不断提高农民工作业技能。中国中铁在员工权益保护、关心员工身体健康方面也落实了有效措施；公司大力实施"人才强企"战略，把人才资源视为企业的第一资源，关注员工的成长和发展。

中国中铁秉承"百年大计，质量第一"的方针，按照"政府监督、社会监理、企业自控、用户评价"的工程质量监督管理模式，建立健全工程质量保证体系与组织体系。在客户管理、供应商管理、社会响应、隐私数据保护等方面，中国中铁都做了相关披露，充分落实作为企业的社会责任。

在治理（G）方面，中国中铁依据法律法规和国资监管、证券监管要求，构建并不断完善权责法定、权责透明、协调运转、有效制衡的公司治理机制。报告期内，公司召开股东大会会议3次，审议通过了24项议案。中国中铁始终注重实现董事会成员多元化，董事会成员的设置与组成符合多元化政策要求，也满足企业发展需要，注重合规管理、反腐倡廉、审计监督、规范关联方交易。同时，作为全国首批"创新型企业"，中国中铁共获国家科技进步和发明奖127项，其中特等奖5项，一等奖16项；中国土木工程詹天佑奖167项；荣获省部级（含国家认可的社会力量设奖）科技进步奖4 253项；拥有专利24 973项，其中发明专利5 157项，海外专利157项；拥有国家级工法166项，省部级工法4 609项。

○ 7 批发和零售业上市公司ESG评价

7.1 评价指标体系

7.1.1 评价指标

随着互联网经济的进一步发展，批发和零售业得到了新的增长。本次评价主要涉及187家上市批发和零售业上市公司，共设置了环境（E）、社会（S）、治理（G）三个一级指标，在各个一级指标下又分设二级指标总计十个；其中，在二级指标防治行为下设置了是否提供社区环保宣传一个特色三级指标，在二级指标产品责任下设置了是否保护客户信息隐私一个特色三级指标，具体指标如表7.1所示。

表7.1　评价指标体系一览

一级指标	二级指标	三级指标
环境（E）	资源消耗	总用水量、单位营收耗水量、节水/省水/循环用水数量、总能源消耗、人均能源消耗、天然气消耗、燃油消耗、煤炭使用量、耗电量、是否有节能管理措施
	污染防治	废水/污水排放量、单位营收废水/污水排放量、氮氧化物排放、二氧化硫排放、悬浮粒子/颗粒物、有害废弃物量、单位营收有害废弃物量、无害废弃物量、单位营收无害废弃物量、是否提供社区环保宣传
	气候变化	总温室气体排放、单位营收温室气体排放、是否有温室气体减排措施、温室气体减排量、单位营收温室气体减排量

一级指标	二级指标	三级指标
社会（S）	员工权益	女性员工比例、是否披露职工权益保护、雇员总人数、平均年薪、离职率/流动率、人均培训投入、员工满意度
	产品责任	是否披露安全生产内容、是否披露客户及消费者权益保护、是否保护客户信息隐私、是否有产品撤回或召回
	供应链管理	供应商数量、是否披露供应商权益保护
	社会响应	社会捐赠额、是否响应国家战略、是否披露公共关系和社会公益事业、是否披露社会责任制度建设及改善措施
治理（G）	治理结构	第一大股东持股比例、机构投资者持股比例、两权分离度、高管持股比例、女性董事占比、董事会规模、董事会独立董事比例、董事长及CEO是否是同一人、监事人数、是否说明股东（大）会运作程序和情况、是否举办专业委员会会议
	治理机制	是否有股权激励计划、高管年薪前三名、是否有现金分红、是否有保护数据安全的措施、是否有气候风险识别及防范措施、管理费用率、大股东占款率、股息率、质押股票比例、商誉净资产比例、关联交易、是否进行数字化转型、是否有问责制度、是否有投诉举报制度、是否有商业道德培训
	治理效能	财报审计出具标准无保留意见、内控审计报告出具标准无保留意见、研发投入、专利（patents）累计数量、发明专利（invention）累计数量

7.1.2 权重设计

指标权重设置方面，结合批发零售业行业特点，给予了环境（E）、社会（S）、治理（G）三个一级指标不同的权重；其中，赋予社会（S）指标的权重最高，达到了整体的45%，其次是公司治理（G）指标和环境（E）指标，各占整体权重的30%和25%。一级指标下的二级指标中，着重赋予社会（S）指标下的社会响应和治理（G）指标下的治理机制较高权重，进而更好地衡量批发零售业各企业在践行ESG理念方面的表现情况，权重分配如图7.1所示。

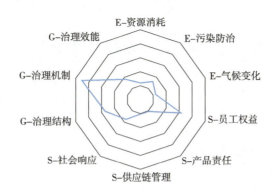

图7.1　批发和零售业评价权重分配

7.2　ESG得分描述性统计

　　表7.2展示了根据证监会分类和筛选得到的187家企业ESG总得分即环境（E）、社会责任（S）、公司治理（G）各分项得分的描述性统计结果。统计共包括2021年的187家批发和零售类企业。该187家批发和零售类企业的ESG总得分均值为24.73，整体处于较低水平，最高分为60.85分。ESG总得分的标准差为7.29，最小值与最大值相差近53分，说明行业内各企业对ESG的重视程度差异较大，侧面反映出我国批发零售行业仍未形成践行ESG理念的共识，需要相关部门进一步规范引导。

　　纵向比较环境（E）、社会责任（S）和公司治理（G）的得分，187家企业三大分支得分均值分别为2.91分、28.36分和38.38分，可以看出，批发零售业公司在环境保护方面的披露信息非常少，承担社会责任和公司治理方面得分相差不大，均属于较低水平。公司治理（G）对企业的发展起着重要的作用，而承担社会责任（S）则是一家优秀的企业最基本的义务，故批发零售业企业应当继续提高公司治理（G）和承担社会责任（S）方面的重视程度，进一步提升企业在全行业中的竞争力。

表7.2　2021年批发和零售业ESG得分的描述性统计

变量	样本量	均值	标准差	最小值	中位数	最大值
环境得分（E）	187	2.91	8.27	0.00	0.00	67.78
社会得分（S）	187	28.36	17.43	6.67	29.64	61.56

续表

变量	样本量	均值	标准差	最小值	中位数	最大值
治理得分（G）	187	38.38	5.16	13.70	38.90	55.31
ESG总得分	187	24.73	7.29	7.48	25.07	60.85

7.3 企业ESG理念践行情况

7.3.1 环境维度

环境（E）得分的均值为2.91分，中位数为0分，最大得分值为67.78分，这说明尽管批发零售业整体在环境（E）方面的信息披露不足，但是仍有部分企业对相关信息进行了披露，不同企业对于环境保护方面的重视程度存在明显差异。批发零售业在环境保护方面应根据不同企业间从事的经营活动不同而选择不同的环境保护措施从而减少废物，降低环境污染水平。批发零售业在交易过程中存在着交易零星、分散，交易次数频繁等特点，这些特点会使得批发零售业产生多余或没有完全销售的产品，对于这类产品可以采取回收再利用或低碳绿色方式处理，相关企业可将此类信息汇总披露，关注中国批发零售业自身的环境保护现状进而引导中国批发零售业重视环境保护，这样不仅可以提高各类资源的利用率，减少能源消耗，同时有利于解决众多环境污染等环境生态问题。

7.3.1.1 资源消耗

资源消耗作为二级指标之一，是衡量企业在承担保护生态环境方面所做贡献的重要指标，包含了总用水量、单位营收耗水量、节水/省水/循环用水数量、总能源消耗、人均能源消耗、天然气消耗、燃油消耗、煤炭使用量、耗电量、是否有节能管理措施10个三级指标。通过资料搜集，187家批发和零售业企业披露情况较差，能够主动披露相关信息的企业数量较少。批发和零售业企业应该加强自然资源消耗信息的披露，以利于加强社会和政府部门对行业内企业环境保护水平的监督，进而提高企业环境保护水平、加快绿色低碳循环发展经济体系的建立。

7.3.1.2 污染防治

污染防治指标包括废水/污水排放量、单位营收废水/污水排放量、氮氧化物排放、二氧化硫排放、悬浮粒子/颗粒物、有害废弃物量、单位营收有害废弃物量、无害废弃物量、单位营收无害废弃物量9个三级指标和是否提供社区环保宣传一个特色指标。批发零售业行业本身产生的环境外部性较小，因而我们加入了社区环保宣传这一个特色指标，更好地体现批发零售业在环保方面业可以有所作为。由于污染防治指标与环境生态保护紧密联系，也是政府和相关部门评价企业是否做到环境保护的重要标准，因此，批发零售业各企业应当加强对污染防治相关信息的披露，引导企业进一步做到废物的绿色环保排放进而保护生态环境。

7.3.1.3　气候变化

气候变化包含了总温室气体排放、单位营收温室气体排放、是否有温室气体减排措施、温室气体减排量、单位营收温室气体减排量共5个三级指标。

气候变化指标信息的披露情况与污染防治指标信息披露情况相似，通过数据库查找、数据计算和查找企业年报、社会责任报告等方式发现相当部分批发和零售业企业没有明确提到相关的指标。批发零售业应给予环境保护方面的信息披露更多的重视，积极披露相关信息数据；同时，相关部门也应加强对批发零售业企业披露信息的引导，进一步为环境保护做出努力。

7.3.2　社会维度

社会责任（S）得分方面，行业内企业得分的标准差为17.43，最小得分值与最大得分值相差55分左右，说明各企业对承担社会责任的重视程度存在着较大的差异。批发零售业全行业187家企业中的最高得分为61.56分，批发零售业全行业企业对员工福利的投入和企业形象的建设还没有给予足够重视。

7.3.2.1　员工权益

员工是企业经营运转不可替代的重要组成部分，保障员工权益对企业的成功与长远发展起到关键因素，国家经济科技的高速发展带动批发零售业吸引各地人才的加入，而人才的加入还需要企业相关政策的引导，减少人才的流失并带动企业进一步发展提高企业整体竞争力。

员工权益指标下包含了女性员工比例、是否披露职工权益保护、雇员总人数、平均年薪、离职率/流动率、人均培训投入、员工满意度7个三级指标；其中，女性员工比例、离职率/流动率、员工满意度和人均培训投入4个指标公布的数据较少。披露度最高的是雇员总人数与平均年薪指标，批发零售业187家企业均有相关信息的披露，但行业得分整体不高，相关部门与社会各界需要加强企业在相关方面的监督，引导企业进一步对员工权益的重视。

7.3.2.2　产品责任

批发零售业企业有着交易对象多、交易量零星分散、交易次数频繁等特点，因此产品责任指标的信息披露对研究批发零售业企业尤为重要。产品责任包含是否披露安全生产内容、是否披露客户及消费者权益保护、是否保护客户信息隐私、是否有产品撤回或召回4个三级指标。从得分来看，是否披露安全生产内容、是否披露客户及消费者权益保护两个三级指标的披露情况较好，大部分企业在这两个指标的信息做了披露，然而只有少数企业披露了是否保护客户隐私。综合行业全部企业披露情况可以得知，批发零售业的企业大多重视安全生产和客户及消费者权益保护，但客户信息隐私保护方面有待相关企业积极披露。

7.3.2.3　供应链管理

供应链管理共有供应商数量、是否披露供应商权益保护两个三级指标。其中，只有少数几家企业披露了供应商数量，大部分企业披露了供应商权益保护的相关内容。供应链管理是批发和零售业关键的指标之一，相关部门和业界应积极引导企业进行相关数据的披露。

7.3.2.4　社会响应

批发零售业187家公司在社会响应方面的得分较其他二级指标而言得分情况相比较表现较好，有两家企业获得了满分，近70家企业得分在75分以上。批发和零售业上市公司相关信息的披露规范工作取得一定成效，有相当数量的上市公司在合规经营以及承担社会责任方面表现较好；信息披露方面，绝大多数企业在4个三级指标下可以披露其中的2项或以上指标的相关信息；同时有2家企业得分为0分，由此可以看出不同上市公司在社会响应方面存在较大差异。相关部门仍需进一步规范和引导上市公司对于社会响应指标的披露，强化企业合规经营，提高上市公司的发展质量。

7.3.3　治理维度

批发和零售业企业的公司治理（G）得分均值为13.14分，最高得分为深粮控股51.60分，最低得分为8.04分；在168家企业中，得分集中在10分至20分，批发和零售业治理方面的表现仍有很大的提升空间；行业内能够起到引导作用的企业尚未产生，企业未来仍需进一步提高公司治理水平。公司的可持续发展能力和整体质量与公司的治理水平息息相关，要优化上市公司结构和发展环境，使上市公司运作规范性得到明显提升、信息披露质量不断改善，从而提升公司的可持续发展能力和整体质量。

7.3.3.1　治理结构

治理结构的评分指标包括第一大股东持股比例、股权制衡、两权分离度等10个三级指标，大部分企业得分较低（有134家企业集中在20分至40分之间）；第一大股东持股比例指标的数据披露度较低，大部分企业需要进一步提高相关信息的披露程度。其中，中国铁物得分最高，达到50.70分，批发和零售业中仅有少部分企业在积极披露公司治理情况。

7.3.3.2　治理机制

建发股份、江苏舜天、第一医药3家企业治理机制得分在60分或以上，现代企业理论和国内外企业的实践表明，股权激励对于改善公司组织架构、降低管理成本、提升管理效率、增强公司凝聚力和核心竞争力都有积极作用。行业内龙头企业应积极披露相关信息，带动整个行业的信息披露，从而引导全行业整体水平得到提高。

7.3.3.3　治理效能

治理效能得分情况是所有二级指标中表现最好，有93家企业得分在60分或以上，10家企业得分在90分或以上，其中包括1家企业得分为100分。但仍有7家企业得分最低仅有25分，不同公司在治理效能方面有着较大的差异。

7.4　企业财务分析

7.4.1　财务指标对比

表7.3分别从市值、盈利能力、运营效率和偿债能力方面，对比了批发零售业上市公司ESG得分前50%和后50%企业的表现。从表中可以看出，批发零售业ESG得分前50%企业的市值均值达到了113亿元，要明显高于ESG得分后50%的市值均值69亿元。无论是在以净资产收益率和营业利润率为代表的

盈利能力、以总资产周转率和应收账款周转率为代表的运营效率方面，还是以流动比率和资产负债为代表的偿债能力方面，ESG得分前50%的企业均优于ESG得分后50%的企业（只有总资产周转率和流动比例二者相差无几，其余几项均有较为明显的差异）。说明在批发零售业中，ESG表现较好的企业，财务指标的表现也相对更好。

表7.3　批发和零售业上市公司财务指标对比

上市公司	平均总市值（亿元）	盈利能力		运营效率		偿债能力	
		净资产收益率（%）	营业利润率（%）	总资产周转率（次）	应收账款周转率（次）	流动比率	资产负债率（%）
前50%	113	5.6	1.34	1.38	89.01	1.88	59.40
后50%	69	5.0	0.98	1.36	70.14	1.86	51.26

7.4.2　投资回报分析

　　图7.2展示了批发零售业ESG总得分排名前50%与后50%的企业在月个股回报率上的差异。纵轴为对应日期的月个股回报率（考虑现金分红）；横轴为2021年1月至2022年12月的股票交易日，为了更清晰直观地展示不同组别下月个股回报率的差异及变动趋势，选择了每个月的个股回报率数据，即在共24个时间点上对两组数值进行了比较。

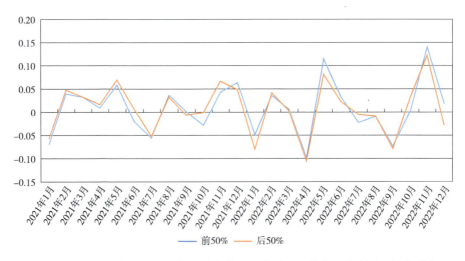

图7.2　批发和零售业ESG总得分排名前50%和后50%的企业月个股回报率对比

由图可知，整体而言，ESG排名前50%和后50%的企业在个股回报率方面没有明显差异，但在2021年8月至2022年2月，ESG排名前50%的企业个股回报率更具有稳定性；在2022年5月至2022年12月，排名前50%的企业更具有优势。

7.5　ESG优秀企业

7.5.1　上海医药

上海医药集团股份有限公司是沪港两地上市的大型医药产业集团；公司注册资本36.96亿元，主营业务覆盖医药工业与商业，2022年营业收入2 320亿元；公司位列《财富》世界500强与全球制药企业50强，公司入选上证180指数、中证500指数、摩根士丹利中国指数（MSCI）。上海医药倡导"创新、诚信、合作、包容、责任"的企业核心价值观，致力于持之以恒，提升民众的健康生活品质，努力打造成为受人尊敬、具有行业美誉度的领先品牌药制造商和健康领域服务商。

7.5.1.1　ESG得分情况

上海医药在ESG各项之指标披露上总体表现较好，ESG总分为61.53分，远高于行业均值，取得了批发与零售业ESG评价总得分第一名的成绩。上海医药在环境（E）、社会（S）和治理（G）三个维度的得分分别是57.25分、62.07分和64.29分；其中，上海医药在治理维度的得分最高，在环境维度的得分相对较低，说明企业总体上重视ESG相关指标的披露和落实，在社会和治理维度上尤为突出。在环境（E）指标的披露上，上海医药在污染防治方面表现较好，取得了全行业最高的85分。在社会（S）方面，上海医药在社会响应方面的相关信息披露较好，取得了93.75分。在员工权益方面的相关指标披露方面，上海医药仍需加强，应该更加注重员工权益（例如披露人均培训支出相关信息）。在治理（G）方面，上海医药在治理机制、治理效能方面的得分均高于60分，说明上海医药比较重视企业的治理；在未来发展中，企业可以加强对治理结构的关注，致力于企业的长远发展。上海医药ESG得分与行业对比见表7.4。

表7.4 上海医药ESG得分与行业对比

变量	样本量	行业均值	上海医药得分
环境得分（E）	187	2.91	57.25
社会得分（S）	187	28.36	62.07
治理得分（G）	187	38.38	64.29
ESG总得分	187	24.73	61.53

7.5.1.2 ESG理念践行情况

在环境（E）方面，上海医药追求绿色发展，低碳运营，投入约1.26亿元用于环保，有6家国家级绿色工厂，4家省市级绿色工厂，报告期内环保零处罚。公司始终贯彻绿色发展的理念，对能源、水资源及包装耗材进行持续优化管理，通过优化能源结构、改进生产工艺技术等措施，提升用能效率，助力节能减排，为建设资源节约型企业的目标不断努力。

在社会（S）方面，上海医药深耕公益，奉献社会。关爱生命、呵护健康是上海医药品牌内涵的重要组成部分。上海医药在追求业务发展的同时不忘初心，长期以来积极投身慈善公益事业，深耕医疗健康、科普教育、文化艺术等公益领域，坚持做优秀企业公民，承担企业社会责任，回馈社会、人民和国家。报告期内，上海医药公益捐赠总投入4 496.65万元，乡村振兴总投入644.01万元。

在治理（G）方面，上海医药肩负着"持之以恒致力于提升民众的健康生活品质"的崇高使命，长期以来将可持续发展理念融入公司日常运营与管理，积极履行社会责任，追求环境、经济与社会价值的平衡，不断完善可持续发展治理体系、提升治理能力。公司董事会对ESG管治策略和汇报承担总体责任。对重要ESG事项、ESG信息披露等进行审批。董事会办公室及办公室负责统筹ESG工作并向董事会汇报。公司总部职能部门及下属企业负责ESG工作的具体执行与汇报，包括但不限于安全保卫部、人力资源部、制造管理中心、研发管理中心、营销中心、审计部、信息技术中心、工会等相关部门及各下属企业。报告期内，董事会审议通过"十四五"经营发展规划纲要，就合规经营、产品质量、研发创新、环境保护、医疗可及等对上海医药高度重要的议题进行讨论与评估，明确未来5年规划与目标。未来董事会将持续优化本公司的ESG治理。

7.5.2 豫园股份

豫园股份1990年登陆上海证券交易所，2018年完成重组，逐步扩张形成珠宝时尚、文化饮食、文化创意、复豫酒业、美丽健康、国民腕表、流行服饰、商业与文创等多个产业集群，拥有国内18个中华老字号和一众领先品牌，以及多个全球知名品牌等为核心的产业品牌资源。公司持续锚定"家庭快乐消费产业+城市产业地标+线上线下会员及服务"三大产业发展平台的"1+1+1"战略，以"为全球家庭客户智造快乐生活"为使命，借助文化红利、产城融合和产业C2M的时代浪潮，智造引领中华文化复兴潮流，植根中国的全球一流家庭快乐消费产业集团。

7.5.2.1 ESG得分情况

豫园股份在ESG各项之指标披露上总体表现较好，ESG总分为46.22分，位于批发与零售业ESG评分第二。豫园股份在环境（E）、社会（S）和治理（G）三个维度的得分分别是28.84分、61.99分和37.06分。豫园股份在社会（S）得分较高，远超行业平均值。说明豫园股份总体上重视EGS相关信息的披露，在社会方面的信息披露和落实做得相对较好。在环境（E）指标的披露上，豫园股份在资源消耗方面做得较好。在社会（S）方面，豫园股份在社会响应方面的相关信息披露较好，取得了93.75分。在治理（G）方面，豫园股份在治理结构方面表现较好；同时，企业也需要关注治理效能和治理机制方面信息的披露。豫园股份ESG得分与行业对比见表7.5。

表7.5 豫园股份ESG得分与行业对比

变量	样本量	行业均值	豫园股份得分
环境得分（E）	187	2.91	28.84
社会得分（S）	187	28.36	61.99
治理得分（G）	187	38.38	37.06
ESG总得分	187	24.73	46.22

7.5.2.2 ESG理念践行情况

在环境（E）方面，豫园股份秉持节约资源和保护环境的基本原则，持续提升环境管理能力，挖掘企业节能潜力，实现企业、社会和环境和谐发展，守护共同的绿色生态家园。围绕气候变化和能源、生物多样性、水资源管理、排放物管理等四个方面，完善豫园股份环境管理体系；同时，积极开展职业健康安全管理体系、环境管理体系、国家安全生产标准化体系的认证工作以降低资源消耗、减少废物排放和提高资源产出效率为目标，努力建设资源节约型、环境友好型的绿色企业。

在社会（S）方面，豫园股份始终关注社区的建设与社企协调发展，多次创办形式多样的志愿者活动，提高员工的社区参与度，为社会贡献自身才学，弘扬新风气、新风尚；同时也使员工在实践中更加深刻地理解奉献精神，提高社会服务意识，实现个人价值与社会价值的统一，承担社会责任。在赋能社区传统文化发展新动能、新活力的同时，积极与社区群众共享科技成果，于社区内开展多项技能培训活动，实现企业与社区的协同发展。

在治理（G）方面，豫园股份不断优化ESG策略来审视和管理公司对环境、社会和经济的影响，将可持续发展理念融入每个营运层面。不断更新优化组织构架，全面梳理和完善现有制度、流程、规范、权限并加强对制度执行层面的监管。公司构筑"四道防线"全面风险管理系统。通过各个平台和投资人进行沟通，了解投资人需求，收集市场反馈，传递公司运营情况信息，展示公司诚信透明的企业形象。

7.5.3 苏美达

苏美达股份有限公司（简称"苏美达"）成立于1978年，系国机集团的重要成员企业。经过40多年的蓬勃发展和几代苏美达人的接续奋斗，公司已发展成为一家在产业链拓展与供应链运营领域颇具市场规模和品牌影响力的国际化、多元化企业集团。2016年，苏美达（600710）正式登陆资本市场，实现整体上市。截至2022年底，苏美达共拥有业务子公司12家，海外机构39家，海内外全资及控股实业工厂29家，在职员工16 593人，市场覆盖160多个国家和地区。2022年实现营业收入1 411.45亿元，进出口总额127.2亿美元，位列2022财富中国500强企业第80位，进出口总额连续多年位列江苏省属重点联系企业第一名。

7.5.3.1　ESG得分情况

苏美达在ESG各项之指标披露上总体表现较好，ESG总分为45.84分，位于批发与零售业ESG评分第三。苏美达在环境（E）、社会（S）和治理（G）三个维度的得分分别是50.66分、52.12分和32.39分，在环境（E）和社会（S）得分较高，均超过了50分，说明苏美达整体十分重视ESG相关信息的披露，同时在环境和社会方面的信息披露和具体落实较好。在环境（E）指标的披露上，苏美达在资源消耗方面做得较好，达到了83.33分，是行业内最高分，在污染防治方面次之，也超过了50分。在社会（S）方面，产品责任、供应链管理和社会响应方面相关信息的披露都较为完善，均超过了50分。在治理（G）方面，苏美达在治理结构和治理效能方面表现较好，同时，企业也需要关注治理机制方面信息的披露。苏美达ESG得分与行业对比见表7.6。

表7.6　苏美达ESG得分与行业对比

变量	样本量	行业均值	苏美达得分
环境得分（E）	187	2.91	50.66
社会得分（S）	187	28.36	52.12
治理得分（G）	187	38.38	32.39
ESG总得分	187	24.73	45.84

7.5.3.2　ESG理念践行情况

在环境（E）方面，苏美达积极践行"绿水青山就是金山银山"理念，通过产品原料和生产工艺的研发与创新，促进产业链端的绿色高质量发展。投身"碳达峰""碳中和"目标，加快生态环保与清洁能源领域的绿色工程建设，发力太阳能发电、可降解塑料工程、水处理、污水处理、餐厨垃圾处理、固废处置以及土壤修复工程，助力"美丽中国"。致力于打造绿色供应链，使用更先进、更节能绿色设备，综合考虑环境影响与资源效率，促进地区生态环境改善，有效推动企业节能增效和绿色可持续发展，实现"双碳"目标下的绿色苏美达。

在社会（S）方面，苏美达积极投身社会公益，携手员工成长。作为央企控股上市公司，公司心系"国之大者"，力戒"利润唯上"，切实承担社会责任。持续巩固脱贫攻坚成果，积极投入乡村振兴，为构建更加繁荣、绿色、包容的世界贡献力量。坚持"责任达济天下"的社会责任理念，积极投身社会公益，开展社区帮扶及多类教育公益活动，为社会贡献苏美达力量。整合自身资源支持国家及地方政府疫情防控工作，转产防疫物资，组织"小水滴"志愿者投身南京"抗疫"一线，与医护工作者、社区工作人员并肩作战。坚持以人为本，关爱员工所念所想，解决员工实际困难；重视青年人才培养，让苏美达不仅成为员工成长成功的事业平台，更成为承载幸福与梦想的精神家园。

在治理（G）方面，苏美达不断完善公司治理，将党的领导政治优势转化为推动公司治理发展的强大动力，打造"学习研究型、科学决策型"董事会，着重加强重大决策的调查研究、科学论证及风险评估，有效提升决策科学化水平，切实降低决策风险。坚持"合规创造价值，合规人人有责"，发挥内控体系对公司强基固本的重要作用，打好"十四五"开局年建设基础。切实维护投资者利益，提升业绩的同时大幅提升分红比例回馈投资者支持，积极与投资者开展多种形式的交流，致力于成为备受投资者尊敬的上市公司。

○ 8　交通运输、仓储和邮政业上市公司ESG评价

8.1　评价指标体系

8.1.1　评价指标

交通运输、仓储及邮政业对中国人的生活已经产生了深刻的影响，行业企业从市场情况、行业服务、服务情况、市场规模等各方面切入生活的方方面面。交通运输、仓储及邮政业为经济社会发展提供了基础性服务，是国民经济发展的基础性、保障性产业，该领域的发展可以有效地促进经济增长与社会发展，同时经济社会发展需求也会对该领域产生促进作用。根据国民经济行业分类标准，交通运输、仓储及邮政业包括铁路运输业、道路运输业、水上运输业、航空运输业、管道运输业、多式联运和运输代理业、装卸搬运和仓储业、邮政业8个大类，27个中类，67个小类。本研究包含交通运输、仓储及邮政业共有108家上市公司。本行业ESG评价体系共计包含三个一级指标、十个二级指标、七十五个三级指标。一级指标包括环境（E）、社会（S）和治理（G），环境（E）评价要素主要包含资源消耗、污染防治、气候变化；社会（S）评价要素主要包含员工权益、产品责任、社会响应；治理（G）评价要素主要包含治理结构、治理机制、治理效能，具体指标如表8.1所示。

表8.1 评价指标体系一览

一级指标	二级指标	三级指标
环境（E）	资源消耗	总用水量、单位营收耗水量、节水/省水、循环用水量、总能源消耗、人均能源消耗、天然气消耗、燃油消耗、煤炭使用量、耗电量、是否有节能管理措施、是否有节能减排措施
	污染防治	废水/污水排放量、单位营收废水/污水排放量、氮氧化物排放、二氧化硫排放、悬浮粒子/颗粒物、有害废弃物量、单位营收有害废弃物量、无害废弃物量、单位营收无害废弃物量
	气候变化	总温室气体排放、单位营收温室气体排放、是否有温室气体减排措施、温室气体减排量、单位温室气体减排量、碳排放减少量
社会（S）	员工权益	雇员总人数、女性员工比例、离职率、平均年薪、员工满意度、是否披露职工权益保护、人均培训投入、是否有安全培训/应急演练
	产品责任	是否披露安全生产内容、是否披露客户及消费者权益保护、是否有产品撤回或召回、客户满意度/客户投诉数量
	供应链管理	供应商数量、是否披露供应商权益保护
	社会响应	是否披露公共关系和社会公益事业、是否披露社会制度建设及改善措施、社会捐赠额、是否响应国家战略
治理（G）	治理结构	第一大股东持股比例、机构投资者持股比例、两权分离度、高管持股比例、女性董事占比、董事会规模、董事会独立董事占比、董事长及CEO是否是同一人、监事人数、是否说明股东（大）会运作程序和情况、是否设立专业委员会
	治理机制	是否有重大负面信息、是否有股权激励计划、高管年薪前三名、是否有现金分红、管理费用率、大股东占款率、质押股票比例、商誉净资产比例、关联交易、是否有数据安全的措施、是否有违规触发、是否有气候风险识别及防范措施、是否进行数字化转型、是否有问责制度、是否有投诉举报制度、是否有商业道德培训
	治理效能	财务审计出具标准无保留意见、内控审计报告出具标准无保留意见、研发投入、创新成果

8.1.2 权重设计

由于建筑行业企业的大多数业务对环境影响较大，所以赋予环境（E）指标较高的权重，并适度均衡社会（S）、治理（G）的权重。在环境（E）下的二级指标中更加侧重于气候变化；在社会（S）指标中则给予员工权益和社会响应较高的权重；在治理（G）指标中则更加侧重治理机制。权重分配如图8.1所示。

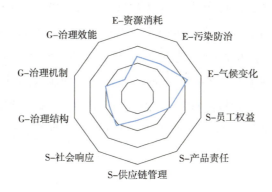

图8.1 交通运输、仓储和邮政业评价权重分配

8.2 ESG得分描述性统计

表8.2是2021年交通运输、仓储和邮政业ESG总得分及环境（E）、社会（S）、治理（G）各分项得分的描述性统计结果。由表列示的结果可得，该项研究共包括了2021年的108家交通运输、仓储和邮政企业，在按照评分标准及二级指标权重分别得到每家企业环境（E）、社会（S）及治理（G）各分项得分的基础上，根据各分项一级指标的权重汇总得到了各企业的ESG总得分。

本研究2021年共108家企业的ESG总得分的均值为25.52，得分水平较低。ESG总得分的标准差为14.12，其中最大值62.46和最小值9.9差值为52.56，说明在ESG的整体披露情况行业内部存在着较大的差异，行业内部有少数企业可以作为行业信息披露标杆，为其他企业提供指引，也侧面反映我国交通运输、仓储和邮政业仍未形成有行业共识性的ESG相关政策法规，需要行业以及政府进一步的引导。

此外，环境（E）的得分均值仅为10.47，与社会（S）均值31.47和治理（G）均值41.30相比差距较大，说明交通运输、仓储和邮政业在环境（E）相关信息的披露上仍需提高关注度，在注重自身经营的同时也需要秉持着可持续发展的理念。行业中环境（E）的最高分为74.47，中位数为5.46，说明部分企业在环境方面有一定成绩，但大多数企业在环境下的三个二级指标表现较差。在社会（S）最大得分为83.03，最小值为5.62，标准差为18.58，说明行业内部差距也很大，部分企业表现良好，但也有部分企业未能在社会方面取得很好的成绩，因此企业对内对外都应该采取措施，不仅维护内部员工和外部顾客的权益，也要主动承担企业的社会责任。治理（G）得分均值为41.30，最大得分为56.65分，最小得分为31.34分，中位数为41.02分，标准差也较小，说明在治理方面行业内部差距较小，行业内部对于治理的认识较为统一，但最大得分为超过60分，说明交通运输、仓储和邮政业整体对于企业治理关注需要进一步提升，把握好治理结构、机制和效能，促进企业良性发展。

表8.2　2021年交通运输、仓储和邮政业ESG得分的描述性统计

变量	样本量	均值	标准差	最小值	中位数	最大值
环境得分（E）	108	10.47	14.12	0.00	5.46	74.47
社会得分（S）	108	31.47	18.58	5.62	30.68	83.03
治理得分（G）	108	41.30	4.47	31.34	41.02	56.65
ESG总得分	108	25.52	11.10	9.90	23.26	62.46

8.3　企业ESG理念践行情况

8.3.1　环境维度

交通运输、仓储和邮政业共108家上市公司的环境（E）得分均值为10.47，与另外两个一级指标相比较低，表明行业对于环境方面的重视程度有所欠缺；标准差为14.12，最小值为0，中位数为5.46，最大值为深高速，得到74.47分；有22.9%，即25家企业未披露环境信息，大多数的企业都披露了环境信息，但是披露质量有待提高。行业内，仅有一家企业环境得分在60分以上，大部分企业得分都在10分以下，得分偏低，说明行业内部对于环境保护的重视程度需要提高，环保意识有待提升。交通运输、仓储和邮政业应该向行业内披露情况较好的企业学习，充分利用资源，减少废物排放，积极披

露信息。

资源消耗这一指标下设"总用水量""单位营收耗水量""天然气消耗""燃油消耗""煤炭使用量""节水/省水/循环用水数量""总能源消耗""人均能源消耗""耗电量""是否有节能管理措施""是否在生产中推广节能产品"11个三级指标;其中,"是否有节能减排措施"是交通运输、仓储和邮政行业的特色指标。行业中,有9家企业资源消耗得分在60分以上,大多数企业得分集中在20分以下,数据总体披露不够完善。有一半以上的企业都披露了"是否有节能管理措施""是否有节能减排措施"两项指标。对于其他指标,虽然行业中大部分企业没有披露相关数据,资源消耗方面的环保意识不够重视,但是,中国国航、广深铁路、中国外运、中远海能、深高速五家企业披露状况良好,得分均在70分以上,行业内其他企业应向以上企业学习,重视资源消耗,合理利用各项资源。

污染防治这一指标下设"废水/污水排放量""单位营收废水/污水排放量""氮氧化物排放""二氧化硫排放""悬浮粒子/颗粒物""有害废弃物量""单位营收有害废弃物量""无害废弃物量""单位营收无害废弃物量"9个指标。指标披露程度较低,行业内仅有深高速和中谷物流两家企业披露状况良好,得分情况分别为72.2分、61.1分,说明这两家企业在污染排放方面进行了有效披露,污染防治意识良好。大部分企业得分集中在0分,占比87%。总体而言,污染防治方面,交通运输、仓储和邮政业大部分企业得分不理想,在生产经营过程中必然会产生污染,因此交通运输、仓储和邮政业企业应该重视污染的排放量以及排放的方式。

气候变化这一指标下设"总温室气体排放""单位营收温室气体排放""是否有温室气体减排措施""温室气体减排量""单位温室气体减排量"5个通用指标和一个特色指标"碳排放减少量"。行业中,深高速和ST海航得分均在70分以上,深高速得分为79分,披露状况良好;大部分企业得分在10~30分,两极分化较严重,说明交通运输、仓储和邮政业已经出现了在气候变化方面进行信息有效披露的企业,但大部分企业对于气候变化的披露情况较差。指标中,"是否有温室气体减排措施"这个指标披露状况较好,有40家企业进行披露。交通运输、仓储和邮政业因使用较多的交通工具,其污染气体的排放较多,因此该行业企业在生产经营过程中应控制温室气体的排放,响应"双碳政策"，提高企业可持续发展能力。

8.3.2　社会维度

社会（S）的得分均值为 31.47，标准差为 18.58，最大值为 83.01，与最小值 5.62 相差超过 75 分，差距很大，表明交通运输、仓储和邮政业内各个企业对于社会（S）方面信息披露的重视程度差异较大，也说明行业内各公司对于社会的认识水平不一致，差异较大，有部分企业对于社会责任的关注度更大，但整体信息披露不够完善。在社会责任部分分设 4 个二级指标，分别是员工权益、产品责任、供应链管理、社会响应。在 108 家交通运输、仓储和邮政业企业中有 6 家企业社会得分超过 60 分，其中得分最高的是中远海能；大部分企业得分集中在 30~60 分，整体披露情况比环境披露情况好，说明行业内大部分企业对于社会责任的履行、员工权益的维护、客户关系的维系都有一定意识。

员工权益这一指标下设"雇员总人数""女性员工比例""离职率""平均年薪""员工满意度""是否披露职工权益保护""人均培训投入"7 个通用指标和一个特色指标，即"是否有安全培训/应急演练"。在员工权益指标下，整体披露水平不高，并未有企业得分超过 60 分，最高分是中远海能 51.75 分，大部分企业得分集中在 20~50 分，整体披露情况差异较大。行业中，披露最好的指标是"雇员总人数"和"平均年薪"指标，行业内的所有企业都披露了相关信息；其次，有 68 家企业披露了"是否披露职工权益保护"相关信息，54 家企业披露了"是否有安全培训/应急演练"。总体而言，该行业的企业应该进一步重视员工权益的保护以及相关信息的披露。

产品责任二级指标下设"是否披露客户及消费者权益保护""是否披露安全生产内容""是否有产品撤回或召回"3 个通用指标和"客户满意度/客户投诉数量"一个特色指标，相关指标披露状况较好，有 23 家企业得分在 60 分以上，其中有 2 家企业得分为 100 分，其余企业得分集中在 25 分和 50 分。交通运输、仓储和邮政业所有企业均没有产品撤回或召回，有 34% 的企业披露了安全生产内容，有 36% 的企业披露了客户及消费者权益保护，说明行业中的大部分企业都十分关注产品责任。但特色指标披露情况较差，仅有 7 家企业进行了披露，因此交通运输、仓储和邮政业应该更加关注客户满意度的披露情况，发展成更有价值的企业。

供应链管理这一指标下设"供应商数量""是否披露供应商权益保护"两个三级指标。整体披露情况较差，有5家企业得分在60分以上，其中包含2家企业得分为100分；有31家企业得分在50分，大部分企业未披露相关信息。其中，有36家企业披露"是否披露供应商权益保护"，有5家企业披露了供应商数量。说明交通运输、仓储和邮政业应该进一步加强企业与供应商之间的关系管理，更好地维护供应商的权益，从而合作共赢。

社会响应下的三级指标共四项，分别是"是否披露公共关系和社会公益事业""是否披露社会制度建设及改善措施""社会捐赠额""是否响应国家战略"4个通用指标。有37家企业得分在60分以上，有6家企业得到满分，有34家企业并未披露，得分为0。披露度最好的指标是"是否披露公共关系和社会公益事业"和"是否响应国家战略"两个指标，均有接近一半的企业进行披露，可见行业内部对于公共关系以及社会公益事业的重视程度较高。总体而言，相关部门仍需进一步引导交通运输、仓储和邮政业上市公司对于社区响应指标的披露，更加吸引投资者的目光。

8.3.3　治理维度

治理（G）下设三个二级指标："治理结构"、"治理机制"和"治理效能"。治理（G）的得分均值为41.30，是三项一级指标中得分最高的一项，标准差为4.47，最大值与最小值分别为56.65和41.02，相差15.63分。相对于环境和社会，治理的最高分较低，但行业总体发展比较平稳，对于公司治理重要性的认识程度较为一致，得分相对集中，说明交通运输、仓储和邮政业企业普遍比较关注对公司的治理，但企业还有较大的提升空间。在108家交通运输、仓储和邮政业企业中，没有企业治理得分超过60分，得分最高的是中国外运56.65分。行业内大部分企业治理（G）得分集中在30~50分，应引起行业重视。在治理结构方面，多数公司表现良好，而在治理机制和治理效能方面，行业内大部分公司得分较低。

治理结构这一指标下设"第一大股东持股比例""机构投资者持股比例""两权分离度""高管持股比例""女性董事占比""董事会规模""董事会独立董事占比""董事长CEO是否是同一人""监事人数""是否说明股东（大）会运作程序和情况""是否设立专业委员会"11个三级指标。该行业在治理结构方面表现比较好，指标整体披露情况良好，有57家企业得分超过60分，唐山港在这一指标下取得的成绩最好，为78.10分；剩余企业得分集中在47~60分，说明交通运输、仓储和邮政业的企业大部分都充分认识到治理结构的重要性。

治理机制这一指标下设"是否有重大负面信息""高管年薪前三名""是否有数据安全的措施""是否有违规触发""是否有气候风险识别及防范措施""是否进行数字化转型""是否有问责制度""是否有投诉举报制度""是否有商业道德培训""是否有股权激励计划""是否有现金分红""管理费用率""大股东占款率""质押股票比例""商誉/净资产""关联交易"16个三级指标。从得分上来看，没有企业得分在60分以上，大部分企业得分集中在10~30分，整体披露情况较差，说明行业内企业对于治理机制的重视程度仍需提高。三级指标中"高管年薪前三名""管理费用率""大股东占款率""关联交易""质押股票比例"指标披露情况较好，其余指标披露情况较差，有较大提升空间。

治理效能这一指标下设"研发投入""创新成果""财报审计出具标准无保留意见""内控审计报告出具标准无保留意见"4个三级指标，通过观察交通运输、仓储和邮政业中企业的治理效能得分的结构，发现该行业的企业治理效能得分呈现差异较大，有5家企业得分超过60分，其中最高得分为80.11分，40分到50分的企业有95家，20分左右以及低于20分的企业有8家，大部分企业都位于40~50分，说明行业内大部分企业都很关注公司治理效能的管理，大部分企业的治理效能得分接近，也存在少部分企业在治理效能方面做得比较好。

8.4 企业财务分析

8.4.1 财务指标对比

表8.3展示了交通运输、仓储和邮政业总市值、盈利能力、运营能力、偿债能力四个方面的相关财务指标，并对该行业中ESG得分前50%和后50%的企业进行对比。从表中可以看出，得分前50%的企业平均总市值为358亿元，得

分后50%的企业平均总市值为115亿元；一般来说，上市公司的市值越大，在资本市场的融资能力越强，受到投资者的关注越多，企业价值就更大。

在盈利能力方面，净资产收益率和营业利润率可以用来衡量企业的盈利能力。由表可知，得分前50%的企业净资产收益率高于得分后50%的企业。前50%的企业营业利润率略低于后50%的企业，前50%的企业与后50%的企业盈利能力在净资产收益率差距大于在营业利润率的差距。关于运营效率，得分前50%的总资产周转率和应收账款周转率分别是0.93和28.22，而得分后50%的总资产周转率和应收账款周转率分别是0.75和20.03，总资产周转率和应收账款周转率得分前50%的企业均高于得分后50%的企业，说明前50%的企业在运营效率方面优于后50%。得分前50%企业的流动比率为1.58，得分后50%企业的流动比率为1.69，后50%的企业资产的变现能力要强于前50%的企业，而资产负债率得分前50%的企业略高于后50%的企业，说明二者差距不大。

表8.3 交通运输、仓储与邮政业上市公司财务指标对比

上市公司	平均总市值（亿元）	盈利能力		运营效率		偿债能力	
		净资产收益率（%）	营业利润率（%）	总资产周转率（次）	应收账款周转率（次）	流动比率	资产负债率（%）
前50%	358	6.87	15.60	0.93	28.22	1.58	44.17
后50%	115	4.40	16.15	0.75	20.03	1.69	43.32

8.4.2 投资回报分析

图8.2展示了交通运输、仓储和邮政业ESG总得分排名前50%与后50%的企业在月个股回报率上的差异。纵轴为对应日期的月个股回报率（考虑现金分红）；横轴为2021年1月至2022年12月的股票交易日，为了更清晰直观地展示不同组别下月个股回报率的差异及变动趋势，选择了每个月的个股回报率数据，共24个时间点上的两组数值进行比较。

总体上看，两组数值变化趋势基本一致。在波动性上，ESG总得分排名前50%的企业稍显稳定，排名后50%的企业波动性更大。由图例可知，2022年4月至2022年8月交通运输、仓储和邮政业整个市场面临了较大波动，2022年

5月到2022年8月，前50%的企业盈利效应明显。在2021年4月，前50%的远高于后50%，后50%的企业损失相对明显，说明前50%的企业面临风险时更加稳定（但是在2021年10月、2021年12月、2022年1月、2022年9月后50%的企业盈利相对明显）。

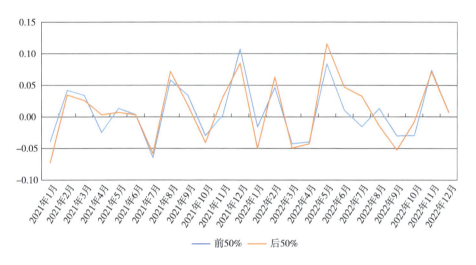

图8.2 交通运输、仓储和邮政业ESG总得分排名前50%和
后50%的企业月个股回报率对比

8.5 ESG优秀企业

8.5.1 深高速

深圳高速公路集团股份有限公司（简称"深高速"）成立于1996年。公司坚持"打造优质基础设施，服务城市美好生活"的使命追求，以城市及交通基础设施和大环保产业领域的投资、建设及运营管理为主营业务，构建了"收费公路+大环保"双主业格局，拥有全资、控股及参股二级企业30余家，立足于粤港澳大湾区并辐射全国，业务遍及全国20多个省份。深高速成为公路交通及城市基础设施领军企业和大环保细分领域领先企业，26年来坚持规范化治理、品质化建设、精益化运营，于23家境内外公路上市企业对标中，集团2021年度营业收入行业排名第5，净利润排名第5，每股收益连续3年排名第1，在中国公路上市企业中位列第一梯队。

8.5.1.1　ESG得分情况

深高速在ESG各项之指标披露上总体表现较好，ESG总分为分62.46分，远高于行业均值，取得交通运输、仓储和邮政业ESG评价总得分第一名的成绩。深高速在环境方面得分最高，即74.47分，在社会、治理两方面的得分相对较差，分别是57.4分和50.33分，说明企业总体上重视ESG相关指标的披露和落实，但深高速格外重视环境治理。在环境（E）指标的披露上，深高速积极披露资源消耗、污染防治、气候变化三方面的信息，得分均在70分以上，其中气候变化指标披露情况相对较好，取得79分。在社会（S）方面，深高速在产品责任和社会响应方面的相关信息披露比较完整，员工权益和供应链管理相关指标披露仍需加强，企业应该更加注重员工权益，例如披露人均培训支出相关信息。在治理（G）方面，深高速在治理结构指标的得分高于60分，在治理机制、治理效能方面的信息披露应该进行进一步加强，说明深高速比较重视企业的治理，但在未来发展中，企业可以加强对治理机制的关注，对于数据安全保护等方面采取行之有效的措施，致力于企业的长远发展。深高速ESG得分与行业对比见表8.4。

表8.4　深高速ESG得分与行业对比

变量	样本量	行业均值	深高速得分
环境得分（E）	108	10.47	74.47
社会得分（S）	108	31.47	57.40
治理得分（G）	108	41.30	50.33
ESG总得分	108	25.52	62.46

8.5.1.2　ESG理念践行情况

在环境（E）方面，深高速聚焦国家战略，助力绿色环保。2021年是国家深入推进碳达峰碳中和工作的关键一年，在此背景下，深高速践行"打造优质基础设施，服务城市美好生活"的使命，积极应对气候变化，致力于绿色高效运营。在日常经营管理中，深高速通过加大清洁能源的开发，利用LED灯源替代传统高耗能钠灯，新型泥头车、自动喷淋养生系统。深高速"节能由我，绿色共享"绿色办公活动，启用移动支付、开具电子发票服务等一系列节能降耗措施，有效减少温室气体排放。同时，深高速致力于减少工程建设以及项目营运过程中产生的噪声、扬尘和废弃物，规范污染物的处理与排放，保护生物多样性，使公路交通与区域环境实现可持续协调发展。2021年度，深高速风力发电上网电量 1 384 439.31 兆瓦时，沼气发电上网电量 1 617 447.00 千瓦时，厨余垃圾处理量 430 205.87 吨。

在社会（S）方面，深高速注重安全生产，坚持稳健经营，保障品质安全。2021年，深高速实现安全生产"零伤亡"目标，未发生负有责任的生产安全事故。通过开展线上引流推广 ETC 活动，推动 ETC 服务提升。公司规范应急救援管理，全年实施拖车救援服务 29 247 次，到达现场平均耗时 13.5 分钟。同时，深高速关爱员工成长，坚持以人为本。2021年，员工培训平均时长 14 小时，帮扶困难员工 19 人次，帮扶总投入金额 95 000 元。除此之外，面对反复的新冠疫情，深高速严格执行防疫工作要求，积极组织员工开展疫苗接种工作，全力配合高速公路疫情联防联控。深高速在持续推动巩固国家脱贫攻坚成果的同时，积极开展志愿服务、社区关爱等活动。2021年，深高速共开展 54 次志愿服务，公益活动领域投入总金额达 50 万，480 人次参与服务，累计提供 1 932 小时志愿服务时长。

在治理（G）方面，深高速坚持科技创新，推动数智赋能。截至2021年底，深高速累计获得授权专利 333 项。公司 2021 年获得授权专利 39 项。2021年，深高速开展各类反贪腐警示教育活动 65 次，反腐败教育总时长 69 小时，深高速在接获举报后续反馈率高达 100%。

8.5.2 中国外运

中国外运成立于 2002 年 11 月 20 日，是招商局集团有限公司控股的子公司和物流业务的统一运营平台和统一品牌。中国外运以打造世界一流智慧物流平台企业为愿景，聚焦客户需求和深层次的商业压力与挑战，以最佳的解决方案和服务持续创造商业价值和社会价值，形成了以专业物流、代理及相关业务、电商业务为主的三大业务板块，为客户提供端到端的全程供应链方案和服务。根据 Armstrong & Associates, Inc. 发布的 2020 年榜单，中国外运货运代理服务居全球第三，全球第三方物流居全球第七。

8.5.2.1 ESG得分情况

中国外运在交通运输、仓储和邮政业ESG评价总得分中排名第二，总得分62分，在社会方面得分超过60分，环境和治理方面得分未超过60分，其中社会（S）得分尤为突出，得分为79.54分。在环境（E）指标的披露上，中国外运在资源消耗方面披露情况较好，得分为75分，气候变化和污染防治方面披露情况相对较差，得分不足60分，说明中国外运对于环境保护有一定的意识，但仍需加强，未来要注重污染排放、温室气体排放方面的信息披露。在社会（S）方面，除了员工权益指标披露得分较低，公司其余三方面指标得分均在90分以上，其中供应链管理和社会响应两方面得分为100分。在治理（G）方面，中国外运治理结构指标得分超过60分，治理效能和治理机制指标表现相对较差，表明在完善企业内部治理上中国外运给予了一定的重视，但依旧需要进一步加强，以推动企业可持续发展。中国外运ESG得分与行业对比见表8.5。

表8.5 中国外运ESG得分与行业对比

变量	样本量	行业均值	中国外运得分
环境得分（E）	108	10.47	50.00
社会得分（S）	108	31.47	79.54
治理得分（G）	108	41.30	56.65
ESG总得分	108	25.52	62.00

8.5.2.2 ESG理念践行情况

在环境（E）方面，中国外运始终严格遵守空气污染、污水排放、能源消耗、废弃物处理等法律法规，严控污染物排放，避免造成环境污染。与此同时，中国外运深入实施以智慧物流推动绿色发展战略，坚持走生态优先、绿色发展之路。例如，中国外运加强节能环保方面的宣贯和培训，包括开展节能宣传周和全国低碳日活动，发放宣传材料5 000余份；举办节能环保低碳专题培训64场，共2 350人参加；践行绿色办公理念，坚持"非必要不打印、非必须不彩打"的原则，最大程度做到节约用纸、节能环保等。

在社会（S）方面，中国外运深入贯彻"人民至上、生命至上"的安全理念，以全面推进依法治安、科技兴安、人才强安"三位一体"战略实施为核心，为员工创造健康安全的工作条件。例如，2021年度中国外运共组织召开8次安委会会议，学习上级安全环保工作有关精神、定期总结安全生产工作情况；开展"安全生产月""安全警示教育日"和"消防宣传日"等活动，定期组织和参加各类安全培训交流及应急演练。中国外运也严格遵守有关防止贪污、贿赂、勒索、欺诈及洗黑钱的国家和地方法律法规，制定了《合规手册》，以规范本集团及其员工在反洗钱、反腐败等方面的合规义务及行为准则；制定了《商业伙伴合规管理办法》，注重商业伙伴在合法经营、反腐败、反贿赂、反洗钱等方面的合规义务履行能力。

中国外运秉承"成就多维客户，创造多维价值"的服务理念，通过数字化手段和工具为客户不断创造新价值，提升客户的满意度和忠诚度。除此之外，中国外运坚持"整合、开放、协同、共享"的经营理念，始终坚持高质量的可持续发展。2021年，中国外运完善了供应商全生命周期管理流程，完善了供应商准入的相关管理条款，增加了供应商在ESG方面的考核要求。

在治理（G）方面，中国外运注重创新发展，中国外运在"场景+科技""客户+科技"的规模化应用上持续发力，发布一批"智系列""数系列"产品和解决方案。例如，智能验箱系统实现对集装箱各类箱损的快速精确定位，箱损测量准确率达99%以上，为包括船公司在内的客户提供通用便捷的验箱服务。

8.5.3 中远海能

中远海运能源运输股份有限公司是中国远洋海运集团有限公司旗下从事油品、液化天然气等能源运输的专业化公司，公司致力于成为全程能源运输方案解决者，为客户提供全船型、全球化、全天候优质服务。截至2021年末，中远海运能源拥有及控制166艘、合计约2 524万载重吨的油轮船队，控制6艘合资的LNG运输船。中远海能聚焦油轮运输和 LNG 运输两大核心主业，油轮船队运力规模世界第一，覆盖全球主流的油轮船型，是全球油轮船队中船型最齐全的航运公司，同时也是中国 LNG 运输行业的引领者，与行业伙伴共同参与投资 LNG 运输船舶，助力清洁能源发展。中远海运能源在新浪ESG评级中心及CCTV-1《大国品牌》发布"中国ESG优秀企业500强"名单中排名100位，中远海运能源在第十四届中国企业社会责任报告国际研讨会上荣获"金蜜蜂2021优秀企业社会责任报告·成长型企业"。

8.5.3.1 ESG得分情况

中远海能在交通运输、仓储和邮政业ESG评价总得分中排名第三，总得分为61分，社会得分在80分以上，为行业内社会得分最高分，环境、治理得分为均低于60分。但中远海能在环境（E）、社会（S）、治理（G）的得分以及总得分均高于行业均值，相对于整个行业来水指标披露情况良好。在环境（E）指标的披露上，中远海能在资源消耗方面披露情况较好，得分在70分以上，但在污染防治和气候变化方面披露情况相对较差，得分在50分左右，说明公司对于环境相关信息披露有一定的意识，但仍需加强污染防治、温室气体排放等方面的信息披露。在社会（S）方面，中远海能在产品责任和社会响应方面得分为满分，在供应链管理得分为87.5，但在员工权益方面分数较低，不足60分，说明中远海能需要进一步提升对于员工权益的关注度，加强这项指标的信息披露。在治理（G）方面，中远海能整体表现一般，三级指标得分均未超过60分，表明企业应该进一步增加对企业治理的关注。中远海能ESG得分与行业对比见表8.6。

表8.6 中远海能ESG得分与行业对比

变量	样本量	行业均值	中远海能得分
环境得分（E）	108	10.47	50.99
社会得分（S）	108	31.47	83.03
治理得分（G）	108	41.30	46.20
ESG总得分	108	25.52	61.00

8.5.3.2 ESG理念践行情况

在环境（E）方面，中远海运参与全球能源贸易航线，加强绿色管理，聚焦海洋环境保护、应对气候变化开展航运减排，构建更加清洁、更具韧性的商业生态。为了保护海洋生态，中远海能采用生态友好的航线规划，在航运过程中可能对海洋生态系统、基因资源、物种多样性等造成不良影响的环境因素进行识别，包括船舶压载水操作、洗舱等环节产生的油污水、航行噪声、生物污垢等，有针对性地开展专项管理。为了发展绿色航运，中远海能积极采用绿色智能船舶及零碳代替燃料，打造绿色船队。

在社会（S）方面，中远海能注重安全管理措施，降低船舶风险，保障船员健康；同时，公司也注重塑造安全文化，开展"安全生产月""危险化学品安全风险隐患专项排查整治"等专题活动，堵漏洞补短板，助力安全管理水平提升。

中远海能坚持以客户为中心，不断完善客户服务管理体系，关注客户需求，改进服务流程和方法，为客户提供优质服务体验，为内贸客户提供个性化解决方案。中远海能还将供应链风险纳入公司全面风险管理体系，采用事前预防、事中控制、事后处理的闭环管理方式，系统管控供应链风险，保证业务运营稳定性。中远海能每年升级"关爱船员、守护航船"行动纲领，倡导工作与生活平衡，关注员工心声，回应员工诉求，落实对员工的关心关爱，丰富船员的生活。除了助力乡村振兴，中远海能积极传递能量，积极参与救助越南籍遇险货船、救助漂流遇险人员等活动，充分发挥企业的社会责任。

在治理（G）方面，中远海能积极建设并完善符合公司国际化发展要求的廉洁管理体系，加强反商业贿赂源头治理和过程管控，严格开展内部廉洁检查、审计、监督和治理，对商业贿赂和腐败行为持"零容忍"态度；共开展廉洁培训 10 次，累计参训人数 926 人次，培训覆盖董事会及全体员工和船员，实行透明沟通。

中远海能注重科技创新，数字赋能，以"辅助运营、赋能管理"为原则，借助数字化转型契机，探索智慧经营模式，完善信息化平台搭建，全面提升公司的市场竞争力；稳步推进船舶智能监控系统建设，打造数字化船队管控中心，促进船队管理智能化，真正实现全天候智能监控，以数字化提升船舶安全和能效管理。

9 住宿和餐饮业上市公司ESG评价

9.1 评价指标体系

9.1.1 评价指标

　　住宿业指为旅行者提供短期留宿场所的活动，有些单位只提供住宿，也有些单位提供住宿、饮食、商务、娱乐一体的服务，不包括主要按月或按年长期出租房屋住所的活动。餐饮业指通过即时制作加工、商业销售和服务性劳动等，向消费者提供食品和消费场所及设施的服务。截至2021年底，住宿与餐饮行业共有7家上市公司。住宿与餐饮行业ESG评价体系共计包含3个一级指标、10个二级指标、72个三级指标。一级指标包括环境（E）、社会责任（S）和公司治理（G）。环境（E）评价要素主要包含资源消耗、污染防治、气候变化；社会责任（S）评价要素主要包含员工权益、产品责任、供应链管理、社会响应；公司治理（G）评价要素主要包含治理结构、治理机制、治理效能，具体指标如表9.1所示。

表9.1　评价指标体系一览

一级指标	二级指标	三级指标
环境（E）	资源消耗	总用水量、单位营收耗水量、节水/省水/循环用水量、总能源消耗、人均能源消耗、天然气消耗、燃油消耗、煤炭使用量、耗电量、是否有节能管理措施

续表

一级指标	二级指标	三级指标
环境（E）	污染防治	废水/污水排放量、单位营收废水/污水排放量、氮氧化物排放、二氧化硫排放、悬浮粒子/颗粒物、有害废弃物量、单位营收有害废弃物量、无害废弃物量、单位营收无害废弃物量、是否有光盘行动宣传
	气候变化	总温室气体排放、单位营收温室气体排放、是否有温室气体减排措施、温室气体减排量、单位温室气体减排量
社会（S）	员工权益	雇员总人数、女性员工比例、离职率、平均年薪、员工满意度、是否披露职工权益保护、人均培训投入
	产品责任	是否披露安全生产内容、是否披露客户及消费者权益保护、是否有产品撤回或召回
	供应链管理	供应商数量、是否披露供应商权益保护
	社会响应	是否披露公共关系和社会公益事业、是否披露社会制度建设及改善措施、社会捐赠额、是否响应国家战略、是否有应急事件社会援助
治理（G）	治理结构	第一大股东持股比例、机构投资者持股比例、两权分离度、高管持股比例、女性董事占比、董事会规模、董事会独立董事占比、董事长及CEO是否是同一人、监事人数、是否说明股东（大）会运作程序和情况、是否设立专业委员会
	治理机制	是否有重大负面信息、是否有股权激励计划、高管年薪前三名、是否有现金分红、管理费用率、大股东占款率、质押股票比例、商誉净资产比例、关联交易、是否有数据安全的措施、是否有违规触发、是否有气候风险识别及防范措施、是否进行数字化转型、是否有问责制度、是否有投诉举报制度、是否有商业道德培训
	治理效能	财务审计出具标准无保留意见、内控审计报告出具标准无保留意见、研发投入、创新成果

9.1.2 特色指标解读

9.1.2.1 是否有"光盘行动"宣传

"光盘行动"倡导厉行节约，反对铺张浪费，带动大家珍惜粮食。"光盘行动"得到从中央到民众的支持，成为2013年十大新闻热词、网络热度词汇。光盘行动由一群热心公益的人们发起，光盘行动提倡餐厅不多点、食堂不多打、厨房不多做；养成生活中珍惜粮食、厉行节约反对浪费的习惯。

2020年8月11日，习近平总书记作出重要指示强调，要坚决制止餐饮浪费行为，切实培养节约习惯，在全社会营造浪费可耻节约为荣的氛围。2021年4月29日，十三届全国人大常委会第二十八次会议表决通过《中华人民共和国反食品浪费法》，并自公布之日起施行。

9.1.2.2 是否有应急事件社会援助

应急的简明含义为应对突然发生的需要紧急处理的事件，其概念包含两层含义：客观上，事件是突然发生的；主观上，需要紧急处理事件。与社会建设、经济发展一样，社会援助也是人民生产、生活当中的重要活动。当社会生产力发展之后，人们在生产劳动中所形成的相互间的融合关系应该得到加强，而社会援助受欢迎的程度也正是这一生产关系的体现。当社会援助氛围不断加强的同时，也推动了生产力的发展。社会援助对社会调整资源配置、实现社会公平正义、维护社会稳定也有着非常重要的积极作用。

9.1.3 权重设计

在各指标权重设置方面，住宿与餐饮行业在3个一级指标权重中赋予了环境（E）和社会（S）较高的权重占比，治理（G）指标权重略低，以此凸显前两者对于该行业的重要性；在10个二级指标中，员工权益（S）、资源消耗（E）、污染防治（E）、治理机制（G）等四个指标被赋予较高比重；具体权重分配如图9.1所示。

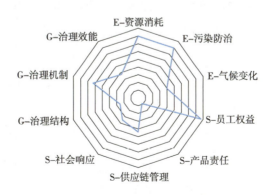

图9.1 住宿和餐饮业评价权重分配

9.2 ESG得分描述性统计

表9.2展示了2021年住宿与餐饮行业ESG总得分及环境（E）、社会责任（S）、公司治理（G）各分项得分的描述性统计结果。由列示的结果可知，本项研究共涵盖了7家住宿与餐饮企业，按照评分标准分别得到每家企业环境（E）、社会责任（S）及公司治理（G）各分项得分的基础上，根据各分项的权重汇总得到了各企业的ESG总得分。

由表9.2可知，本次研究的7家住宿与餐饮行业环境（E）得分均值仅为2.29分，分数较低：在污染防治以及气候变化两个方面，本次研究的7家企业几乎均未取得相应的成绩；在资源消耗方面，半数企业都有相关信息的披露，但并不够充分与全面，因此取得的分数都不高。在社会（S）得分中，7家企业差异较大，虽然绝大多数企业对于公共关系和社会公益事业进行了披露，但在员工权益等多个指标方面，各企业披露程度存在一定的差距。企业作为社会的主要构成者以及重要参与者，在不影响自身正常经营的基础上，对于应承担的社会责任应有充分的认识及实际行动。在治理（G）得分中，各企业成绩较为一致，但均低于60分，仍有着一定的上升空间。为了更好地面对未来的市场竞争，各企业在这一方面理应给予更多关注。

行业ESG总得分均值为16.09，处于较低水平。为了提高企业ESG绩效表现，相关部门可通过出台更多规范性文件以及奖励性的政策措施进一步引导企业践行ESG理念。

表9.2　2021年住宿和餐饮业ESG得分的描述性统计

变量	样本量	均值	标准差	最小值	中位数	最大值
环境得分（E）	7	2.29	2.14	0.00	4.00	4.00
社会得分（S）	7	18.49	8.53	7.49	17.69	32.46
治理得分（G）	7	34.83	7.48	26.26	32.79	49.13
ESG总得分	7	16.09	3.64	10.64	17.05	19.56

9.3　企业ESG理念践行情况

9.3.1　环境维度

由表9.2可知，2021年住宿与餐饮业企业环境（E）得分均值为2.29，标准差为2.14，最小值为0，中位数为4.00，最大值仅为4.00，说明大多数企业没有有效披露环境信息，披露环境信息的企业得分也整体偏低。在二级指标污染防治与气候变化中，行业各企业均无有效披露指标，资源消耗有4家企业披露了少部分指标。由此可见，行业内各企业环境保护水平差别微小，但表现均较差，未能很好地将ESG理念与企业生产经营过程有效结合。各企业环境（E）得分较低的原因一部分源自于企业未能将有关环境保护的数据披露；另一部分则是由于在企业各自经营过程中，投入到践行ESG理念行为的资源不足。

9.3.1.1　资源消耗

资源消耗二级指标下设"总用水量""单位营收耗水量""天然气消耗""燃油消耗""煤炭使用量""节水/省水/循环用水数量""总能源消耗""人均能源消耗""耗电量""是否有节能管理措施"10个三级指标。行业相关数据总体披露情况较差，前9个三级指标几乎没有企业披露，但有超过50%的企业都有节能管理措施。该行业各企业关于这一指标的得分状况由多种因素导致。行业ESG理念未能很好地深入各企业管理者的管理过程当中；在相关企业文件的编撰中，对于相应数据的收集整理上传工作做得不够细致。与此同时，由于行业特点，住宿与餐饮业对于部分资源如燃油、煤炭等的使用相较于其他行业来说数量少、频率低，在数据披露方面有着先天上的劣势，这也是影响该行业各企业这一指标得分较低的重要原因之一。

9.3.1.2　防治行为

污染防止二级指标下设"废水/污水排放量""单位营收废水/污水排放量""氮氧化物排放""二氧化硫排放""悬浮粒子/颗粒物""有害废弃物量""单位营收有害废弃物量""无害废弃物量""单位营收无害废弃物量"9个通用指标和"是否有光盘行动宣传"一个特色指标。本次研究涉及的7家住宿与餐饮业上市公司在这一二级指标下的各三级指标均无有效披露数据，得分为0。

9.3.1.3 废物排放

气候变化二级指标下设"总温室气体排放""单位营收温室气体排放""是否有温室气体减排措施""温室气体减排量""单位温室气体减排量"5个三级指标。该二级指标下的各项三级指标均未获得本次研究的7家住宿与餐饮行业上市公司的披露数据。企业相关得分较低，显示出在这一科学理念的评价下，企业还有一部分工作没有做到位，各方面有一定的提升空间，可能会导致投资者对于该企业的信息获取不足而放弃投资行为；ESG理念在一个行业中推行得越深入越广泛，整个行业就能更好地实现可持续性发展，在这一行业下经营的各个公司才会有更好的发展舞台与更高的发展潜力。

9.3.2 社会维度

住宿与餐饮业社会（S）得分均值为18.49，标准差为8.53，最小值为7.49，最大值为32.46，行业得分中位数为17.69。下设二级指标员工权益、产品责任、供应链管理与社会响应。在员工权益方面，企业披露了大部分数据，得分较高。部分三级指标有有效披露的数据，如"雇员总人数"、"平均年薪"和"是否披露职工权益保护"等，但也有部分指标未能获得对应数据，如"女性员工比例"、"离职率/流动率"和"人均培训投入"等。

9.3.2.1 员工权益

员工是企业生存与发展的重要参与群体，确保其合法权益不受侵害是每个企业的应有之举。在这一指标下，各上市公司对于"雇员总人数"等三项指标信息进行了完整的披露，而对于如"女性员工比例"和"人均培训投入"等指标缺乏有效的数据信息披露。这表明，在被调查企业中，仍存在对女性员工比例和企业培训行为的不重视现象。员工在企业中获得的待遇越高、培训流程越规范，其为企业创造的价值在一定程度上会越多。妥善处理员工权益问题、为公司发展增添内部动力，是ESG理念的不懈追求。

9.3.2.2 产品责任

企业的主要目的就是盈利，而盈利的手段就是向社会出售相应产品以满足消费者的需求。在这之中主要涉及三方的关系：供应商、企业与顾客。产品责任这一指标主要记录企业对于顾客或者说消费者的权益保护和供应商的权益保护是否进行了有效的披露。在本次研究的7家住宿与餐饮业的上市公司

124

中，全聚德、同庆楼、君亭酒店和首旅酒店对相关信息进行了有效披露。这一行为值得其他上市公司学习。产品是消费者了解企业的重要窗口，做好产品对于企业长远发展的重要性不言而喻。供应商作为企业产品原料等的来源，二者深入合作将会更好地促进企业发展。

9.3.2.3 供应链管理

供应链管理二级指标下设"供应商数量""是否披露供应商权益保护"两个三级指标。整体披露情况较差，仅有2家企业披露"是否披露供应商权益保护"。

9.3.2.4 社会响应

在这一指标下，主要设立了"是否披露公共关系和社会公益事业"、"是否披露社会责任制度建设及改善措施"、"社会捐款额"、"是否响应国家战略"和特色指标"是否有应急事件社会援助"等指标。在"是否响应国家战略"这一指标中，有5家公司进行了相应的数据披露，表明行业对于国家战略的重视程度较高。企业在社会里，除了具有基本的经济责任，为社会创造财富之外，还有着一定的法律责任以及道德责任。企业遵纪守法合规经营，不侵占其他公司或者个人的利益，无疑是一个优秀的闪光点。

9.3.3 治理维度

公司治理（G）下设三个二级指标："治理结构"、"治理机制"和"治理效能"，住宿与餐饮业公司治理（G）得分均值为34.38，在三个一级指标中居于最高水平，标准差为7.48，最小值为26.26，最大值为49.13，中位数为32.79。7家上市公司成绩大多超过30分。这说明行业内各个公司对于公司治理重要性的认识程度较为一致，但仍有一定的提升空间。在治理机制方面，行业内各公司的成绩普遍偏低，而在治理结构和治理效能方面，大多数公司表现良好，所以各公司对于企业自身的机制发展有必要投入更多的资源。

9.3.3.1 治理结构

治理结构二级指标下设"第一大股东持股比例""机构投资者持股比例""两权分离度""高管持股比例""女性董事占比""董事会规模""董事会独立董事占比""董事长CEO是否是同一人""监事人数""是否说明股东（大）会运作程序和情况""是否设立专业委员会"11个三级指标。首旅酒店在这一指标下取得的成绩最好，达到68.12。各公司对于对应指标的披露越全面、有效程度越高，其治理机构越完善，其得到的投资者关注会更多，资金来源也会更加稳定。

9.3.3.2 治理机制

治理机制二级指标下设"是否有重大负面信息""高管年薪前三名""是否有数据安全的措施""是否有违规触发""是否有气候风险识别及防范措施""是否进行数字化转型""是否有问责制度""是否有投诉举报制度""是否有商业道德培训""是否有股权激励计划""是否有现金分红""管理费用率""大股东占款率""质押股票比例""商誉/净资产""关联交易"16个三级指标。"高管年薪前三名""管理费用率""大股东占款率""关联交易"指标披露情况较好。治理机制得分最高的是首旅酒店和西安饮食，均超过40分。

9.3.3.3 治理效能

治理效能二级指标下设"研发投入""专利累计数量""财报审计出具标准无保留意见""内控审计报告出具标准无保留意见""发明专利累计数量"5个三级指标，在该指标中，锦江酒店取得最高分46.46，值得其他企业学习。

9.4 企业财务分析

9.4.1 财务指标对比

表9.3展示了住宿与餐饮行业总市值、盈利能力、运营能力、偿债能力四个方面的相关财务指标，并对该行业中ESG得分前50%和后50%的企业进行了对比。可以看出，得分前50%的企业平均总市值为191.20亿元，得分后50%的企业平均总市值只有30.42亿元，得分前50%和后50%企业总市值之间的差距较大。在盈利能力方面，净资产收益率和营业利润率可以用来衡量企业的盈利能力；由表可知，就净资产收益率来说，得分前50%的企业高于得分后50%的企业。净资产收益率与营业利润率二者在这两组当中均为负，表明行业整体处于亏损状态，但前50%的企业受到的损失相对更小。关于运营效率，得分前50%的总资产周转率和应收账款周转率分别是0.32和20.93，而得分后50%的总资产周转率和应收账款周转率分别是0.44和87.66，总资产周转率和应收账款周转率得分前50%的企业均低于得分后50%的企业。得分前50%企业的流动比率为1.44，得分后50%企业的流动比率为1.39，前50%的企业资产

的变现能力要强于后50%的企业，而资产负债率得分前50%的企业略高于后50%的企业，说明二者相差不大，得分后50%企业的偿债能力稍强。

表9.3　住宿和餐饮业上市公司财务指标对比

上市公司	平均总市值（亿元）	盈利能力		运营效率		偿债能力	
		净资产收益率（%）	营业利润率（%）	总资产周转率（次）	应收账款周转率（次）	流动比率	资产负债率（%）
前50%	191.20	−0.75	−8.10	0.32	20.93	1.44	54.80
后50%	30.42	−7.30	−2.95	0.44	87.66	1.39	46.37

9.4.2　投资回报分析

图9.2展示了住宿和餐饮业ESG总得分排名前50%与后50%的企业在月个股回报率上的差异。纵轴为对应日期的月个股回报率（考虑现金分红）；横轴为2021年1月至2022年12月的股票交易日，为了更清晰直观地展示不同组别下月个股回报率的差异及变动趋势，选择了每个月的个股回报率数据，即在共24个时间点上的两组数值进行比较。

由图可知，ESG总得分排名前50%后50%的企业月个股回报率总体上变化一致，2022年8月至2022年12月，得分排名后50%的企业月个股回报率明显优于前50%的企业。在前19个时间节点上，得分前50%的企业月个股回报率总体稍优于得分后50%的企业，在月个股回报率的表现更优。

图9.2　住宿和餐饮业ESG总得分排名前50%和后50%的企业月个股回报率对比

9.5 ESG优秀企业

9.5.1 全聚德

全聚德，全称中国全聚德（集团）股份有限公司，成立于1864年，是一家以烤鸭为特色的连锁餐饮企业。全聚德菜品经过不断创新发展，形成了以独具特色的全聚德烤鸭为主，集"全鸭席"和400多道特色菜品于一体的全聚德菜系，备受国内外游客喜爱，被誉为"中华第一吃"。全聚德已形成生产、物流、销售三个高度协调的产业布局，能够研发并生产包涵糕点、面食、卤味、酱料等在内的上百种产品。

9.5.1.1 ESG得分情况

全聚德的各项ESG指标披露程度均好于同行业其他企业，并在行业内取得住宿和餐饮业ESG评价总得分第一名的成绩。在环境（E）指标的披露上，全聚德在资源消耗、污染防治和气候变化三个指标相关的信息，共披露1个指标的相关信息，说明住宿和餐饮业的企业应该进一步加强对保护环境、资源等方面的重视程度。在社会（S）方面，全聚德披露了产品责任、员工权益、供应链管理和社会响应四个指标的信息，共披露6项指标，除了员工权益方面指标，其余三级指标均为满分，但各个指标下都存在信息空白，有一定提升空间。在治理（G）方面，全聚德在治理结构指标的披露度高达82%，在治理机制和治理效能下的三级指标存在部分空白信息；但总体上，全聚德比较重视企业治理，这有利于企业的未来发展。全聚德ESG得分与行业对比见表9.4。

表9.4 全聚德ESG得分与行业对比

变量	样本量	行业均值	全聚德得分
环境得分（E）	7	2.29	0.00
社会得分（S）	7	18.49	32.46
治理得分（G）	7	34.83	32.79
ESG总得分	7	16.09	19.56

9.5.1.2 ESG理念践行情况

在环境（E）方面，全聚德重视环境保护工作，已建立三级能源管理体系，各级管理人员职责明确、分工合理，实现能源管理系统的有序运行并不断加大技术改造的力度，报告期内公司主要实施了节能灯更换、老旧空调更换等多种措施，减少公司运营对环境和自然资源产生的不利影响。

在社会（S）方面，全聚德重视食品安全、环境保护、资源利用、安全生产等工作；重视保护股东特别是中小股东的利益，重视对投资者的合理回报；诚信对待供应商、客户和消费者；继续支持和参与社会公益活动，认真履行对社会、股东、员工和其他利益相关方应尽的责任和义务。

在治理（G）方面，全聚德不断完善与优化公司治理，建立了较为完善的内控体系，在机制上保证所有股东公开、公平、公正的享有各项权益，形成了以股东大会、董事会、监事会及管理层为主体结构的决策与经营体系，切实保障全体股东（特别是中小股东）的权益。公司根据《公司法》《证券法》《上市公司治理准则》等法律法规的要求，认真履行信息披露义务，确保信息披露的真实、准确、及时、完整和公平，不存在选择性信息披露或提前透露非公开信息的情形。

9.5.2　首旅酒店

首旅如家酒店集团是首旅集团旗下的从事酒店投资与运营管理及景区经营的上市公司，是由原首旅酒店集团与如家酒店集团合并后成立的二级集团企业；合并后的首旅与如家实现了优势互补、资源整合，为首旅如家酒店集团的整体业务带来升级，并加速以酒店为主的住宿产品的迭代更新。截至2017年9月底，在国内近380个城市运营3 500余家酒店，客房数量40余万间，注册会员超过1亿人，覆盖高端、中高端、商旅型、休闲度假、长租公寓、联盟酒店全系列的酒店业务，拥有以住宿为核心的近20个品牌系列、近40个产品，是中国知名的酒店集团。

9.5.2.1　ESG得分情况

首旅酒店在住宿和餐饮业ESG评价总得分中排名第二，在信息披露上，益生股份在治理（G）指标表现突出，得分49.13分。在环境（E）指标的披露上，披露情况较差，未到达行业均值，说明首旅酒店需要加强对环境指标信息的披露，重视污染防治以及气候变化等相关措施。在社会（S）方面，首旅酒店得分为，表明在完善企业内部治理上益生股份给予了足够的重视，有利于推动企业的可持续发展。首旅酒店ESG得分与行业对比见表9.5。

表9.5 首旅酒店ESG得分与行业对比

变量	样本量	行业均值	首旅酒店得分
环境得分（E）	7	2.29	4.00
社会得分（S）	7	18.49	14.19
治理得分（G）	7	34.83	49.13
ESG总得分	7	16.09	18.84

9.5.2.2 ESG理念践行情况

在环境（E）方面，首旅酒店作为国有控股上市公司，深入践行习近平生态文明思想，完整、准确、全面贯彻新发展理念，广泛开展节能降碳，大力倡导绿色低碳生产，在所属企业中积极宣传、推广节能低碳，始终把节能降耗作为经营工作的一个重点，常抓不懈。作为上市公司，首旅酒店始终贯彻将自身发展与社会全面均衡发展相结合，努力超越自我商业价值的可持续发展目标。

在社会（S）方面，首旅酒店主动承担社会责任，和社会各界人士齐心努力做好住宿接待。报告期内，公司在全国范围内，累计被征用酒店达到2 023家，为医护人员、隔离人员、援沪医疗队等提供住宿和隔离场所。对于被征用的酒店，公司以高标准的服务努力让宾客感受到安心、舒心、放心、暖心，全力保障接待服务工作的顺利完成，共渡难关，并得到了社会各界的高度认可。

在治理（G）方面，首旅如家将创建绿色酒店作为其企业战略的发展方向，自上而下地推动绿色环保酒店的成型与标准化，倡导安全、环保、健康的住宿理念，对酒店进行科学管理。首旅如家累计有多家酒店投入抗疫事业之中。为援沪医疗队、保供人员等人群提供了高标准的住宿和隔离场所服务，全力保障了疫情防控工作有序进行。此外，首旅如家还致力于关注心智障碍群体的成长及教育环境改善，邀请多方社会力量帮助他们更加积极地融入社会生活。

9.5.3 君亭酒店

君亭酒店集团股份有限公司成立于2007年8月8日，2021年9月公司于深圳证券交易所A股创业板上市。2022年7月公司名称由"浙江君亭酒店管理股份有限公司"变更为"君亭酒店集团股份有限公司"。经营范围包括服务："酒店管理及咨询，物业管理，酒店工程管理及技术咨询、技术服务，投资管理（未经金融等监管部门批准，不得从事向公众融资存款、融资担保、代客理财等金融服务）；批发、零售：酒店用品，百货，工艺美术品。货物进出口（法律、行政法规禁止的项目除外，法律、行政法规限制的项目取得许可后方可经营）（依法须经批准的项目，经相关部门批准后方可开展经营活动）。"

9.5.3.1 ESG得分情况

君亭酒店在住宿和餐饮业ESG评价总得分中排名第三，在信息披露上，君亭酒店相对于整个行业来水指标披露情况良好。在环境（E）方面，君亭酒店仅披露了1个指标，表明君亭酒店需要进一步增加在环境方面的相关信息披露。在社会（S）方面，相关三级指标仍有部分为空白信息，说明君亭酒店仍需要关注企业社会责任方面的信息披露。在治理（G）方面，君亭酒店得分低于均值，证明该企业在企业内部治理方面没有给予足够的重视。君亭酒店ESG得分与行业对比见表9.6。

表9.6 君亭酒店ESG得分与行业对比

变量	样本量	行业均值	君亭酒店得分
环境得分（E）	7	2.29	4.00
社会得分（S）	7	18.49	25.45
治理得分（G）	7	34.83	26.26
ESG总得分	7	16.09	17.07

9.5.3.2 ESG理念践行情况

在环境（E）方面，君亭酒店不断完善环境管理制度，切实敦促直营店和委托管理店做好环境管理，为构建低碳社会做出贡献。在门店管理过程中，制定能源及资源使用目标，与门店考核挂钩，定期追踪目标落实情况。集团酒店的客房在绿色用品和产品设计中也严格践行节能降耗的环保理念。

在社会（S）方面，君亭酒店积极践行可持续发展理念，主动承担社会责任，维护社会公德，重视生态环境保护，推动酒店行业和社会的绿色可持续发展；全面建立履行社会企业责任的机制，建立相关制度规定和有效的引导、监督和考核激励机制，聚焦社区共建、绿色环保、公益三个方向，为企业、行业创造更多的价值，为当地社区人文环境带来积极的改变，关注生态和社会效益三者的有机统一，实现酒店的绿色、环保、健康、可持续发展，同时也为环境和社会的进步贡献力量。

在治理（G）方面，君亭酒店不断完善公司治理结构，建立健全公司内部控制制度，不断规范公司运作，提升公司治理水平和风险防范能力。截至本报告期末，公司治理的实际状况符合中国证监会、深交所发布的有关上市公司治理的规范性文件的要求。

○ 10 信息传输、软件和信息技术服务业上市公司ESG评价

10.1 评价指标体系

10.1.1 评价指标

信息传输、软件与信息技术服务业是指利用计算机、通信网络等技术对信息进行生产、收集、处理、加工、存储、运输、检索和利用，并提供信息服务的业务活动。根据证监会分类并经过筛选得到，2021年我国信息传输、软件和信息技术服务业上市公司共383家，本行业ESG评价体系共计包含3个一级指标、10个二级指标、61个三级指标（包括4个行业特色指标）。一级指标包括环境（E）、社会责任（S）和公司治理（G），其中环境（E）评价要素主要包含资源消耗、防治行为、废物排放；社会责任（S）评价要素主要包含员工权益、产品责任、社会响应；公司治理（G）评价要素主要包含治理结构、治理机制、治理效能。61个三级指标中包含四个行业特色指标，具体指标如表10.1所示。

表10.1 评价指标体系一览

一级指标	二级指标	三级指标
环境（E）	资源消耗	总用水量、单位营收耗水量、节水/省水/循环用水数量、总能源消耗、人均能源消耗、天然气消耗、燃油消耗、煤炭使用量、耗电量、是否有节能管理措施

续表

一级指标	二级指标	三级指标
环境 （E）	污染防治	废水/污水排放量、单位营收废水/污水排放量、氮氧化物排放、二氧化硫排放、悬浮粒子/颗粒物、有害废弃物量、单位营收有害废弃物量、无害废弃物量、单位营收无害废弃物量
	气候变化	总温室气体排放、单位营收温室气体排放、是否有温室气体减排措施、温室气体减排量、单位营收温室气体减排量
社会 （S）	员工权益	女性员工比例、是否披露职工权益保护、雇员总人数、平均年薪、离职率/流动率、人均培训投入、员工满意度、是否有职业病防护
	产品责任	是否披露安全生产内容、是否披露客户及消费者权益保护、是否有产品撤回或召回
	供应链 管理	供应商数量、是否披露供应商权益保护
	社会响应	社会捐赠额、是否响应国家战略、是否披露公共关系和社会公益事业、是否披露社会责任制度建设及改善措施、是否为国家重大活动和关键部门等提供安全通信
治理 （G）	治理结构	第一大股东持股比例、机构投资者持股比例、两权分离度、高管持股比例、女性董事占比、董事会规模、董事会独立董事比例、董事长及CEO是否是同一人、监事人数、是否说明股东（大）会运作程序和情况、是否举办专业委员会会议
	治理机制	是否有股权激励计划、高管年薪前三名、是否有现金分红、是否有保护数据安全的措施、是否有气候风险识别及防范措施、管理费用率、大股东占款率、股息率、质押股票比例、商誉净资产比较、关联交易、是否进行数字化转型、是否有问责制度、是否有投诉举报制度、是否有商业道德培训
	治理效能	财报审计出具标准无保留意见、内控审计报告出具标准无保留意见、研发投入、专利（patents）累计数量、发明专利（invention）累计数量

10.1.2 权重设计

本研究在设计各级指标权重时，充分考虑了行业的业务内容和特点、经济发展的状况，并对一、二级各项指标赋予不同的权重。在设计一级指标权重时，因该行业中的大多数企业未对环境直接造成重大影响，所以赋予环境（E）较小的权重，其次是社会（S）指标，权重最高的为治理（G）指标。同样，二级指标也考虑多方面因素，分配不同的权重。权重分配如图10.1所示。

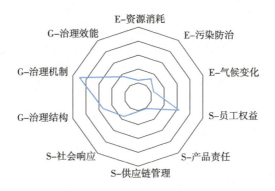

图10.1 信息传输、软件与信息技术服务业行业评价权重分配

10.2 ESG得分描述性统计

表10.2展示了2021年信息传输、软件和信息技术服务业ESG总得分及环境（E）、社会责任（S）、公司治理（G）各分项得分的描述性统计结果。本项研究共涵盖了2021年的383家信息传输、软件和信息技术服务企业，在按照评分标准分别得到每家企业环境（E）、社会责任（S）及公司治理（G）各分项得分的基础上，根据各分项的权重汇总得到了各企业的ESG总得分。由表10.2可得，383家信息传输、软件和信息技术服务企业的ESG总得分均值为26.35，最大值也仅为49.16，整个行业ESG得分偏低；ESG总得分的标准差为5.68，能够由此得出在信息传输、软件和信息技术服务业整体对ESG的重视程度较低，也间接反映出我国信息传输、软件和信息技术服务业内应提高关注企业环境、社会、治理等绩效。另外，本行业环境（E）得分、社会（S）得分和公司治理（G）得分的均值分别为6.56，26.35和41.87，也均小于50分；其中环境得分均值较低，说明行业内企业的环境得分普遍较低，应倡导企业积极披露环境相关指标，提高重视程度。

表10.2 2021年信息传输、软件和信息技术服务业ESG得分的描述性统计

变量	样本量	均值	标准差	最小值	中位数	最大值
环境得分（E）	383	6.56	4.39	0.00	6.67	34.54
社会得分（S）	383	26.35	11.22	6.67	26.67	57.81

变量	样本量	均值	标准差	最小值	中位数	最大值
治理得分（G）	383	41.87	7.35	13.70	41.60	61.86
ESG总得分	383	26.62	5.68	7.48	26.86	49.16

10.3　企业ESG理念践行情况

10.3.1　环境维度

本行业环境（E）得分均值仅为6.56，中位数为6.67，整体对环境信息披露的意识较弱。环境维度下共设置了资源消耗、污染防治和气候变化3个二级指标，得分均处于较低水平；其中，气候变化指标得分相对较高，污染防治指标得分相对较低。随着中国经济的发展与社会的进步，每个行业都应该重视对环境的保护，加强环境保护意识，积极披露相关信息，借助公众力量监督企业在经营的过程中对环境的保护，实现资源充分利用，减少废物排放。

10.3.2　社会维度

本行业社会（S）的得分均值为26.35，标准差为11.22，最大值与最小值相差50多分，较其他维度而言行业内差异较大，说明行业内各个企业对于社会责任的重视程度差异较大，且整体水平偏低。在社会责任部分分设4个二级指标，分别是员工权益、产品责任、社会响应、供应链管理。其中产品责任和社会响应得分相对较高，员工权益和供应链管理得分处于较低水平。信息传输、软件和信息技术服务业应更加重视员工权益与供应商权益，同时进一步提高产品责任以及对社会的责任。

10.3.3　治理维度

本行业公司治理（G）的得分均值为41.83，是三个一级指标中得分均值最高的一项，说明信息传输、软件和信息技术服务行业企业在公司治理方面有更好的表现。在治理层面中共设有3个二级指标，分别是治理结构、治理机制、治理效能。虽然行业中企业在治理层面相较于环境和社会责任表现较好，但仍不容乐观；治理得分的最小值仅为13.70，比最高分61.86低了近50分，行业内存在较大的差异。信息传输、软件和信息技术服务行业在发展技术的同时也应做好公司内部的治理活动，调整治理结构、改善治理机制、提高治理效能。

10.4 企业财务分析

10.4.1 财务指标对比

表10.3展示了信息传输、软件和信息技术服务行业总市值、盈利能力、运营能力、偿债能力四个方面的相关财务指标，并对该行业中ESG得分前50%和后50%的企业进行对比。从表中可以看出，得分前50%的企业平均总市值为146亿元，得分后50%的企业平均总市值为100亿元，得分前50%和后50%企业的总市值存在较大的差距。在盈利能力方面，通过净资产收益率和营业利润率来衡量企业的盈利能力，观察表中数据发现，无论是净资产收益率还是营业利润率，得分前50%的企业均明显高于得分后50%的企业；其中，得分前50%企业的净资产收益率和营业利润率分别为7.86%和10.86%，得分后50%的企业净资产收益率和营业利润率分别为−5.87%和−10.54%，说明得分后50%企业多数处于亏损的状态。关于运营效率，得分前50%的应收账款周转率是5.86，而得分后50%的应收账款周转率是5.71，二者差距不大，但得分前50%的企业收账速度稍占优势。得分前50%企业的流动比率为3.38，得分后50%企业的流动比率为3.09，表明得分前50%的企业资产的变现能力要强于后50%的企业。

表10.3 信息传输、软件和信息技术服务业上市公司财务指标对比

上市公司	平均总市值（亿元）	盈利能力		运营效率		偿债能力	
		净资产收益率（%）	营业利润率（%）	总资产周转率（次）	应收账款周转率（次）	流动比率	资产负债率（%）
前50%	146	7.86	10.86	0.55	5.86	3.38	33.47
后50%	100	−5.87	−10.54	0.58	5.71	3.09	38.65

10.4.2　投资回报分析

　　图10.2展示了信息传输、软件和信息技术服务业ESG总得分排名前50%与后50%的企业在月个股回报率上的差异。纵轴为对应日期的月个股回报率（考虑现金分红）；横轴为2021年1月至2022年12月的股票交易日，为了更清晰直观地展示不同组别下月个股回报率的差异及变动趋势，选择了每个月的个股回报率数据，即对共24个时间点上的两组数值进行比较。

　　由图10.2可知，在市场活跃度高的时段，排名前50%的企业较后50%的企业有更好的表现，如2021年5月，2021年11月，2022年5、6月以及2022年10月，排名前50%的企业个股回报率均明显高于排名后50%的企业；同时，在市场低谷时段，排名前50%的企业较后50%的企业也更为稳定，说明ESG绩效较好的企业能在市场环境好时取得更好的发展，而在环境较差时，抵御风险的能力更强。

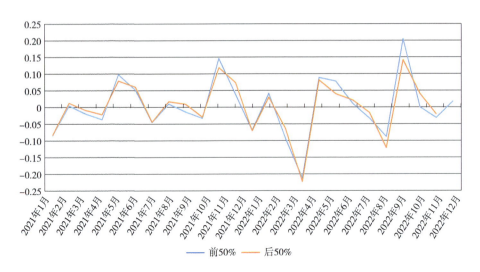

图10.2　信息传输、软件和信息技术服务业ESG总得分

排名前50%和后50%的企业月个股回报率对比

10.5　ESG优秀企业

10.5.1　国网信通

　　国网信息通信产业集团有限公司（简称"国网信通"）是国家电网整合

系统内优质信息通信资源成立的全资子公司，成立于2014年，注册资本金50亿元，目前是中国能源行业主要的信息通信技术、产品及服务提供商。国网信通产业集团秉持"互联·共享，让能源更智慧，让生活更美好"的发展使命，打造了"云–网–边–端–芯–智–链"全产业链业务体系，全力支撑智能电网和能源互联网建设，服务经济社会发展。国网信通产业集团拥有1个信通研究院、1家上市公司、55家分子公司，设立了华北、华东等7个客户代表处，员工九千余人。国网信通产业集团聚焦芯片及物联网、人工智能、大数据及云服务、通信、管理信息化、运维服务、北斗及地理信息服务、网络及信息安全、综合能源管控等九大业务领域。

10.5.1.1　ESG得分情况

国网信通ESG总得分在全行业排名第一，说明国网信通充分重视ESG企业评价，积极践行ESG理念。在得分方面，国网信通在环境（E）、社会（S）和治理（G）三个方面的得分分别为35.61分、44.23分和62.39分；其中，国网信通在治理（G）方面得分较高，达到了62.39分；在环境（E）的得分虽然相对较低，但远高于行业的平均值。总的来说，国网信通对ESG相关指标的信息披露较为完善。国网信通ESG得分与行业对比见表10.4。

表10.4　国网信通ESG得分与行业对比

变量	样本量	行业均值	国网信通得分
环境得分（E）	383	6.56	35.61
社会得分（S）	383	26.35	44.23
治理得分（G）	383	41.87	62.39
ESG总得分	383	26.62	50.68

10.5.1.2　ESG理念践行情况

在环境（E）方面，国网信通积极响应国家"加快建立健全绿色低碳循环发展经济体系"号召，充分发挥自身信息通信领域技术优势，推进电网系统、能源产业与信息技术的融合发展。在数字化赋能的基础上积极培育"双碳"数字化产品及服务能力，为政府和企业用户提供覆盖碳排放监测与管理、碳排放数据分析、碳资产管理等全链条数字化服务，为社会公众搭建碳普惠平台，全方位带动低碳经济转型。同时，公司持续提升应对气候变化的能力，践行绿色运营，推进绿色办公，为实现碳达峰碳中和目标贡献力量。

在社会（S）方面，国网信通积极巩固拓展脱贫攻坚成果同乡村振兴有效衔接工作：2021年为阿坝州新增税收超1 000万元，助力阿坝州地区经济发展；围绕"农村电网现代化""农业生产电气化"打造乡村振兴示范工程，设立"国网信通·福堂教师奖"奖励基金，长期开展助学活动，与社会各界共享企业发展成果。

在"两个一百年"奋斗目标交汇之际，公司将在新起点上奋力开创能源互联网领域国内领先的云网融合产业布局新局面，携手各利益相关方共同成长、共创价值、共筑未来，为实现共同的可持续发展目标贡献数智力量。

在治理（G）方面，国网信通秉承企业与员工、社区共同成长的理念，尊重并保障员工权益，实行具有竞争力的薪酬体系，大力推进青年人才培养计划，畅通"董事长开放日""职工诉求服务中心"等沟通渠道，确保员工享有体面工作和有质量的生活。

10.5.2　云涌科技

江苏云涌电子科技股份有限公司（云涌科技）是一家致力于为能源电力、交通物流、石油石化等行业，提供工业互联网技术服务的高新技术企业。公司总部位于江苏泰州，生产厂房占地20 000平方米，在北京、郑州、南京、深圳设有研发中心。2020年在上海证券交易所科创板成功上市。云涌科技在嵌入式设计、密码技术、零信任安全、可信计算方面积累了丰富的经验，为客户提供高性能 RISC架构计算机平台、加密卡、网络隔离装置、主机加固、零信任安全接入等解决方案。

10.5.2.1　ESG得分情况

云涌科技ESG总得分在全行业排名第二，表现较好。云涌科技在环境（E）、社会（S）和治理（G）三个方面的得分分别为11.86分、44.34分和58.18分，都远高于行业均值，处于领先水平，见表10.5。

表10.5　云涌科技ESG得分与行业对比

变量	样本量	行业均值	云涌科技得分
环境得分（E）	383	6.56	11.86

续表

变量	样本量	行业均值	云涌科技得分
社会得分（S）	383	26.35	44.34
治理得分（G）	383	41.87	58.18
ESG总得分	383	26.62	44.07

10.5.2.2 ESG理念践行情况

在环境（E）方面，云涌科技长期本着"安全生产、绿色经营"为方针，积极贯彻并践行"绿水青山就是金山银山"的国家绿色发展理念，严格遵守《中华人民共和国环境保护法》等相关法律法规，并将环境保护作为公司日常经营发展的重要内容，通过建立相关环保及污染物管理方面的内部制度，建立了突发环境事件应急预案，加大环境保护治理设备的投入。公司通过内部宣传，增强员工节能降耗、环境保护的意识，实现低碳办公和生产，节约能源保护环境，响应国家关于"碳达峰、碳中和"的战略目标。

在社会（S）方面，公司坚持以人为本，建立健全员工、股东的利益共享机制，把维护员工、股东利益作为工作出发点和落脚点。公司积极组织各类员工关怀活动，在妇女节、中秋节、春节等特殊节日发放节日慰问品及组织趣味活动等，实施员工股权激励计划，激发员工的积极性、创造性，提升团队的凝聚力，切实保障员工权益；按照分红政策的要求制定分红方案，重视对投资者的合理投资回报，以维护广大股东合法权益。公司积极参与社会公益活动，积极投身公益慈善事业，为了创造和谐社会关系而努力。新冠疫情期间，公司组织慰问小组向防疫一线工作人员捐献物资，为防疫抗疫贡献一份力量。

在治理（G）方面，规范企业治理，稳定经营，建立起科学、系统的现代企业制度和公司治理结构，公司股东会、董事会、监事会和经理层权责分明、各负其责、协调运转、有效制衡，董事会秘书勤勉尽责，有效地增强了决策的公正性和科学性，确保了公司依法管理、规范运作。积极做好信息披露工作，公平对待所有股东，依法保障广大投资者知情权，确保股东享有各项合法权益。

10.5.3　恒生电子

恒生电子是一家以"让金融变简单"为使命的金融科技公司，总部位于中国杭州。公司于1995年成立，2003年在上海证券交易所主板上市（600570. SH），聚焦金融行业，致力于为证券、期货、基金、信托、保险、银行、交易所、私募等机构提供整体解决方案和服务；公司连续15年入选FinTech100全球金融科技百强榜单，2022年排名第24位，位列中国上榜企业第一。公司目前拥有超过13 000名员工，其中产品技术人员占比约73%。恒生电子自创立便以技术服务为核心，注重科技创新，每年以35%以上营业收入投入研发，同时重视技术人才培养和知识产权保护，2022年获批设立国家级博士后科研工作站。公司一直专注在金融领域深耕细作，凭借多年金融IT建设经验，以及对金融业务的深刻洞察和理解，并依靠"产品领先"战略，用优质的产品与服务，持续赋能金融机构创新发展。

在企业发展的同时，恒生积极履行企业社会责任，2016年成立浙江恒生电子公益基金会，2017年投入运营恒生投资者教育基地，在投资者教育、扶贫济困、关爱孤独症儿童等领域持续贡献力量，实现企业与社会共同可持续发展。

10.5.3.1　ESG得分情况

恒生电子ESG总得分位于全行业第三，具有优秀的ESG表现。恒生电子在环境（E）、社会（S）和治理（G）三个方面的得分分别为11.86分、49.67分和52.27分。其中，恒生电子在社会（S）层面得分位于行业第一，说明恒生电子对ESG重视程度较高。恒生电子ESG得分与行业对比见表10.6。

表10.6　恒生电子ESG得分与行业对比

变量	样本量	行业均值	恒生电子得分
环境得分（E）	383	6.56	11.86
社会得分（S）	383	26.35	49.67
治理得分（G）	383	41.87	52.27
ESG总得分	383	26.62	43.29

10.5.3.2 ESG理念践行情况

自创立以来，恒生电子便积极承担企业社会责任，践行企业公民担当，持续推进企业与社会的可持续发展。

在环境（E）方面，恒生电子在寻求自身发展的同时，注重经济发展与生态平衡的和谐共进。通过拥抱云计算、区块链等清洁技术，协助客户降低能耗节省资源，积极应用电子合同等举措，践行环境保护方针。在节能减排方面，积极推行绿色办公、践行低碳环保生活，促进资源的再循环与可持续发展。

在社会（S）方面，作为企业公民，恒生电子希望在社区层面更好地承担起社会责任。2016年浙江恒生电子公益基金会正式成立，2017年恒生电子投资者教育基地投入运营……成立20多年来，恒生电子立足可持续发展，在精准扶贫、关爱孤独症儿童、青少年财商教育、绿色环保等领域持续贡献力量。同时，恒生电子积极拓展产学研合作，联合高校开展各类校企合作模式，实现企业与社会共同可持续发展。

在治理（G）方面，恒生电子恪守"客户第一、正直诚信、专业敬业、开放合作、持续成长"的核心价值观，秉承"让金融变简单"的使命，致力于成为全球领先的金融科技公司。恒生电子始终将合规运营、信息安全和数据保护放在首位，致力于为客户提供安全、可信的产品与解决方案。在保护知识产权方面，恒生电子严格遵守知识产权相关的法律法规要求，积极开展知识产权包括商业秘密保护的宣贯工作。在责任采购上，恒生电子按照公平、公开和公正的原则进行采购，并依据诚实守信的基本原则与供应商进行签约和履行。

11 金融业上市公司ESG评价

11.1 评价指标体系

11.1.1 评价指标

促进经济社会发展全面绿色转型是新时期落实的新发展理念，中国金融业企业需要坚持生态优先、绿色发展，建设生态文明的道路，积极推广ESG理念，重视ESG评级对金融街投资者的指导作用。金融业上市公司ESG评价指标体系共计包含3个一级指标、10个二级指标、74个三级指标（包含70个通用指标和4个行业特色指标），具体指标如表11.1所示。

表11.1 评价指标体系一览

一级指标	二级指标	三级指标
环境（E）	资源消耗	总用水量、单位营收耗水量、节水/省水/循环用水数量、总能源消耗、人均能源消耗、天然气消耗、燃油消耗、煤炭使用量、耗电量、是否有节能管理措施
	污染防治	废水/污水排放量、单位营收废水/污水排放量、有害废弃物量、单位营收有害废弃物量、无害废弃物量、单位营收无害废弃物量、氮氧化物排放、二氧化硫排放、悬浮粒子/颗粒物、绿色投融资金额
	气候变化	总温室气体排放、单位营收温室气体排放、是否有温室气体减排措施、温室气体减排量、单位营收温室气体减排量
社会（S）	员工权益	雇员总人数、女性员工比例、离职率/流动率、是否披露职工权益保护、平均年薪、员工满意度、人均培训投入

一级指标	二级指标	三级指标
社会（S）	产品责任	是否披露客户及消费者权益保护、是否披露安全生产内容、是否有产品撤回或召回
	社会响应	社会捐赠额、是否披露社会责任制度建设及改善措施、是否响应国家战略、是否披露公共关系和社会公益事业、普惠金融、是否披露投资者教育、是否有隐私泄露事件
	供应链管理	供应商数量、是否披露供应商权益保护
治理（G）	治理结构	第一大股东持股比例、机构投资者持股比例、两权分离度、高管持股比例、女性董事占比、董事会规模、董事会独立董事比例、董事长及CEO是否是同一人、监事人数、是否说明股东（大）会运作程序和情况、是否举办专业委员会会议
	治理机制	是否有股权激励计划、高管年薪、是否有现金分红、管理费用率、大股东占款率、质押股票比例、商誉净资产比例、关联交易、是否有保护数据安全的措施、是否有气候风险识别及防范措施、是否进行数字化转型、是否有问责制度、是否有投诉举报制度、是否有商业道德培训
	治理效能	财报审计出具标准无保留意见、内控审计报告出具标准无保留意见、研发投入、专利累计数量、发明专利

11.1.2 特色指标解读

11.1.2.1 绿色投融资占比

气候变化是当前最重要、最紧迫的国际问题之一，我国正在国际和国内积极采取行动应对气候变化，并郑重承诺"双碳"目标。绿色金融各项标准的陆续出台，将促进和规范中国绿色金融的健康快速发展。为贯彻落实党中央、国务院关于推动绿色发展的决策部署，促进银行业保险业发展绿色金融，积极服务兼具环境和社会效益的各类经济活动，更好助力污染防治攻坚，有序推进碳达峰、碳中和工作，银保监会制定了《银行业保险业绿色金融指引》；在此指导下，绿色金融的相关激励与约束政策不断完善，绿色投融资占比已成为衡量金融业企业发展水平的重要指标。

11.1.2.2 普惠金融

2022年4月6日，中国银保监会发布《关于2022年进一步强化金融支持小微企业发展工作的通知》（银保监办发〔2022〕37号），要求银行业金融机构持续改进小微企业资金供给结构，对符合续贷条件的正常类小微企业贷款积极给予支持，推广"随借随还"模式，对确有还款意愿、存在临时性经营困难的小微企业，追加展期，自主协商贷款还本付息方式，帮助渡过疫情难关。

2022年5月23日，国务院常务会议决定，要求金融机构普惠小微贷款支持工具额度和支持比例增加一倍，并对中小微企业和个体工商户贷款、货车车贷、暂时遇困的个人房贷消费贷，支持银行年内延期还本付息，一律取消不合理限高规定和收费，激活"敢做愿做能做会做"机制，缓解小微企业的经营压力，构建起普惠型、个别化信贷供给格局。

普惠金融作为面向社会所有阶层提供金融服务的金融体系，在减少贫困、缩短贫富差距、延伸金融的广度和深度等方面发挥了重要的作用。是否有普惠金融相关业务，成为衡量金融业企业社会责任承担水平的重要指标。

11.1.2.3 是否披露投资者教育

为贯彻落实新《证券法》和《国务院关于进一步提高上市公司质量的意见》（国发〔2020〕14号），进一步规范上市公司投资者关系管理，证监会发布《上市公司投资者关系管理工作指引》（以下简称《指引》），自2022年5月15日起施行。主要包括一是进一步明确投资者关系管理的定义、适用范围和原则。从内容、方式和目的等维度对投资者关系管理进行界定；二是进一步增加和丰富投资者关系管理的内容及方式，同时对近年来实践中的良好做法予以固化；二是进一步增加和丰富投资者关系管理的内容及方式，同时对近年来实践中的良好做法予以固化。

强化投资者关系管理，是提高上市公司质量的重要举措，也是投资者保护的重要内容。下一步，证监会将在具体监管工作中督促上市公司认真落实《指引》提出的各项措施，加强上市公司与投资者之间的有效沟通，促进上市公司完善治理，切实保护投资者合法权益。面对这样的新形势做好投资者的教育工作，其重要性越来越突出。

11.1.2.4　是否有隐私泄露事件

2020年4月9日，中共中央、国务院印发《关于构建更加完善的要素市场化配置体制机制的意见》，把数据从重要资源提升为关键生产要素，将促进大数据发展作为国家战略。同时，我国数据安全和保护的法律法规也日益完善，网络信息治理和数据保护基础法律的"三驾马车"（《中华人民共和国网络安全法》《中华人民共和国数据安全法》和《中华人民共和国个人信息保护法》）均已施行，为数据要素的有效保护和合法利用提供了制度保障。是否有隐私泄露事件是衡量金融业企业ESG绩效的重要指标。

11.1.3　权重设计

金融业上市公司权重设计方面，本研究根据指标数据的重要性和可得性，首先采用专家打分和计量统计的方式，确定各二级指标在E、S、G三个一级指标下的权重分配，考虑到气候变化和治理机制相关指标会对金融业上市公司产生深远影响，二级指标防治行为、治理机制所设置的权重较高；三个一级指标权重设置中，给予"治理（G）指标"以较高的权重，均衡考虑社会（S）和环境（E）指标的权重，确保评价结果的客观性，具体的权重分配如图11.1所示。

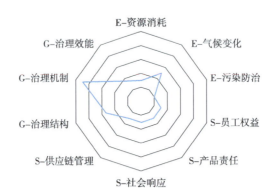

图11.1　金融业评价权重分配

11.2　ESG得分描述性统计

表11.2展示了2021年金融行业 ESG 总得分及环境（E）、社会责任（S）、

公司治理（G）各分项得分的描述性统计结果。127家金融企业的 ESG 总得分均值为37.1分，中位数为36.7分。总得分均值较低，侧面反映出我国金融行业仍然未形成具有行业共识性的ESG披露标准。最大值得分为61.1分，在整体上看并不低，说明行业内部分企业能够一定程度上重视并践行ESG理念，坚持可持续发展。

此外，行业内环境（E）得分、社会责任（S）得分和公司治理（G）得分的均值分别为25.7、27.8、49.7，最大值为治理得分，说明公司治理部分的数据披露较为充分，主要涉及方面为治理结构、治理机制、治理效能。其次，金融行业企业环境（E）得分较去年相比有了很大的提升，但标准差较大，说明在环境相关指标数据披露方面存在较大的差异，部分公司应该格外关注。此外，社会责任（S）得分有所降低，相关企业存在半途而废或者掉以轻心的现象，应避免出现大幅下降的情况。最后，环境（E）得分、社会责任（S）得分和公司治理（G）得分的最大值差距较小，说明行业内对ESG的评价体系逐渐进行统一，国家和行业的大力推广ESG理念有所成就，行业内共识的评价标准也在逐步建立。

表11.2　2021年金融业ESG得分的描述性统计

变量	样本量	均值	标准差	最小值	中位数	最大值
环境得分（E）	127	25.7	18.4	0.0	13.0	78.5
社会得分（S）	127	27.8	16.0	4.0	23.9	72.2
治理得分（G）	127	49.7	9.7	22.2	52.5	66.4
ESG总得分	127	37.1	11.3	14.4	36.7	61.1

11.3　企业ESG理念践行情况

11.3.1　环境维度

在上述表格中的127家上市金融业公司中，通过计算ESG得分，环境（E）得分均值为25.7，最小值为0，说明仍然有大部分企业没有有效披露环境信息。金融业企业自身和政府相关部门在环境保护和治理方面的重视程度亟须加强。环境（E）得分的最小值和最大值相差78.5分，表明有一些金融业上市公司如中信证券，已经能够重视ESG的环境保护相关指标的得分。127家上市金融业公司中，在环境保护方面的相关指标总得分，ESG得分超过50分的数量比去年多了近15家企业，表明在不同金融业公司中对于环境保护投入和环境保护信息披露的重视程度整体上有所提升，但是仍需继续努力。生态文明建设是中华民族可持续发展的千年大计，要坚持节约资源和保护环境的基本国策。

11.3.1.1　资源消耗

在127家金融业上市公司中，通过ESG评级得出有8家金融业上市公司在资源消耗（包括总用水量、单位营收耗水量、节水/省水/循环用水数量、总能源消耗、人均能源消耗、天然气消耗、燃油消耗、煤炭使用量、耗电量、是否有节能管理措施）的得分在70分以上，将近10%的金融业上市公司关注资源消耗相关指标，并采取措施减少关于生产用水、天然气、燃油、煤炭的消耗，合理利用资源。

11.3.1.2　污染防治

污染防治方面（包括废水/污水排放量、单位营收废水/污水排放量、有害废弃物量、单位营收有害废弃物量、无害废弃物量、单位营收无害废弃物量、氮氧化物排放、二氧化硫排放、悬浮粒子/颗粒物、绿色投融资金额）有50家金融业企业对相关数据进行了披露，整体披露水平更高。

11.3.1.3　气候变化

总体来看金融企业在气候变化方面的信息披露程度较低，半数企业在气候变化方面数据的披露欠缺较多、不完整，表明金融企业在环境保护方面的工作还有较大提升空间。

11.3.2　社会维度

由ESG相关得分，可以看出社会责任（S）得分方面，金融业企业得分仍然较低，金融业上市公司对社会责任（包括员工权益、产品责任、社会响应和供应链管理）方面披露的数据不完整，水平较低。在127家金融业上市公司中，有17家公司的社会责任（S）的得分在50分以上，其中有6家在60分以上，得分最高的企业是交通银行，得分为72.2分，表明金融业中虽然有较多企业做到了注重对员工福利的投入和企业社会形象的建设，但是需要不断坚持以实现自身发展与促进经济社会效益的良性互动，践行以人民为中心的发展理念，助力普惠金融。

11.3.2.1 员工权益

金融企业员工权益（包括雇员总人数、女性员工比例、离职率/流动率、是否披露职工权益保护、平均年薪、员工满意度、人均培训投入）方面的管理体系较为完善。在127家金融业上市公司中有11家公司ESG关于员工权益的得分超过50分，说明部分金融业企业能够注重员工权益，但仍有许多企业不能够对员工权益加以保护与支持，还需对相关指标加以重视并改进。

11.3.2.2 产品责任

金融业企业在产品责任（包括是否披露客户及消费者权益保护、是否披露安全生产内容、是否有产品撤回或召回）方面的得分集中在20分至40分，有8家金融企业获得最高分66.7分，说明大部分企业应进一步完善对于客户和供应商管理工作相关数据的披露，以利于加强社会各界的监督和自身产品水平的提高；同时金融企业也应加大自身研发投入，提高自身金融科技水平，以应对迎接数字化时代越来越激烈的市场竞争。

11.3.2.3 社会响应

在127家金融业上市公司中共有12家上市公司的社会响应（包括社会捐赠额、是否披露社会责任制度建设及改善措施、是否响应国家战略、是否披露公共关系和社会公益事业、普惠金融、是否披露投资者教育、是否有隐私泄露事件）分数在80分以上，说明金融行业上市公司相关信息的披露规范工作取得一定成效，绝大部分公司在承担社会责任方面表现优秀。

11.3.2.4 供应链管理

在127家金融业上市公司中仅有34家上市公司在供应链管理（包括供应商数量、是否披露供应商权益保护）方面进行了相关数据的披露，表明在该行业还未形成统一的供应链管理标准以及相关指标的共识，需要国家以及行业进一步关注和加强。

11.3.3 治理维度

金融业上市企业公司治理（G）得分均值为49.7，最高得分为66.4，有74

家金融业上市公司在公司治理方面的得分超过50分，许多企业在治理方面表现优秀。金融业上市公司关于公司治理得分中位数为52.58，表明金融业企业在公司治理方面的努力取得一定效果，发展良好。

11.3.3.1 治理结构

治理结构重点分析和评价企业内部管理运营制度和相关设置的规范性。金融业上市公司治理结构得分集中在50分以上，表明我国金融行业公司治理结构数据的披露较完整，有利于相关部门和社会各界实现行业的监督，有利于推动公司自身治理水平的进一步提高。

11.3.3.2 治理机制

关注公司治理机制可以评价一家企业管理运营效率。治理机制（包括是否有股权激励计划、高管年薪、是否有现金分红、管理费用率、大股东占款率、质押股票比例、商誉/净资产、关联交易、是否有保护数据安全的措施、是否有气候风险识别及防范措施、是否进行数字化转型、是否有问责制度、是否有投诉举报制度、是否有商业道德培训），其中商誉/净资产这个指标上披露度较低，企业治理机制得分整体较高。

11.3.3.3 治理效能

由数据和表格可知，绝大多数公司都公开了相关指标数据，整体上2021年金融企业的公司治理效能取得不错的成果。在新发展阶段，金融业应当主动发挥引导作用，运用市场机制和金融杠杆培育新动能，推动产业结构化升级。

11.4 企业财务分析

11.4.1 财务指标对比

表11.3分别从市值、盈利能力、运营效率和偿债能力方面，对比了金融业上市公司ESG得分前50%和后50%企业的表现。从表中可以看出，ESG得分前50%企业的市值均值达到1 933亿元，而ESG得分后50%企业的市值均值278亿元，上市公司ESG得分前50%和后50%企业在平均市值方面的得分存在明显差距，超过1 500亿元。

在盈利能力方面，金融业上市公司ESG得分前50%的企业净资产收益率和营业利润率分别为4.31%和18.00%，而金融业上市公司ESG得分后50%的企业净资产收益率和营业利润率分别为2.21%和585.48%，与ESG得分前50%上市公司相比有较大差距。在以总资产周转率为代表的运营效率方面，得分后50%的企业表现更优。这可能是因为资金链较少，涉及资产较少。在资产负债率方面，ESG得分前50%的上市公司比后50%的上市公司低30%以上。

表11.3　金融业上市公司财务指标对比

上市公司	平均总市值（亿元）	盈利能力		运营效率	偿债能力
		净资产收益率（%）	营业利润率（%）	总资产周转率（次）	资产负债率（%）
前50%	1 933	4.31	18.00	0.01	34.19
后50%	278	2.21	585.48	0.05	66.76

11.4.2　投资回报分析

图11.2展示了ESG总得分排名前50%与后50%的金融业上市公司在月个股回报率上的差异。纵轴为对应日期的月个股回报率（考虑现金分红）；横轴为2021年1月至2022年12月的股票交易日，为了更清晰直观地展示不同组别下月个股回报率的差异及变动趋势，本书选择了每个月的个股回报率数据，即在共24个时间点上的两组数值进行比较。

由图可知，在绝大部分时间节点内，ESG得分排名前50%金融业上市公司的月个股回报率和后50%金融业上市公司的月个股回报率相差并不大。观察可知，在金融业企业整体表现较好的月份，如2021年2—5月、2021年7—8月，2022年10—11月，得分前50%和后50%的企业表现差距不大，但在金融业企业整体市场表现较差的月份，如2021年1月，2022年1月、4月、9月，得分前50%企业的月个股回报表现要明显优于得分后50%的企业。不过在2021年5—7月、11月，得分前50%的企业低于后50%的企业。因此，当金融市场有较大波动时，ESG得分前50%的企业受到的影响要比ESG得分后50%的企业收到的影响小，ESG绩效更优的企业，能够更好地面对外部经济环境的变化，在资本市场面临较大风险时保持更大的竞争优势，但得分后50%的企业偶尔也具有自身的优势。

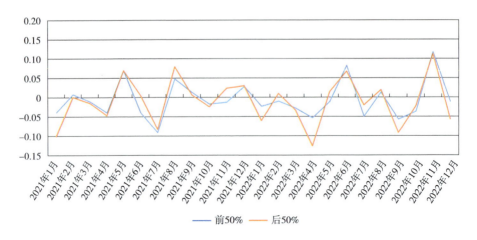

图 11.2   金融业ESG总得分排名前50%和后50%的企业月个股回报率对比

11.5   ESG优秀企业

11.5.1   交通银行

交通银行始建于1908年，是中国历史最悠久的银行之一。1987年4月1日，交通银行重新组建后正式对外营业，成为中国第一家全国性的国有股份制商业银行，总行设在上海。2005年6月交通银行在香港联合交易所挂牌上市，2007年5月在上海证券交易所挂牌上市。交通银行为客户提供各类公司和个人金融产品和服务，如存贷款、产业链金融、现金管理、国际结算与贸易融资、投资银行、资产托管、财富管理、银行卡、私人银行、资金业务等。此外，该集团通过全资或控股子公司，涉足金融租赁、基金、理财、信托、保险、境外证券和债转股等业务领域。

11.5.1.1   ESG得分情况

交通银行ESG得分排名为全行业第一。在信息披露上，交通银行社会责任（S）指标的表现突出，在披露的19个三级指标中有12个指标得分为满分，这说明交通银行在员工权益、产品责任等方面积极响应国家政策。在环境（E）和治理（G）方面，交通银行均披露了大量相关信息，表明在保护环境与完善企业内部治理上交通银行都在努力践行ESG理念，并能够主动地将相关信息面向公众披露。交通银行ESG得分与行业对比见表11.4。

表11.4 交通银行ESG得分与行业对比

变量	样本量	行业均值	交通银行得分
环境得分（E）	127	25.7	56.75
社会得分（S）	127	27.8	72.21
治理得分（G）	127	49.7	56.29
ESG总得分	127	37.1	61.18

11.5.1.2 ESG理念践行情况

在环境（E）方面，交通银行积极构建绿色金融体系，打造多元化绿色金融产品及服务体系，深入开展绿色金融前瞻研究，创新绿色金融实践，发挥"源头活水"作用助力"双碳"目标实现，同时助力经济社会绿色低碳高质量发展。交通银行不断采取措施识别和应对气候变化引发的金融风险，明确将气候和环境风险纳入全面风险管理体系，服务国家"碳达峰、碳中和"战略。2021年9月，正式成为气候相关财务信息披露（Task Force on Climate-Related Financial Disclosures，TCFD）支持机构。

在社会（S）方面，2021年，交通银行继续奉行"共创、共荣、共享、共发展"的员工发展理念，致力于为员工营造健康和谐、多元稳定的工作环境，保护员工基本权益，提升员工幸福感、满足感。此外，为满足员工职业发展需求，交通银行积极拓展外部优质培训资源，为员工提供专业的培训渠道，建立优质培训资源渠道库，发挥资金和信息优势，搭建人才、技术、项目交流对接和创新平台，建设德才兼备的高素质金融人才队伍。交行一直秉持"为爱聚能、点蓝未来"的公益理念，积极投身于社区金融教育和公益活动，传递交行责任文化。

在治理（G）方面，交通银行严格遵守境内外法律法规、上市规则、监管规章及公司章程的规定，持续推进并完善"党委全面领导、董事会战略决策、监事会依法监督、高管层授权经营"的中国特色大型商业银行公司治理机制，坚定不移贯彻新发展理念，落实金融工作"三项任务"，深化发展战略落地，保持对股东和投资者的高水平价值回报。截至报告期末，2021年交行董事会筹备召开股东大会3次，审议通过议案11项；筹备召开董事会会议7次，审议通过议案57项；筹备董事会下设的专委会会议24次，审议议案和报告103项；召开监事会会议4次，审议23项议案，监事出席率95.45%。

11.5.2　中国平安

中国平安保险（集团）股份有限公司（以下简称"中国平安"）于1988年诞生于深圳蛇口，是中国第一家股份制保险企业。中国平安致力于成为国际领先的综合金融、医疗健康服务提供商。中国平安积极响应"十四五"发展规划，从增强金融服务实体经济水平、服务"数字中国"和"健康中国"等国家战略出发，深化"综合金融+医疗健康"服务体系，提供专业的"金融顾问、家庭医生、养老管家"服务。中国平安深入推进全面数字化转型，运用科技助力金融业务提质增效，提升风控水平，持续兑现"专业，让生活更简单"的品牌承诺，实现"科技赋能金融、生态赋能金融、科技促进发展"。中国平安秉持以人民为中心、以客户需求为导向，坚守金融主业，服务实体经济，强化保险保障功能，持续深化"一个客户、多种产品、一站式服务"的综合金融模式，为近2.27亿个人客户和超6.93亿互联网用户提供多样化的产品及便捷的服务。同时，中国平安持续深化团体业务"1+N"服务模式，满足不同客户的综合金融需求。

11.5.2.1　ESG得分情况

中国平安取得了全行业ESG评价总分得分第二名的成绩。在社会（S）方面，中国平安表现最突出，尤其在产品责任、供应链管理和社会响应这三个二级指标的披露上，这说明中国平安主动承担自身社会责任，并积极为社会做出企业贡献。在环境（E）指标的披露上，中国平安积极披露了其在资源消耗、污染防治与气候变化等指标的相关信息，在25个三级指标中共披露了12个指标的信息数据，虽然仍有所空缺，但在全行业的披露中属于较高水平。在治理（G）方面，三级指标披露率高达73.3%，可见中国平安十分重视企业内部治理，不断优化企业内部管理体系和结构，为该行业其他企业起到表率作用。中国平安ESG得分与行业对比见表11.5。

表11.5　中国平安ESG得分与行业对比

变量	样本量	行业均值	中国平安得分
环境得分（E）	127	25.7	45.00
社会得分（S）	127	27.8	69.27
治理得分（G）	127	49.7	58.03
ESG总得分	127	37.1	58.14

11.5.2.2　ESG理念践行情况

在环境（E）方面，中国平安积极助力国家碳达峰、碳中和目标，持续深化绿色金融行动，依托集团综合金融优势，充分发挥绿色金融作用，全力支持国家绿色经济转型和产业链升级。截至2022年12月末，中国平安绿色投融资规模2 823.63亿元，绿色银行类业务规模1 820.89亿元；2022年绿色保险原保险保费收入251.05亿元。截至2022年12月末，中国平安的负责任投融资规模超1.79万亿元；可持续保险产品达3 821种。

在社会（S）方面，中国平安助力乡村振兴发展，多维度升级乡村振兴产业帮扶举措，助力弥合城乡发展差距，继续探索金融普惠创新，为中小微企业发展赋能。通过"三村工程"开展产业、医疗健康和教育等帮扶工作，2018年以来，中国平安已累计提供扶贫及产业振兴帮扶资金771.53亿元，并在2022年启动包括保险下乡、金融下乡、医疗健康下乡的"三下乡"项目助力乡村发展。此外，中国平安通过完善的管理体系落实客户利益保障、员工发展以及合作伙伴互利共赢。并且积极运用数字科技能力，打造可持续发展"压舱石"，利用在战略、组织、管理、运营、人才、服务等方面的数字化能力，以全面数字化驱动高质量发展。

在治理（G）方面，中国平安持续践行全球最佳公司治理实践，已经建立了依托本土优势兼具国际标准的公司治理架构且不断完善。公司于2022年4月29日在深圳市召开2021年年度股东大会，公司时任董事14人全部出席会议。本次会议审议通过了《公司2021年度董事会报告》、《公司2021年度监事会报告》《公司2021年度报告及摘要》《公司2021年度财务决算报告》《公司2021年度利润分配方案》《关于聘用公司2022年度审计机构的议案》等共12项议案。

11.5.3 第一创业

第一创业证券股份有限公司系经中国证券监督管理委员会批准设立的综合类证券公司，前身是1993年4月成立的佛山证券公司。2016年5月11日，公司首次公开发行股票并在深圳证券交易所上市交易，证券简称"第一创业"。经过20多年的发展，公司已经从一家业务单一的区域性证券公司，发展成为"业务特色鲜明、收入结构均衡、布局全国"的上市证券公司。近年来，公司围绕"成为有固定收益特色的、以资产管理业务为核心的证券公司"这一战略目标，持续特色化发展。公司深刻理解金融服务实体经济的核心功能，充分利用市场化机制优势、自身业务基础和资源禀赋，进行大资产管理业务布局，链接资本市场和实体经济的综合金融服务获得客户认可。

11.5.3.1 ESG得分情况

在ESG总得分排名中，第一创业排名全行业第三位，其在环境（E）、社会（S）和治理（G）三个一级指标的得分中治理（G）得分最优，这说明第一创业对企业内部治理关注程度较高，重视治理并积极披露相关信息，为企业发展助力。第一创业在环境（E）、社会（S）方面的得分在整个行业中处于中等水平，这说明在未来的发展中，第一创业应进一步提高对环境保护、社会责任相关方面的重视度，响应国家政策和呼吁，坚持可持续发展，承担起企业的社会责任。第一创业ESG得分与行业对比见表11.6。

表11.6 第一创业ESG得分与行业对比

变量	样本量	行业均值	第一创业得分
环境得分（E）	127	25.7	38.25
社会得分（S）	127	27.8	25.65
治理得分（G）	127	49.7	61.36
ESG总得分	127	37.1	44.87

11.5.3.2 ESG理念践行情况

在环境（E）方面，2021年，为有效推动绿色运营，第一创业设定以下环境气候影响相关管理目标：一是加强绿色供应链管理，提高获得绿色认证的供应商比例；二是建立公司内部运营碳排放数据收集和分析机制，研究节能减排相关方案；三是将绿色运营作为公司 ESG 实质性议题之一的落实情况，纳入公司考核体系。第一创业将环境气候相关风险纳入整体的风险管理流程中，作为整体风险管理的项目进行专项评估并考虑其对整体的影响。同时，公司对专门的气候变化等ESG风险管理，设定特定的识别与管理流程，对于气候变化等ESG风险较为突出的项目，建立特别的处理流程。

在社会（S）方面，第一创业坚持"以客户为中心"，在为客户提供多元化、多层次的金融产品及服务体系的同时，构建金融产品售前、售中、售后标准化服务流程，从投资者适当性管理、投资者教育、客户投诉解决、服务质量提升等方面积极优化客户服务，不断提升客户体验与满意度。此外，第一创业不断完善客户投诉处理机制，确保投诉渠道畅通，提高投诉处理效率，提升客户服务水平。2021年，公司全国统一服务热线95358接听客户来电80 984通，客户服务满意度达到99.63%。

在治理（G）方面，第一创业通过《公司章程》《股东大会议事规则》《董事会议事规则》《监事会议事规则》《独立董事工作制度》《总裁工作细则》《董事会秘书工作制度》以及董事会各专门委员会议事规则等制度，明确了相关机构和人员的职责权限和工作程序。在此基础上，公司就信息披露、内幕信息知情人登记管理、重大信息内部报告、投资者关系、关联交易、对外投资、对外担保等事项制定了专项制度，为公司规范运作提供制度保障。2021年，在疫情常态化环境下，公司严格按照法律法规要求组织召开公司股东大会、董事会和监事会。报告期内，公司召开股东大会2次，董事会会议9次，监事会会议5次，各项会议的召集、召开、表决等各环节都依法运作、规范有效，充分发挥各层级的决策或监督作用。

12.1　评价指标体系

12.1.1　评价指标

房地产业是以土地和建筑物为经营对象，从事房地产开发、建设、经营、管理以及维修、装饰和服务的集多种经济活动为一体的综合性产业。根据中国证监会《上市公司行业分类指引》，房地产业可进一步细分为"房地产开发与经营业""房地产管理业""房地产中介服务业"，其中"房地产中介服务业"又可分为"房地产经纪业"、"房地产评估业"、"房地产咨询业"以及"其他房地产中介服务业"。

房地产业ESG评价体系包含3个一级指标、10个二级指标、76个三级指标（包括4个行业特色指标）。一级指标包括环境（E）、社会责任（S）和公司治理（G），力图兼顾经济、环境、社会和治理效益，促进企业和组织形成追求长期价值增长的理念。环境（E）评价要素主要包含资源消耗、污染防治、气候变化；社会（S）评价要素主要包含员工权益、产品责任、社会响应；治理（G）评价要素主要包含治理结构、治理机制、治理效能，具体指标如表12.1所示。

表12.1　评价指标体系一览

一级指标	二级指标	三级指标
环境 （E）	资源消耗	总用水量、单位营收耗水量、节水/省水/循环用水量、总能源消耗、人均能源消耗、天然气消耗、燃油消耗、煤炭使用量、耗电量、是否有节能管理措施
	污染防治	废水/污水排放量、单位营收废水/污水排放量、氮氧化物排放、二氧化硫排放、悬浮粒子/颗粒物、有害废弃物量、单位营收有害废弃物量、无害废弃物量、单位营收无害废弃物量、是否有粉尘排放说明、COD排放量
	气候变化	总温室气体排放、单位营收温室气体排放、是否有温室气体减排措施、温室气体减排量、单位温室气体减量
社会 （S）	员工权益	雇员总人数、女性员工比例、离职率、平均年薪、员工满意度、是否披露职工权益保护、人均培训投入
	产品责任	是否披露安全生产内容、是否披露客户及消费者权益保护、是否有产品撤回或召回
	供应链管理	供应商数量、是否披露供应商权益保护
	社会响应	是否披露公共关系和社会公益事业、是否披露社会制度建设及改善措施、社会捐赠额、是否响应国家战略、是否有保障国家战略物资方案
治理 （G）	治理结构	第一大股东持股比例、机构投资者持股比例、两权分离度、高管持股比例、女性董事占比、董事会规模、董事会独立董事占比、董事长及CEO是否是同一人、监事人数、是否说明股东（大）会运作程序和情况、是否设立专业委员会
	治理机制	是否有重大负面信息、是否有股权激励计划、高管年薪前三名、是否有现金分红、管理费用率、大股东占款率、质押股票比例、商誉净资产比例、关联交易、是否有数据安全的措施、是否有违规触发、是否有气候风险识别及防范措施、是否进行数字化转型、是否有问责制度、是否有投诉举报制度、是否有商业道德培训
	治理效能	财务审计出具标准无保留意见、内控审计报告出具标准无保留意见、研发投入、创新成果

12.1.2　特色指标解读

12.1.2.1　是否提供装配式建造与绿色建筑面积

2020年初，面对突如其来又来势汹汹的新冠疫情，集结在武汉的中国建筑工人，分别仅用了10天、12天就分别建起两座新的收治医院——火神山医院、雷神山医院。在这场与生死较量、与病毒赛跑的"战役"中，装配式建筑不仅一战成名，而且借助全国急剧增长的小汤山模式医院建设需求，迅速带动了这类新型建筑模式和材料的井喷。这类新的建筑方式具有绿色环保、节能减排、施工高效等诸多优势，早在20世纪60年代就已引起国内重视；如今，是否提供装配式建造是评价房地产业上市公司绿色环保水平的重要指标。

根据2017年国家印发的建筑业发展"十三五"规划的要求，到2020年，我国城镇新建民用建筑全部达到节能标准要求，城镇绿色建筑面积占新建建筑面积比例达到50%、新开工全装修成品住宅面积达到30%、绿色建材应用比例达到40%、装配式建筑面积占新建建筑面积比例达到15%。而根据广东的要求，广州、深圳装配式建筑面积同期要达到30%左右。2017年住建部还正式认定了北京、杭州等30个城市为第一批装配式建筑示范城市，万科、碧桂园等195个企业成为第一批装配式建筑产业基地。2021年住建行业十四五发展规划指出，智能建造与新型建筑工业化协同发展的政策体系和产业体系基本建立，装配式建筑占新建建筑的比例达到30%以上，打造一批建筑产业互联网平台，形成一批建筑机器人标志性产品，培育一批智能建造和装配式建筑产业基地。

12.1.2.2　是否有绿色建筑

2017—2022年，国务院、国家发改委、住房城乡建设部、工信部、生态环境部、能源局等多部门都陆续印发了支持绿色建筑行业的发展政策和指导意见，包括《关于促进建筑业持续健康发展的意见》《绿色建筑创建行动方案》《绿色建筑标识管理办法》《关于加快建立健全绿色低碳循环发展经济体系的指导意见》《城乡建设领域碳达峰实施方案》等。

在2020年7月发布的《绿色建筑创建行动方案》中指出，"绿色建筑指在全寿命期内节约资源、保护环境、减少污染，为人们提供健康、适用、高效的使用空间，最大限度实现人与自然和谐共生的高质量建筑"，提出"到2022年，当年城镇新建建筑中绿色建筑面积占比达到70%"的方案目标。

12.1.2.3　是否有保障性安居工程建设

安居工程建设是一项"德政工程"，既能缓解居民住房困难、住房条件差的问题，为中低收入群体解决住房问题，又能调控住房市场，调节收入分配。2021年7月2日，国务院发布《关于加快发展保障性租赁住房的意见》，明确了以公租房、保障性租赁住房和共有产权住房为主体的住房保障体系架构，并对保障性租赁住房的基础制度和支持政策进行了规定。根据该文件，保障性租赁住房主要解决符合条件的新市民、青年人等群体的住房困难问题，以建筑面积不超过70平方米的小户型为主，租金低于同地段同品质市场租赁住房租金，相关项目可享受土地支持、中央补助资金、税费减免、金融信贷等支持型政策。22号文为保障性租赁住房首个顶层设计制度，为保障性租赁房发展奠定了良好的政策基础，该文件发布后已有多个省市积极出台"十四五"保障房建设规划，保障性租赁住房建设预计将进入加速发展期。

12.1.2.4　是否披露安全生产内容

安全生产就是人民生命，重于泰山。2021年11月23日，住房和城乡建设部工程质量安全监管司、标准定额司发布《关于征集提升建筑施工安全生产事故防治关键技术攻坚难题的通知》：为深入贯彻落实党中央国务院关于创新驱动发展战略，谋划和布局建筑施工安全生产领域科技研发方向，汇集社会资源力量参与安全生产科技攻关，提升建筑施工安全生产事故防治关键技术能力，有效遏制建筑施工安全生产事故，开展建筑施工安全生产事故防治关键技术攻坚难题征集工作。是否披露安全生产内容是衡量企业安全生产能力的重要指标。

12.1.3　权重设计

对于房地产业上市公司，本书结合社会经济发展现状，根据指标数据的重要性和可得性，首先采用专家打分和计量统计的方式，确定各二级指标在E、S、G三个一级指标下的权重分配；三个一级指标权重设置中，在给予"社会（S）指标"以较高的权重的基础上，充分考虑房地产行业评价侧重点的不同，均衡环境（E）和治理（G）指标的权重设定确保评价结果的客观性，权重分配如图12.1所示。

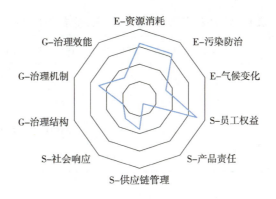

图12.1　房地产行业评价权重分配

12.2　ESG得分描述性统计

　　表12.2展示了2021年房地产行业ESG总得分及环境（E）、社会责任（S）、公司治理（G）各分项得分的描述性统计结果。可以看到，116家房地产企业的ESG总得分均值为28.07，ESG总得分的标准差为5.04，最小值与最大值相差超过30分，这表明行业内各企业对ESG的重视程度存在较大差异且普遍重视程度偏低，侧面反映出我国房地产行业仍未形成有行业共识性的ESG披露和评价标准，相关部门的引导也还有待加强。

　　另外，环境（E）得分均值为4.11，社会（S）得分均值为33.18，公司治理（G）得分的均值为42.21，均处于较低水平。其中环境（E）得分的均值最小，究其原因，可能并不是由于房地产业在环境污染与治理层面上可披露的信息较少（事实上对房地产行业来讲，污染物排放量是十分重要的指标，如施工时机械与建筑材料运输所排放的各种废气污染物），而是因为房地产企业目前未具备自愿披露相关环境信息的意识，从而导致数据搜集过程中很多企业的得分都为0，环境（E）均值得分较低。另外，环境得分最高的企业也仅为50.09分，这表明目前房地产行业内各企业在披露ESG相关信息与贯彻ESG相关理念的力度等方面仍存在较大的改善空间，更加凸显了房地产行业需要加大对与ESG有关信息，尤其是对环境信息披露关注的紧迫性，同时这也为国家和行业加快制定相关的ESG政策提供了事实依据。

表 12.2　2021 年房地产业 ESG 得分的描述性统计

变量	样本量	均值	标准差	最小值	中位数	最大值
环境得分（E）	116	4.11	6.18	0.00	0.00	50.09
社会得分（S）	116	33.18	9.33	7.05	33.63	63.21
治理得分（G）	116	42.21	6.41	26.20	42.60	60.53
ESG总得分	116	28.07	5.04	18.36	27.44	48.98

12.3　企业ESG理念践行情况

12.3.1　环境维度

房地产业环境（E）得分均值仅为 4.11 分，中位数为 0，最大值也仅有 50.09，说明大部分企业未有效披露环境信息。环境（E）得分的最小值和最大值相差超过 50 分，环境得分超过 50 分的也只有 1 家企业，是中南建设。这再次说明房地产企业在环境保护的实践行动和信息披露上的重视程度有待加强。

12.3.1.1　资源消耗

资源消耗二级指标下设"总用水量""单位营收耗水量""天然气消耗""燃油消耗"、"煤炭使用量""节水/省水/循环用水数量""总能源消耗""人均能源消耗""耗电量""是否有节能管理措施"10 个三级指标。数据总体披露情况较差，仅有"是否有节能管理措施"指标披露情况较好，除该指标之外，仅有一家企业在其他指标方面有披露，为中南建设企业。

12.3.1.2　污染防治

污染防治二级指标下设"废水/污水排放量""单位营收废水/污水排放量""氮氧化物排放""二氧化硫排放""悬浮粒子/颗粒物""有害废弃物量""单位营收有害废弃物量""无害废弃物量""单位营收无害废弃物量"9 个通用指标。总体上看 9 个指标披露情况较差，仅我爱我家、奥园美谷、财信发展、福星股份和中南建设指标披露数大于等于 2。

12.3.1.3　防治行为

气候变化二级指标下设"总温室气体排放""单位营收温室气体排放""是

否有温室气体减排措施""温室气体减排量""单位温室气体减排量"5个通用指标,与"是否提供装配式建造""有无绿色建筑面积"2个房地产业特色指标。通用指标方面,披露水平较低,仅"是否有温室气体减排措施"该指标有披露情况。特色指标方面,绝大多数企业有至少一项房地产特色防治行为。

12.3.2 社会维度

社会(S)得分方面,得分均值为33.18分,不同企业得分差异较大,标准差达到9.33,最小值与最大值相差超过65分,说明各企业对承担社会责任的重视程度存在很大差异。房地产业116家企业50分以上有1家(招商蛇口),整体披露情况较差。

12.3.2.1 员工权益

员工权益二级指标下设"雇员总人数""女性员工比例""离职率""平均年薪""员工满意度""是否披露职工权益保护""人均培训投入"7个通用指标,以及"是否有保障性安居工程建设"行业特色指标,共8个三级指标。总体披露情况较好于环境指标,得分前三分别是保利发展、招商蛇口、招商积余。

12.3.2.2 产品责任

产品责任二级指标下设"是否披露客户及消费者权益保护""是否披露安全生产内容""是否有产品撤回或召回"三个三级指标。"是否披露客户及消费者权益保护""是否披露安全生产内容"两个指标的披露情况下相似,即不同公司针对两个指标,均披露或均未披露,且绝大部分企业对这两个指标进行了披露,而"是否有产品撤回或召回"指标没有一家企业披露。

12.3.2.3 供应链管理

供应链管理二级指标下设"供应商数量"、"是否披露供应商权益保护"两个三级指标。通用指标方面,仅有五家企业披露指标"供应商数量",约30%的企业披露指标"是否披露供应商权益保护",整体披露情况差。

12.3.2.4 社会响应

社会响应二级指标下设"是否披露公共关系和社会公益事业""是否披露社会制度建设及改善措施""社会捐赠额""是否响应国家战略"4个通用指标与"是否披露安全生产内容"一个行业特色指标。整体披露情况较好,所有企业均披露。"是否响应国家战略"该指标所有企业均有披露，绝大多数企业能够主动承担社会责任。

12.3.3 治理维度

企业公司治理（G）得分均值为42.21分，最高得分为60.53分，在118家企业中仅新湖中宝1家企业公司治理得分在50分以上，房地产业公司治理水平还有较大提升空间。

12.3.3.1 治理结构

治理结构二级指标下设"第一大股东持股比例""机构投资者持股比例""两权分离度""高管持股比例""女性董事占比""董事会规模""董事会独立董事占比""董事长CEO是否是同一人""监事人数""是否说明股东（大）会运作程序和情况""是否设立专业委员会"11个三级指标。指标整体披露情况良好，但得分普遍并不高，治理结构得分最高分为58.15分。

12.3.3.2 治理机制

治理机制二级指标下设"是否有重大负面信息""高管年薪前三名""是否有数据安全的措施""是否有违规触发""是否有气候风险识别及防范措施""是否进行数字化转型""是否有问责制度""是否有投诉举报制度""是否有商业道德培训""是否有股权激励计划""是否有现金分红""管理费用率""大股东占款率""质押股票比例""商誉/净资产""关联交易"16个三级指标。除"是否有股权激励计划"以外的指标披露情况均较好。

12.3.3.3 治理效能

治理效能二级指标下设"研发投入""创新成果""财报审计出具标准无保留意见""内控审计报告出具标准无保留意见"4个三级指标，整体披露情况良好，企业得分也较为相似，"研发投入""创新成果"指标情况较差。

12.4 企业财务分析

12.4.1 财务指标对比

表12.3分别从市值、盈利能力、运营效率和偿债能力方面，对比了房地产业上市公司ESG得分前50%和后50%企业的表现。从表中可以看出，ESG

得分前50%企业的市值均值达到209.13亿元，要明显高于ESG得分后50%企业的市值均值61.23亿元。在盈利能力方面，前50%企业在净资产收益率上的表现明显更优，后50%企业在营业利润率方面表现更优。在以总资产周转率和应收账款周转率为代表的运营效率方面，得分后50%的企业表现更优。得分前50%的企业平均流动比率为1.59，低于得分后50%企业的流动比率均值1.75，资产负债率方面，得分前50%企业较后50%企业更高。

表12.3 房地产业上市公司财务指标对比

上市公司	平均总市值（亿元）	盈利能力		运营效率		偿债能力	
		净资产收益率（%）	营业利润率（%）	总资产周转率（次）	应收账款周转率（次）	流动比率	资产负债率（%）
前50%	209.13	-2.39	4.96	0.21	94.90	1.59	70.10
后50%	61.23	-6.09	16.53	0.29	956.69	1.75	63.57

12.4.2 投资回报分析

图12.2展示了ESG总得分排名前50%与后50%的企业在月个股回报率上的差异。纵轴为对应日期的月个股回报率（考虑现金分红）；横轴为2021年1月至2022年12月的股票交易日，为了更清晰直观地展示不同组别下月个股回报率的差异及变动趋势，课题组选择了每个月的个股回报率数据，即在共24个时间点上的两组数值进行比较。

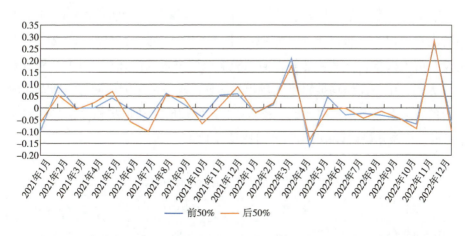

图12.2 房地产业ESG总得分排名前50%和后50%的企业月个股回报率对比

由图示结果可知，在2021年1月至2022年12月这段考察时间内，ESG得分前50%与后50%在股价表现上差异较小。从整体上看，前者股价表现较优于后者，如2021年6月至8月，2021年10月至11月等时期，前者股价均高于后者，而在2022年10月至2022年12月这段时间二者股价基本重合。

12.5 ESG优秀企业

12.5.1 中南建设

中南建设集团有限公司是一家大型国有现代施工企业，隶属于湖南省地质院。公司成立于1985年，注册资金10.18亿元，拥有大中型机械设备1 000多台套，业务遍及全国20多个省区市和海外多个国家。公司下辖广东、福建、湖北、江西、四川、贵州以及海外分公司等多个直属单位。公司控（参）投子公司有湖南中南鼎盛贸易有限责任公司、湖南中南建设劳务承包有限公司、湖南中南建设试验检测有限公司、西藏湘色建设工程有限公司。公司具有公路工程、市政公用工程施工总承包壹级资质，桥梁工程、隧道工程、公路路面工程、公路路基工程、地基基础工程等多项专业承包壹级资质，公路交通工程（公路安全设施分项）专业承包贰级资质，公路养护综合一类甲级、公路养护综合二类甲级、公路养护桥梁甲级、公路养护路面甲级资质，建筑工程、水利水电工程、机电工程施工总承包贰级资质。

12.5.1.1 ESG得分情况

中南建设得分排名为全行业第一，在信息披露上，中南建设环境（E）指标的表现突出，在披露的个三级指标中有个指标得分为满分，这说明中南建设在员工权益、产品责任等方面积极响应国家政策。在环境（E）和治理（G）方面，中南建设均披露了大量相关信息，表明在保护环境与完善企业内部治理上中南建设都在努力践行ESG理念，并能够主动地将相关信息面向公众披露。中南建设ESG得分与行业对比见表12.4。

表12.4 中南建设ESG得分与行业对比

变量	样本量	行业均值	中南建设得分
环境得分（E）	228	4.93	68.38

变量	样本量	行业均值	中南建设得分
社会得分（S）	228	19.65	45.40
治理得分（G）	228	31.84	40.92
ESG总得分	228	16.81	53.47

12.5.1.2　ESG理念践行情况

在环境（E）方面，中南建设积极助力国家碳达峰、碳中和目标，调整施工方法，采取扬尘防治措施（冲洗工地、运输车辆等），采取扬尘防治措施（加强裸土覆盖、及时进行修复）。

在社会（S）方面，2021年，中南建设三十余年砥砺前行，坚持与城乡发展并行共进，深入基础设施建设、城市格局优化、产业迭代升级和服务美好生活，不断探索城市迭代升级和乡村振兴的创新解决方案，与国同行，共建城乡，坚定不移地与中国城乡发展同频共振。公司积极响应国家关于扶贫减贫的政策方针，结合公司业务和支持地实际情况，开展一系列乡村振兴工作，以实际行动履行社会责任。

在治理（G）方面，公司严格按照法律、法规等规定，真实、准确、完整、及时地披露信息，确保所有投资者公平获取公司信息。同时，公司加强内幕信息管理，做好内幕信息保密工作。公司董事、监事、高级管理人员及员工遵守公司的《内幕信息及知情人管理制度》等规章制度，严格内幕信息的防控，报告期内公司并无内幕信息知情人违规买卖公司证券的行为。未来，公司将继续遵循规范透明的原则，不断提高公司治理水平，保护广大投资者的合法权益。

12.5.2　招商蛇口

招商局蛇口全称是招商局蛇口工业区控股股份有限公司，成立于1992年2月19日，是招商局集团旗下城市综合开发运营板块的旗舰企业。招商局蛇口经营范围包括城区、园区、社区的投资、开发建设和运营；交通运输、工业制造、金融保险、对外贸易、旅游、酒店和其他各类企业的投资和管理；邮轮母港及配套设施的建设和运营；房地产开发经营；水陆建筑工程等。截至2023年2月，管理面积达到2.15亿平方米，商业总建筑面积规模超700万平方米。

12.5.2.1　ESG得分情况

招商蛇口取得了全行业ESG评价总分得分第二名的成绩。在社会（S）方面，招商蛇口表现最突出，尤其在产品责任、供应链管理和社会响应这三个二级指标的披露上，这说明招商蛇口主动承担自身社会责任，并积极为社会做出企业贡献。在环境（E）指标的披露上，招商蛇口积极披露了其在资源消耗、污染防治与气候变化等指标的相关信息，两个特色指标（是否提供装配式建造、是否有绿色建筑）均为满分。在治理（G）方面，三级指标披露率高达80%，可见招商蛇口十分重视企业内部治理，不断优化企业内部管理体系和结构，为该行业其他企业起到表率作用。招商蛇口ESG得分与行业对比见表12.5。

表12.5　招商蛇口ESG得分与行业对比

变量	样本量	行业均值	招商蛇口得分
环境得分（E）	228	4.93	5.71
社会得分（S）	228	19.65	53.90
治理得分（G）	228	31.84	45.41
ESG总得分	228	16.81	32.50

12.5.2.2　ESG理念践行情况

在环境（E）方面，招商蛇口将绿色生态理念和可持续发展思路贯穿于项目全生命周期，全面加强能效管理、水资源管理和废弃物管理，提升能源资源利用效率，促进资源节约型、环境友好型社会建设。同时，我们针对可能发生环境事故的风险进行全方位评估，制定针对性预案，有效减少生态环境影响。

在社会（S）方面，招商蛇口传承百年招商局的历史使命感和社会责任感，我们深刻洞察发展需求，以商业成功持续推动社会进步。

在治理（G）方面，招商蛇口建立规范的公司治理结构和科学的议事规则，制定符合公司发展要求的各项制度。公司董事会下设战略委员会、提名委员会、审计委员会、薪酬与考核委员会四个专业委员会，提高运作效率。董事会9名董事中，有3名独立董事。董事会的构成及履职情况、董事会及管理层职责、专门委员会人员构成及分工运作情况、监事构成及履职情况等详细内容见更多公司治理详细内容见《招商局蛇口工业区控股股份有限公司2021年年度报告》《招商局蛇口工业区控股股份有限公司2021年度独立董事履行职责情况报告》《招商局蛇口工业区控股股份有限公司2021年度监事会工作报告》等文件。

12.5.3 北辰实业

北京北辰实业股份有限公司（简称"北辰实业"）1997年4月2日由北京北辰实业集团有限责任公司独家发起设立，同年5月在香港联合交易所挂牌上市。2006年10月在上海证券交易所成功发行A股并上市。公司主营业务包括发展物业、投资物业（含酒店）。发展物业以立足北京、拓展京外为方针，近年来持续推进区域深耕和新城市拓展，逐步形成多区域多层级的全国规模化发展布局，其中包括住宅、公寓、别墅、写字楼、商业在内的多元化、多档次的物业开发和销售。开发项目覆盖了华北、华中、华东、西南等15个热点区域的重点城市，开发规模和市场占有率不断提升。公司持有并经营的物业包括会展、酒店、写字楼、公寓等业态，面积逾127万平方米，其中120万平方米均位于北京亚奥核心区。经营项目主要为国家会议中心、北京国际会议中心、北辰洲际酒店、五洲皇冠国际酒店、北京五洲大酒店、国家会议中心大酒店、汇宾大厦、汇欣大厦、北辰时代大厦、北辰世纪中心、北辰汇园酒店公寓等，京外项目为长沙北辰洲际酒店。

12.5.3.1 ESG得分情况

在ESG总得分排名中，北辰实业排名全行业第三位，其在环境（E）、社会（S）和治理（G）三个一级指标的得分中社会（S）得分最优，这说明北辰实业对社会责任关注程度较高，重视承担社会责任并积极披露相关信息，为企业发展助力。第一创业在环境（E）、治理（G）方面的得分在整个行业中处于中等水平，这说明在未来的发展中，北辰实业应进一步提高对环境保护、公司治理相关方面的重视度，响应国家政策和呼吁，坚持可持续发展，承担起企业的社会责任。北辰实业ESG得分与行业对比见表12.6。

表12.6 北辰实业ESG得分与行业对比

变量	样本量	行业均值	北辰实业得分
环境得分（E）	228	4.93	9.71
社会得分（S）	228	19.65	43.17
治理得分（G）	228	31.84	42.20
ESG总得分	228	16.81	29.54

12.5.3.2 ESG理念践行情况

在环境（E）方面，北辰实业认真贯彻落实国家及市政府关于环境保护的各项要求，包括但不限于《中华人民共和国大气污染防治法》《中华人民共和国水污染防治法》《中华人民共和国环境噪声污染防治法》等主要法律法规，积极完成上级单位下达的各项环境保护任务，通过制定及统一内部相关管理政策及措施，降低工程建设对周边环境的影响。报告期内，本公司未对环境及天然气源造成重大负面影响。

在社会（S）方面，北辰实业为了打造安全、舒适的工作环境，持续维护办公室及其他运营场地的设备和设施，确保室内照明适宜及保持空气流通，定期维护改造茶水间等硬件设施，在办公区域和运营场地配备了休憩室、活动室及母婴室等，以满足员工的多元所需。

在治理（G）方面，北辰实业深刻认识到科学化、系统化、规范化、专业化的管理有助于企业识别及防范市场风险，实现企业高效健康发展。因此，北辰实业致力于持续提升企业管理水平，报告期内，本公司董事、监事和高级管理人员按照上市地区的监管要求，通过参加课程培训、在线学习等方式，加强业务培训，不断提升履职能力。报告期内，本公司法人治理的实际状况符合《中华人民共和国公司法》《上市公司治理准则》以及中国证监会相关规定的要求。

13 租赁和商务服务业上市公司ESG评价

13.1 评价指标体系

13.1.1 评价指标

租赁和商务服务业属于现代服务业，租赁业务包括融资性租赁和经营性租赁两种类型。商务服务业包括企业管理服务、法律服务、咨询与调查、广告业、职业中介服务等行业。根据证监会公布的行业分类，截止到2021年，我国租赁和商务服务业共有64家上市公司。本行业ESG评价体系共计包含3个一级指标、10个二级指标、70个三级指标。一级指标包括环境（E）、社会（S）和治理（G），环境（E）评价要素主要包含资源消耗、污染防治、气候变化；社会（S）评价要素主要包含员工权益、产品责任、供应链管理、社会响应；治理（G）评价要素主要包含治理结构、治理机制、治理效能，具体指标如表13.1所示。

表13.1 评价指标体系一览

一级指标	二级指标	三级指标
环境 （E）	资源消耗	总用水量、单位营收耗水量、节水/省水/循环用水量、总能源消耗、人均能源消耗、天然气消耗、燃油消耗、煤炭使用量、耗电量、是否有节能管理措施
	污染防治	废水/污水排放量、单位营收废水/污水排放量、氮氧化物排放、二氧化硫排放、悬浮粒子/颗粒物、有害废弃物量、单位营收有害废弃物量、无害废弃物量、单位营收无害废弃物量

续表

一级指标	二级指标	三级指标
环境（E）	气候变化	总温室气体排放、单位营收温室气体排放、是否有温室气体减排措施、温室气体减排量、单位温室气体减排量
社会（S）	员工权益	雇员总人数、女性员工比例、离职率、平均年薪、员工满意度、是否披露职工权益保护、人均培训投入
	产品责任	是否披露安全生产内容、是否披露客户及消费者权益保护、是否有产品撤回或召回
	供应链管理	供应商数量、是否披露供应商权益保护
	社会响应	是否披露公共关系和社会公益事业、是否披露社会制度建设及改善措施、社会捐赠额、是否响应国家战略
治理（G）	治理结构	第一大股东持股比例、机构投资者持股比例、两权分离度、高管持股比例、女性董事占比、董事会规模、董事会独立董事占比、董事长及CEO是否是同一人、监事人数、是否说明股东（大）会运作程序和情况、是否举办专业委员会会议
	治理机制	是否有重大负面信息、是否有股权激励计划、高管年薪前三名、是否有现金分红、管理费用率、大股东占款率、质押股票比例、商誉净资产比例、关联交易、是否有数据安全的措施、是否有违规触发、是否有气候风险识别及防范措施、是否进行数字化转型、是否有问责制度、是否有投诉举报制度、是否有商业道德培训
	治理效能	财务审计出具标准无保留意见、内控审计报告出具标准无保留意见、研发投入、创新成果

13.1.2 权重设计

　　各指标权重设置方面，本研究在租赁和商务服务业的三个一级指标权重设置中赋予了环境（E）和社会（S）指标较高的权重占比，"治理（G）指标"权重略低，以此充分凸出前两者对于该行业的重要性；在十个二级指标中，员工权益（S）、资源消耗（E）、污染防治（E）、治理机制（G）等四个指标被赋予较高比重，具体权重分配如图13.1所示。

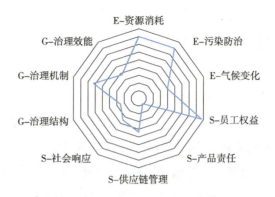

图13.1　租赁和商务服务业评价权重分配

13.2　ESG得分描述性统计

表13.2显示了2021年租赁和商务服务行业的64家企业ESG总得分及环境（E）、社会责任（S）、公司治理（G）各分项得分的描述性统计结果。此次参与调研的64家租赁和商务服务行业的上市公司，按照评分标准对各企业披露数据进行打分，得出每家公司的环境（E）、社会责任（S）和公司治理（G）各分项得分，后又根据设定的不同权重计算得出行业内企业的ESG总得分。由表可知，本次调研的64家租赁和商务服务行业企业的ESG总得分均值为18.49，标准差为7.03，最大值仅为49.83，结果并不理想，说明我国租赁和商务服务行业企业仍不能充分认识到ESG对于企业评价的重要性。同时，环境（E）、社会责任（S）和公司治理（G）的三个分项均值分别为4.77、18.40和40.58，得分均较低，其中环境的得分均值仅为4.77分，需要引起充分关注。行业内的企业，需要在披露报告中重视相关数据披露。

表13.2　2021年租赁和商务服务业ESG得分的描述性统计

变量	样本量	均值	标准差	最小值	中位数	最大值
环境得分（E）	64	4.77	9.23	0.00	0.00	61.11
社会得分（S）	64	18.40	10.23	5.79	13.70	52.69
治理得分（G）	64	40.58	7.61	22.80	41.44	58.15
ESG总得分	64	18.49	7.03	9.56	17.01	49.83

13.3 企业ESG理念践行情况

13.3.1 环境维度

环境（E）得分均值仅为4.77，中位数为0，得分为0的企业没有有效披露环境信息，而披露环境信息的企业得分也整体偏低，得分最高的美凯龙也仅有61.11分，租赁和商务服务业整体缺乏对环境信息披露的意识，环境方面的信息披露情况较差。在环境（E）下共有三个二级指标，分别是资源消耗、污染防治、气候变化。在租赁和商务服务企业经营过程中，会对环境产生许多影响，所以注重环境保护应该在行业内达成共识。租赁和商务服务行业应该重视对环境的保护，加强环境保护意识，积极披露相关信息，相关部门也应加强监督企业在经营的过程中对环境的影响，充分利用资源，减少废物排放，增强环境污染的防范意识。

13.3.1.1 资源消耗

该二级指标下共包括"总用水量""单位营收耗水量""天然气消耗""燃油消耗""煤炭使用量""节水/省水/循环用水数量""总能源消耗""人均能源消耗""耗电量""是否有节能管理措施"10个三级指标。美凯龙表现较好，披露的指标最多。相关部门应该加强监管力度，促使企业对其所产生的资源消耗进行统计，并在官方渠道进行披露，行业中每个企业都有节约资源使用，增加资源利用效率的责任。未来行业内各企业需在资源消耗方面应该完善指标披露情况，并尽量做到优秀的水平。

13.3.1.2 污染防治

污染防治下的三级指标分别是"废水/污水排放量""单位营收废水/污水排放量""氮氧化物排放""二氧化硫排放""悬浮粒子/颗粒物""有害废弃物量""单位营收有害废弃物量""无害废弃物量""单位营收无害废弃物量"9个指标。传化智联披露了氮氧化物排放，得分为100分，说明传化智联在控制氮氧化物排放方面做得较为优异。美凯龙披露了4个指标，包括有害废弃物量、无害废弃物量、氮氧化物排放、二氧化硫排放和悬浮粒子/颗粒物。租赁和商务服务行业的企业废水/污水排放量披露情况较差，应引起行业的重视。在生产经营过程中必然会产生废水、污水，而废水污水的肆意排放会对环境产生重大影响，因此租赁和商务服务行业企业应该在节约利用水资源的同时也要关注污水废水的排放。

13.3.1.3 气候变化

在气候变化下共有"总温室气体排放""单位营收温室气体排放""是否有温室气体减排措施""温室气体减排量""单位温室气体减排量"5个三级指标。美凯龙的气候变化得分为40。该行业企业在生产经营过程中应加强环境保护意识，积极披露相关指标，增加防治行为，对于各种资源的节省做出具体举措，并付诸行动。

13.3.2 社会维度

租赁和商务服务行业企业社会（S）的得分均值为18.40，行业社会（S）得分的标准差为10.23，最大值与最小值相差近45分，说明行业内各个企业对于社会责任的重视程度差异较大，但整体水平偏低。在社会责任部分分设4个二级指标，分别是员工权益、产品责任、供应链管理、社会响应。在64家租赁和商务服务企业中有2家社会（S）得分超过40分，其中得分最高的是52.69分，说明该行业部分企业虽然对社会责任有所关注，但没有充分投入，企业在发展的过程中应该维护员工权益，对所生产的产品负责到底，积极响应社会的需求，做好供应链管理。

13.3.2.1 员工权益

在该二级指标下设立"雇员总人数""女性员工比例""离职率""平均年薪""员工满意度""是否披露职工权益保护""人均培训投入"7个三级指标。在员工权益部分得分最高企业的是传化智联，其得分为19.83，整体披露情况存在较大差异。员工权益得分较低，企业得分都在20分以下，说明农、林、牧、渔行业的企业应该进一步加强对员工权益的重视。

13.3.2.2 产品责任

在产品责任部分共包括了"是否披露客户及消费者权益保护""是否披露安全生产内容""是否有产品撤回或召回"3个三级指标。租赁和商务服务行业中大部分企业披露了"是否披露客户及消费者权益保护""是否披露安全生产内容"的相关信息，但未有一家企业披露"是否有产品撤回或召回"指标。行业中的大部分企业都十分关注产品责任，对于租赁和商务服务行业而言，履行好产品责任可以提高企业的信誉水平，而信用对租赁行业来说是十分重要的，可以凭借良好的信用与顾客或供应商建立良好的合作关系，从而增加彼此在业务上的往来，为企业长远发展提供助力。

13.3.2.3　供应链管理

供应商管理下的三级指标共两项，分别是"供应商数量""是否披露供应商权益保护"。在64家租赁和商务服务企业中表现最出色的是农产品和华铁应急，得分为100分，在行业中属于顶尖水平。大部分企业均披露了"是否披露供应商权益保护"指标，但只有三家企业披露了供应商数量指标，分别是美凯龙、农产品和华铁应急。

13.3.2.4　社会响应

该二级指标下设"是否披露公共关系和社会公益事业""是否披露社会制度建设及改善措施""社会捐赠额""是否响应国家战略"4个指标。披露度最高的是"是否响应国家战略"，该行业的所有企业均披露了这项指标的相关信息。仅有一家企业"浙江东日"披露了企业"是否披露公共关系和社会公益事业"。大部分企业对于社会响应相关指标披露情况较好，但整体水平仍然较低，需要行业继续加强重视程度。

13.3.3　治理维度

公司治理（G）的得分均值为40.58，标准差为7.61，最大值与最小值分别为58.15和22.80，说明租赁和商务服务行业企业比较关注对公司的治理，但多数企业没有对公司的治理有过多的投入。在64家租赁和商务服务企业中公司治理（G）得分最高的是传化智联，为58.15。在治理层面中共设有3个二级指标，分别是治理结构、治理机制、治理效能。虽然行业中企业在治理层面相较于环境表现较好，但仍不容乐观，更有相当部分企业治理得分未超过50分，应引起行业重视。租赁和商务服务行业在生产经营的过程中也应做好公司内部的治理活动，改善治理机制、调整治理结构、提高治理效能。

13.3.3.1　治理结构

在治理结构中共包括治理结构二级指标下设"第一大股东持股比例""机构投资者持股比例""两权分离度""高管持股比例""女性董事占比""董事会规模""董事会独立董事占比""董事长及CEO是否是同一人""监事人

数""是否说明股东（大）会运作程序和情况""是否设立专业委员会"11个三级指标，指标整体披露情况良好。行业中的相当部分企业在治理结构上都存在很多问题，有相当多的企业没有充分认识到治理结构的重要性，没有认识到合理的治理结构可以使企业规避一些错误的决策。

13.3.3.2 治理机制

治理机制层面下有"是否有重大负面信息""高管年薪前三名""是否有数据安全的措施""是否有违规触发""是否有气候风险识别及防范措施""是否进行数字化转型""是否有问责制度""是否有投诉举报制度""是否有商业道德培训""是否有股权激励计划""是否有现金分红""管理费用率""大股东占款率""质押股票比例""商誉净资产比例""关联交易"16个三级指标。从得分上看，锦和商管得分较高，为59.70分，行业中的最低分只有14.18分，最高分与最低分的分差超过45分，说明行业内企业对于治理机制的投入存在较大差异。三级指标中的股权激励计划可以在很大程度上对员工起到激励效果，增加员工的忠诚度，但是行业中64家企业只有13家设立了股权激励计划，希望更多的企业能够采取合理的措施激励员工。

13.3.3.3 治理效能

在该二级指标下设"研发投入""创新成果""财报审计出具标准无保留意见""内控审计报告出具标准无保留意见"4个三级指标。通过观察租赁和商务服务行业中企业的治理效能得分的结构，发现该行业的企业治理效能得分差异较大，小于25分的企业有19家，其余企业均在40分以上。租赁和商务服务行业企业的得分结构是处于中分段的企业较多，而低分段和高分段的企业并不多，此现象说明行业内多数企业已经开始注重治理效能的管理，但是真正做好的企业并不是很多，仍有多数企业需要加大重视程度，进一步提高公司治理效能。

13.4 企业财务分析

13.4.1 财务指标对比

表13.3展示了租赁和商务服务行业总市值、盈利能力、运营能力、偿债

能力4个方面的相关财务指标，并对该行业中ESG得分前50%和后50%的企业进行对比。从表中可以看出，得分前50%的企业平均总市值为298亿元，得分后50%的企业平均总市值只有44亿元，得分前50%和后50%企业的总市值存在较大的差距。在盈利能力方面，通过净资产收益率和营业利润率来衡量企业的盈利能力，得分前50%企业的净资产收益率和营业利润率分别为8.75%和16.47%，得分后50%企业的净资产收益率和营业利润率分别为−37.02%和−18.93%。关于运营效率，得分前50%的总资产周转率和应收账款周转率分别是1.10和40.08，而得分后50%的总资产周转率和应收账款周转率分别为0.72和14.73，说明ESG得分前50%的企业在运营效率方面要优于得分后50%的企业。得分前50%企业的流动比率为1.86，得分后50%企业的流动比率为1.98，后50%的企业资产的变现能力要强于前50%的企业。而资产负债率得分前50%的企业要低于后50%的企业，说明前50%企业的偿债能力更强。

表13.3　租赁和商务服务业上市公司财务指标对比

上市公司	平均总市值（亿元）	盈利能力		运营效率		偿债能力	
		净资产收益率（%）	营业利润率（%）	总资产周转率（次）	应收账款周转率（次）	流动比率	资产负债率（%）
前50%	298	8.75	16.47	1.10	40.08	1.86	46.22
后50%	44	−37.02	−18.93	0.72	14.73	1.98	55.06

13.4.2　投资回报分析

图13.2展示了租赁和商务服务业ESG总得分排名前50%与后50%的企业在月个股回报率上的差异。纵轴为对应日期的月个股回报率（考虑现金分红）；横轴为2021年1月至2022年12月的股票交易日，为了更清晰直观地展示不同组别下月个股回报率的差异及变动趋势，选择了每个月的个股回报率数据，即在共24个时间点上的两组数值进行比较。

由图12.2可知，在2021年9月至2022年12月，整个市场面临了较大波动。在这24个时间节点上，得分前50%的企业和得分后50%的企业个股回报率整体趋势相似，但得分前50%的企业表现要优于得分后50%的企业，在整个市场有所波动时，得分前50%企业的个股回报率曲线相对更加平稳。

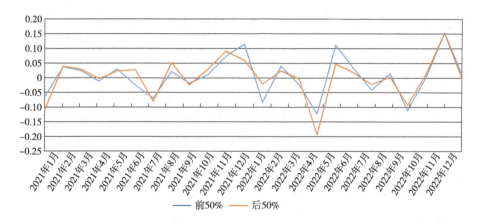

图 13.2 租赁和商务服务业ESG总得分排名前50%和后50%的企业月个股回报率对比

13.5 ESG优秀企业

13.5.1 美凯龙

红星美凯龙家居集团股份有限公司（简称"红星美凯龙"），红星美凯龙经营了94家自营商场，284家委管商场，通过战略合作经营8家家居商场，此外，公司以特许经营方式授权57家特许经营家居建材项目，共包括476家家居建材店/产业街。红星美凯龙家居一直为实现"打造中华民族的世界商业品牌"的企业愿景而不懈努力。红星美凯龙谋变创新，以"拓品类、重运营"为企业战略，持续推进商场运营精细化，先后落地十大主题馆，发布1号店、至尊Mall、标杆商场战略，对旗下商场进行持续的精细化运营。同时，进行了品类升级、展厅升级、营销运营服务等全面升级，通过智能电器馆、潮流家具馆、睡眠生活馆、精品卫浴馆、系统门窗馆、软装陈设馆、高端定制馆、设计客厅馆、进口国际馆以及顶地空间馆等十大主题馆的打造，推动重点品类快速发展，构建起一个横跨高端电器、建材、家具三大品类的高端流量生态。

13.5.1.1 ESG得分情况

美凯龙得分排名为全行业第一，在信息披露上，美凯龙环境（E）指标的表现突出，在披露的14个三级指标中有13个指标得分为满分，这说明美凯龙在环境保护和污染排放等方面积极响应国家政策。在社会（S）和治理（G）

183

方面，美凯龙均披露了大量相关信息，表明在社会责任与完善企业内部治理上美凯龙都在努力践行ESG理念，并能够主动地将相关信息面向公众披露。美凯龙ESG得分与行业对比见表13.4。

表13.4 美凯龙ESG得分与行业对比

变量	样本量	行业均值	美凯龙得分
环境得分（E）	64	4.77	61.11
社会得分（S）	64	18.40	37.98
治理得分（G）	64	40.58	48.37
ESG总得分	64	18.49	49.83

13.5.1.2 ESG理念践行情况

在环境（E）方面，美凯龙公司及其附属公司不属于国家级重点监控排污单位。公司将绿色环保上升到企业的战略性层面，建立并严格执行"绿色环保管理体系"，将绿色环保理念贯穿于业务营运的每一个环节和阶段。公司及其附属公司不属于国家级重点监控排污单位。公司将绿色环保上升到企业的战略性层面，建立并严格执行"绿色环保管理体系"，将绿色环保理念贯穿于业务营运的每一个环节和阶段。

在社会（S）方面，2021年，美凯龙公司积极投身公益事业，推广品牌、提升市场认可度的同时，坚持以高度的社会责任感和感恩的心态回馈社会。公司将经营成果与大众社会共享，为促进社区繁荣贡献一份力量。2021年，公司在创业就业、扶贫帮困、教育、文化、社区发展等方面共投入了超过3 000万元人民币。

在治理（G）方面，美凯龙公司严格遵守上市地和国内的法律、法规及规范性文件的要求，依法合规运作，始终致力维护和提升公司良好的社会形象。公司根据《公司法》《证券法》等法律法规以及监管规定，形成了股东大会、董事会、监事会、管理层之间分权制衡、各司其职的公司治理结构，确保了公司的规范运作。公司股东大会、董事会、监事会的会议召集召开程序、表决程序合法有效，公司信息披露真实、准确、及时、完整，投资者关系管理高效务实，公司治理科学、严谨、规范。公司严格遵守《企业管治守则》，遵守了全部守则条文，并达到了《企业管治守则》中所列明的绝大多数建议最佳常规条文的要求。

13.5.2 传化智联

传化智联股份有限公司成立于2001年，是传化集团旗下的上市子公司。总部位于中国杭州。公司营业范围包括：危险化学品无储存批发，物流信息服务，物流信息软件开发与销售，公路港物流基地及配套设施涉及的投资、建设、开发，企业管理咨询，市场营销策划，投资管理，有机硅及有机氟精细化学品、表面活性剂、纺织印染助剂、油剂及原辅材料的生产、加工、销售，染料的销售，经营进出口业务，物业管理。传化智联主要涉及物流、化工、农业、投资等产业。2022年7月，2022年《财富》中国500强排行榜发布，传化智联股份有限公司排名第348位。

13.5.2.1 ESG得分情况

传化智联取得了全行业ESG评价总分得分第二名的成绩。在治理（G）方面，传化智联表现最突出，尤其在治理结构、治理机制和治理效能这三个二级指标的披露上，这说明传化智联积极注重公司内部治理，不断优化企业内部管理体系和结构，为该行业其他企业起到表率作用。在环境（E）指标的披露上，传化智联积极披露了其在资源消耗、污染防治与气候变化等指标的相关信息，在24个三级指标中共披露了4个指标的信息数据均为满分，虽然仍有所空缺，但在全行业的披露中属于较高水平。在社会（S）方面，三级指标披露率高达56%，可见传化智联十分重视主动承担自身社会责任，并积极为社会做出企业贡献。传化智联ESG得分与行业对比见表13.5。

表 13.5　传化智联ESG得分与行业对比

变量	样本量	行业均值	传化智联得分
环境得分（E）	64	4.77	21.33
社会得分（S）	64	18.40	40.75
治理得分（G）	64	40.58	58.15
ESG总得分	64	18.49	37.33

13.5.2.2　ESG理念践行情况

在环境（E）方面，传化智联于2016年开始逐步推进光伏电站项目，践行减碳节能，提质增效。公司利用公路港屋面架设光伏面板，构建光伏发电站系统，在满足港内多场景作业支持业务运营开展的用电需求基础上，通过国家电网实现与社会的电能共享，助力低碳社会建设。此外，光伏面板还能有效保护仓库屋面，改善库房内环境质量，隔热保温作用可明显降低库房室内温度3摄氏度以上，助力企业业务质效两增。

在社会（S）方面，传化智联公司坚持以人为本，秉承"人是企业发展的第一要素""企业只有把员工放在心上，员工才会把责任扛在肩上"的理念，坚持合规雇佣，重视员工能力培养，促进员工身心健康，构建和谐劳动关系，携手员工与企业共创美好价值，实现共同成长。

在治理（G）方面，自上市以来，传化智联秉持公平、制衡、有效的上市公司治理准则，根据《公司法》《证券法》《上市公司治理准则》等法律法规，建立了以《公司章程》为基础的内控体系，不断完善以股东大会、董事会、监事会及管理层为主体结构的决策与经营体系，切实保障全体股东的权益。2020年，公司共召开股东大会2次，董事会13次，监事会9次。完成公司章程、董事会专门委员会实施细则的修订。荣获上海证券报2020"金质量"公司治理奖。

13.5.3　农产品

农产品公司是于1988年8月20日经深圳市人民政府以"深府办（1988）1181号"文批准，于1989年1月14日经深圳市工商行政管理局注册成立的市属国有企业，原名"深圳市农产品批发公司"。1993年5月4日，公司更名为"深圳市农产品股份有限公司"。1996年12月26日经中国证券监督管理委员会以批准，向社会公众公开发行境内上市内资股（A股）1 900万股。2018年11月21日，公司名称由"深圳市农产品股份有限公司"变更为"深圳市农产品集团股份有限公司"。

13.5.3.1　ESG得分情况

在ESG总得分排名中，农产品排名全行业第三位，其在环境（E）、社会（S）和治理（G）三个一级指标的得分中社会（S）得分最优，这说明农产品主动承担自身社会责任，并积极为社会做出企业贡献。农产品在环境（E）、治理（G）方面的得分在整个行业中处于中等水平，这说明在未来的发展中，农产品应进一步提高对环境保护、公司治理相关方面的重视度，响应国家政策和呼吁，不断优化企业内部管理体系和结构，为该行业其他企业起到表率作用。农产品ESG得分与行业对比见表13.6。

表13.6　农产品ESG得分与行业对比

变量	样本量	行业均值	农产品得分
环境得分（E）	64	4.77	4.00
社会得分（S）	64	18.40	52.69
治理得分（G）	64	40.58	48.41
ESG总得分	64	18.49	32.14

13.5.3.2　ESG理念践行情况

在环境（E）方面，农产品公司坚持绿色发展理念，在农产品储存、运输、交易全过程中积极践行节能减排、污染治理，并引导员工、社区共同提升环境意识，共同建设美丽家园。报告期，公司新建、旧改项目环评通过率100%；批发市场绿色能源累计发电957万千瓦时。公司及旗下企业为减少碳排放所采取的具体措施及效果详见与本报告同日刊登在巨潮资讯网的《2021年社会责任报告》中。

在社会（S）方面，农产品自觉将乡村振兴工作作为党史学习教育"我为群众办实事"的重要实践活动，紧扣省委、市委党史学习教育"我为群众办实事"重点民生项目要求，积极履行国有企业社会责任，帮扶模式为深圳着力巩固脱贫攻坚成果，接续推进实施乡村振兴战略作出贡献，受到了党中央、国务院、广东省及深圳市的高度肯定和社会广泛好评。

在治理（G）方面，农产品公司严格按照《公司法》《证券法》《上市公司治理准则》等法律、法规及证券监管部门有关文件的要求，根据行业及自身特点，不断完善公司法人治理结构，持续开展公司治理活动，提升公司治理水平。截至报告期末，公司不存在因部分改制、行业特性、国家政策或收购兼并等原因导致的同业竞争和关联交易问题。公司治理的实际情况与《上市公司治理准则》等公司治理的规范性文件的要求不存在差异。

○ 14 科学研究和技术服务业上市公司ESG评价

14.1 评价指标体系

14.1.1 评价指标

科学研究和技术服务业指运用现代科技知识、现代技术和分析研究方法，以及经验、信息等要素向社会提供智力服务的新兴产业，服务主要包括科学研究、专业技术服务、技术推广、科技信息交流、科技培训、技术咨询、技术孵化、技术市场、知识产权服务、科技评估和科技鉴证等活动。根据中国证监会《上市公司行业分类指引》，科技服务业可划分为"研究和试验发展"、"专业技术服务业"以及"科技推广和应用服务业"。

科技服务业ESG评价体系共计包含3个一级指标、10个二级指标、73个三级指标（包括一个行业特色指标）。一级指标包括环境（E）、社会责任（S）和公司治理（G），环境（E）评价要素主要包含资源消耗、污染防治、气候变化；社会责任（S）评价要素主要包含员工权益、产品责任、供应链管理、社会响应；公司治理（G）评价要素主要包含治理结构、治理机制、治理效能，具体指标如表14.1所示。

表14.1 评价指标体系一览

一级指标	二级指标	三级指标
环境（E）	资源消耗	总用水量、单位营收耗水量、节水/省水/循环用水数量、总能源消耗、人均能源消耗、天然气消耗、燃油消耗、煤炭使用量、耗电量、是否有节能管理措施

续表

一级指标	二级指标	三级指标
环境（E）	污染防治	废水/污水排放量、单位营收废水/污水排放量、氮氧化物排放、二氧化硫排放、悬浮粒子/颗粒物、有害废弃物量、单位营收有害废弃物量
	气候变化	总温室气体排放、单位营收温室气体排放、是否有温室气体减排措施、温室气体减排量、单位营收温室气体减排量
社会（S）	员工权益	雇员总人数、女性员工比例、离职率/流动率、平均年薪、员工满意度、是否披露职工权益保护、人均培训投入
	产品责任	是否披露安全生产内容、是否披露客户及消费者权益保护、是否有产品撤回或召回、是否有支援相关人才储备方案
	供应链管理	供应商数量、是否披露供应商权益保护
	社会响应	是否披露公共关系和社会公益事业、是否披露社会责任制度建设及改善措施、社会捐赠额、是否响应国家战略
治理（G）	治理结构	第一大股东持股比例、机构投资者持股比例、两权分离度、高管持股比例、女性董事占比、董事会规模、董事会独立董事比例、董事长及CEO是否是同一人、监事人数、是否说明股东（大）会运作程序和情况、是否举办专业委员会会议
	治理机制	是否有重大负面信息、是否有股权激励计划、高管年薪、是否有现金分红、管理费用率、大股东占款率、质押股票比例、商誉净资产比例、关联交易、是否有保护数据安全的措施、是否有违规处罚、是否有气候风险识别及防范措施、是否进行数字化转型、是否有问责制度、是否有投诉举报制度、是否有商业道德培训
	治理效能	财报审计出具标准无保留意见、内控审计报告出具标准无保留意见、研发投入、专利、发明专利

14.1.2　特色指标解读

国务院总理李克强 2014 年 8 月 19 日主持召开国务院常务会议，部署加快发展科技服务业、为创新驱动提供支撑。会议强调"要加强人才引进和培养，强化国际交流合作。让科技服务为促进科技成果转移转化、提升企业创新能力和竞争力提供支撑。发展科技服务，重中之重是人才的素质与能力。加强人才培养，为科技发展做好人才储备和素质训练"。为此，行业内企业应当优化科技人才结构，配置青年科技人才成为科研主力军，扩大科技人才队伍规模。

14.1.3 权重设计

针对科学研究和技术服务业上市公司，本书结合社会经济发展现状，根据指标数据的重要性和可得性，采用专家打分和计量统计的方式确定各二级指标在E、S、G三个一级指标下的权重分配；在三个一级指标权重的设置中，在给予"治理（G）指标"以较高的权重的基础上，充分考虑不同行业评价侧重点的不同，均衡环境（E）和社会（S）指标的权重设定确保评价结果的客观性，权重分配如图14.1所示。

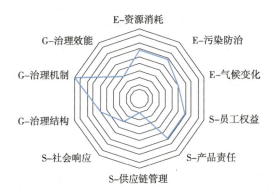

图14.1 科学研究和技术服务业评价权重分配

14.2 ESG得分描述性统计

表14.2展示了2021年科学研究和技术服务行业ESG总得分及环境（E）、社会责任（S）、公司治理（G）各分项得分的描述性统计结果。由表列示的结果可得，90家科学研究和技术服务类企业的ESG总得分均值为29.65，水平较低，最高分为52.44分。ESG总得分的标准差为4.93，最小值与最大值相差约30分，说明行业内各企业对ESG的重视程度差异较大，侧面反映出我国科学研究和技术服务行业未形成具有行业共识性的ESG披露标准，因此相关部门的引导也还有待加强。

另外，环境（E）得分均值仅为5.64，社会（S）得分均值为32.83，公司治理（G）均值为45.27，均属于较低水平。其中环境（S）得分的均值最小，仅为个位数，背后的原因一方面是由于科学研究和技术服务类行业在环境污染与治理层面上可披露的信息相对较少，更重要的原因是由于科学研究和技术服务类企业自身目前未具备自愿主动披露相关环境信息的意识，从而导致数据搜集过程中很多企业的得分都为0，环境（E）均值得分较低。整体来讲，该行业各企业在披露ESG相关信息与贯彻ESG相关理念的力度等方面存在较大的改善空间，也更加凸显了国家加快制定相关ESG政策的必要性。

表 14.2　2021 年科学研究和技术服务业ESG得分的描述性统计

变量	样本量	均值	标准差	最小值	中位数	最大值
环境得分（E）	90	5.64	7.84	0.00	3.33	43.61
社会得分（S）	90	32.83	6.91	21.40	32.97	50.09
治理得分（G）	90	45.27	6.27	26.24	44.81	63.92
ESG总得分	90	29.65	4.93	22.01	28.50	52.44

14.3　企业ESG理念践行情况

14.3.1　环境维度

环境（E）得分均值仅为5.64，中位数为3.5，而该项得分不为0的企业平均得分也仅为10.39分，且环境得分最高也仅为44.79分。说明大多数的企业对环境信息披露还不够重视，得分分化严重，环境保护的力度还有较大的提升空间。有关部门的引导和监督还有待加强。环境保护总得分前三分别是华测检测、昭衍新药、泰格医药。

14.3.1.1　资源消耗

该二级指标下设有总用水量、单位营收耗水量、节水/省水/循环用水数量、总能源消耗、人均能源消耗、天然气消耗、燃油消耗、煤炭使用量、耗电量、是否有节能管理措施共10项三级指标。数据总体披露情况较差，除"是否有节能管理措施"这一三级指标外，仅有六家企业在一定程度上披露了指标。

14.3.1.2　污染防治

该二级指标下设有废水/污水排放量、单位营收废水/污水排放量、氮氧化物排放、二氧化硫排放、悬浮粒子/颗粒物、有害废弃物量、单位营收有害废弃物量、无害废弃物量、单位营收无害废弃物量9个三级指标。总体上看披露情况很差，仅有七家企业对相关指标进行了披露。

14.3.1.3 气候变化

该二级指标下设有总温室气体排放、单位营收温室气体排放、是否有温室气体减排措施、温室气体减排量、单位营收温室气体减排量5个三级指标。整体披露情况同样较差，大部分企业仅对"是否有温室气体减排措施"这一指标进行了披露，再一次说明了科学研究和技术服务业大部分企业仍缺乏环境保护意识与相应的信息披露意识。

14.3.2 社会维度

社会（S）得分方面，得分均值为31.56，标准差为8.59，最小值与最大值相差41.1分，行业内各企业对承担社会责任的重视程度的差异仍然较大。在科学研究和技术服务业90家企业中，得分在50分以上的有13家。社会（S）得分前三分别是康龙化成、华测检测、华设集团。

14.3.2.1 员工权益

该二级指标下设有雇员总人数、女性员工比例、离职率/流动率、平均年薪、员工满意度、是否披露职工权益保护、人均培训投入6个三级指标。其中，"离职率/流动率"仅有两家企业披露了相关指标；"平均年薪"披露情况较好，最高前两名分别是地铁设计、三联虹普。

14.3.2.2 产品责任

该二级指标下设有是否披露安全生产内容、是否披露客户及消费者权益保护、是否有产品撤回或召回这三个通用指标及是否有支援相关人才储备方案这一个特色指标。通用指标方面，各企业积极披露且得分优异；特色指标方面披露情况方面，所有企业都积极披露了相关数据且全部满分。

14.3.2.3 供应链管理

该二级指标下设有供应商数量、是否披露供应商权益保护两个三级指标。行业中有5家企业披露了指标"供应商数量"，近一半的企业未披露指标"是否披露供应商权益保护"。

14.3.2.4 社会响应

该二级指标下设有是否披露公共关系和社会公益事业、是否披露社会责任制度建设及改善措施、社会捐赠额、是否响应国家战略4个三级指标。相关指标整体披露情况较好，大部分企业在2021年有向社会进行过捐赠。

14.3.3　治理维度

行业企业公司治理（G）得分均值为42.75，最高得分是美迪西，为65.05分，大多数企业得分集中在30分至50分之间，科学研究和技术服务业公司治理水平仍有较大提升空间。

14.3.3.1　治理结构

该二级指标下设有第一大股东持股比例、机构投资者持股比例、两权分离度、高管持股比例、女性董事占比、董事会规模、董事会独立董事比例、董事长及CEO是否是同一人、监事人数、是否说明股东（大）会运作程序和情况、是否举办专业委员会会议11个三级指标；指标整体披露情况良好，治理结构得分最高的前两家分别是电科院、中胤时尚。

14.3.3.2　治理机制

该二级指标下设有是否有重大负面信息、是否有股权激励计划、高管年薪、是否有现金分红、管理费用率、大股东占款率、质押股票比例、商誉/净资产、关联交易、是否有保护数据安全的措施、是否有违规处罚、是否有气候风险识别及防范措施、是否进行数字化转型、是否有问责制度、是否有投诉举报制度、是否有商业道德培训16个三级指标。相关指标中，行业内企业除"是否有现金分红"以外的指标披露情况均较好。治理机制得分最高的前两家企业分别是美迪西、华测检测。

14.3.3.3　治理效能

该二级指标下设有财报审计出具标准无保留意见、内控审计报告出具标准无保留意见、研发投入、专利、发明专利5个三级指标，整体披露情况良好，企业得分也较为相似，差异较小。

14.4　企业财务分析

14.4.1　财务指标对比

表14.3分别从市值、盈利能力、运营效率和偿债能力方面，对比了科学

研究和技术服务业上市公司ESG得分前50%和后50%企业的表现。从表中可以看出，ESG得分前50%企业的市值均值达到213亿元，要明显高于ESG得分后50%企业的市值均值16亿元。在盈利能力方面，得分前50%企业在净资产收益率与营业利润率上的表现都更优。在以总资产周转率和应收账款周转率为代表的运营效率方面，仍然是得分前50%的企业表现更优。得分前50%的企业平均流动比率为6.87，得分后50%企业的流动比率均值为0.87。资产负债率方面，得分前50%企业较后50%企业略高。综合来看，得分前50%的企业的偿债能力略劣于后50%，但整体负债水平并不高。

表14.3 科学研究与技术服务业上市公司财务指标对比

上市公司	平均总市值（亿元）	盈利能力		运营效率		偿债能力	
		净资产收益率（%）	营业利润率（%）	总资产周转率（次）	应收账款周转率（次）	流动比率	资产负债率（%）
前50%	213	14.19	0.23	0.62	9.95	6.87	47.97
后50%	16	−5.40	−0.22	0.18	1.02	0.87	10.37

14.4.2 投资回报分析

图14.2展示了ESG总得分排名前50%与后50%的企业在月个股回报率上的差异。纵轴为对应日期的月个股回报率（考虑现金分红）；横轴为2021年1月至2022年12月的股票交易日，为了更清晰直观地展示不同组别下月个股回报率的差异及变动趋势，课题组选择了每个月的个股回报率数据，共24个时间点上的两组数值进行比较。

由图示的结果可知，2021年1月至2022年12月这段考察时间内，科学研究和技术服务业二级市场整体表现较好，波动也较高。其中ESG得分前50%回报率表现普遍略优于后50%。在2021年10月至2022年1月，市场整体活跃时，得分前50%能够带来更大的收益，在2022年1月至2022年2月市场较为低迷时，得分前50%明显能避免更大的损失，在得分后50%下跌损失时前者仍能保持一定的盈利回报。说明科技服务业ESG表现优异的企业，能够在整体市场出现较大损失风险时，仍获得市场参与人员的认可，投资者对其普遍更有信心，不易出现较大跌幅；同时在市场活跃时，也能够获得更多的投资者喜爱，回报率普遍优于得分后50%。

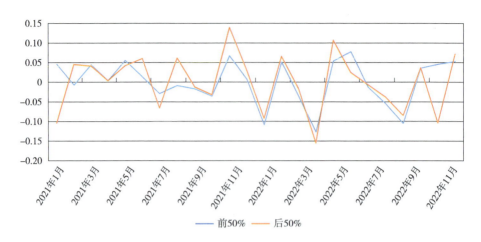

图14.2　科学研究与技术服务业ESG总得分排名前50%和
后50%的企业月个股回报率对比

14.5　ESG优秀企业

14.5.1　华测检测

华测检测是中国第三方检测与认证服务的开拓者和领先者，成立于2003年，总部位于深圳。华测检测提供一站式测试、检验、认证、计量、审核、培训及技术服务。华测检测的服务能力已全面覆盖到多个行业的供应链上下游，包括纺织服装、婴童玩具、电子电器、医学健康、食品、化妆品、石油化工、环境、建材、工业装备、轨道交通、汽车和航空材料、船舶和电子商务等。华测检测在检测行业占有领先地位，是中国国家强制性产品认证（CCC）指定认证机构，也是欧盟NB指定认证机构，新加坡认可国家认证机构。华测检测每年出具逾200万份检测认证报告。华测检测的收入主要来自检测业务，其中生命科学占比最高。

14.5.1.1　ESG得分情况

华测检测得分排名为全行业第一，在信息披露上，华测检测治理（G）指标的表现突出，在披露的个三级指标中有个指标得分为满分，这说明华测检测在完善公司治理上努力践行ESG理念。在环境（E）和社会（S）方面，华测检测均披露了大量相关信息，表明在环境保护、污染治理与社会责任上华测检测都在努力践行ESG理念，并能够主动地将相关信息面向公众披露。华测检测ESG得分与行业对比见表14.4。

表14.4 华测检测ESG得分与行业对比

变量	样本量	行业均值	华测检测得分
环境得分（E）	90	5.64	44.79
社会得分（S）	90	32.83	58.03
治理得分（G）	90	45.27	61.99
ESG总得分	90	29.65	56.30

14.5.1.2 ESG理念践行情况

在环境（E）方面，华测检测公司严格按照环境影响报告相关要求建设防治污染设施，与主体工程同时设计、同时施工、同时投产使用，并严格按照相关法律法规要求实施环评和环境保护验收，持续加强环保设施运维管理，定期开展环保设施运行状态检查。各项环保设施正常运行。

在社会（S）方面，2021年，华测检测公司积极投身公益事业，作为中国第三方检测与认证服务的开拓者和领先者，公司发挥专业优势，推动专业团队走进田间地头，帮助乡村产业"提质量、树品牌、拓销路"，助力实现精准扶贫与乡村振兴有效衔接；协作帮扶原深度贫困村，帮助巩固脱贫成果，接续乡村振兴；资助原深度贫困县贫困学童实现成长。

在治理（G）方面，华测检测公司严格按照《上市公司股东大会规则》《公司章程》《股东大会议事规则》及深交所创业板等规定和要求，规范地召集、召开股东大会，平等对待所有股东，并尽可能为股东参加股东大会提供便利，使其充分行使股东权利。公司召开的股东大会均由公司董事会召集召开，邀请见证律师进行现场见证并对股东大会的召开和表决程序出具法律意见书。在股东大会上能够保证各位股东有充分的发言权，确保全体股东特别是中小股东享有平等地位，充分行使自己的权力。公司召开的股东大会不存在违反《上市公司股东大会规则》的情形，公司未发生单独或合并持有本公司有表决权股份总数10%以上的股东请求召开临时股东大会的情形，也无应监事会提议召开的股东大会。

14.5.2　泰格医药

泰格医药总部位于杭州，下设33家子公司，在中国内地60个主要城市和中国香港、中国台湾、韩国、日本、马来西亚、新加坡、印度、澳大利亚、加拿大、美国等地设有全球化服务网点，拥有超过2 500多人的国际化专业团队，为全球600多家客户成功开展了600余项临床试验服务。泰格医药更因参与80余种国内创新药临床试验，而被誉为"创新型CRO"。

14.5.2.1　ESG得分情况

在ESG总得分排名中，泰格医药排名全行业第二位，其在环境（E）、社会（S）和治理（G）三个一级指标的得分中社会（S）得分最优，这说明泰格医药主动承担自身社会责任，并积极为社会做出企业贡献。泰格医药在环境（E）、治理（G）方面的得分在整个行业中处于中等水平，这说明在未来的发展中，泰格医药应进一步提高对环境保护、公司治理相关方面的重视度，响应国家政策和呼吁，不断优化企业内部管理体系和结构，为该行业其他企业起到表率作用。泰格医药ESG得分与行业对比见表14.5。

表14.5　泰格医药ESG得分与行业对比

变量	样本量	行业均值	泰格医药得分
环境得分（E）	90	5.64	37.31
社会得分（S）	90	32.83	54.41
治理得分（G）	90	45.27	47.51
ESG总得分	90	29.65	47.38

14.5.2.2　ESG理念践行情况

在环境（E）方面，泰格医药以"以人为本 关爱健康 降低排放 持续发展"为管理方针，严格遵守《中华人民共和国环境保护法》《中华人民共和国节约能源法》《中华人民共和国固体废物污染环境防治法》及海外当地相关法律法规。公司设立环境、健康与安全工作（EHS）小组，负责环保制度的审批和环保工作的管理与推进，制定并发布《环境、健康与安全管理制度》，规范公司废气与废水排放、有害及无害废弃物、能源、水资源及物料使用等内容，积极落实环境保护责任。公司根据自身运营情况制定了用水效益、能源使用效益、温室气体排放及废弃物减量目标，并由董事会每年审视公司ESG绩效目标达成情况。2021年，公司未发生违反环境保护相关法律法规的事件。

在社会（S）方面，泰格集团及下属子公司立足推动医学教育发展与患者救治，未来计划成立与公益相关的内部组织，统筹管理公司在社区发展与社会公益方面的工作。公司积极践行社会责任，向教育基金会、红十字会等机构捐款。此外，自2018年以来，公司开展玉树冬衣捐赠活动已连续四年，2021年公司员工及其家属共捐赠54箱清洗和消毒干净的冬衣，为玉树需要帮助的人群送去温暖，积极响应乡村振兴战略。

在治理（G）方面，自上市以来，泰格医药秉持公平、制衡、有效的上市公司治理准则，严格按照《公司法》《证券法》《上市公司治理准则》《深圳证券交易所创业板股票上市规则》《深圳证券交易所上市公司自律监管指引第2号——创业板上市公司规范运作》等有关法律、行政法规的要求，以及《公司章程》《股东大会议事规则》《董事会议事规则》等内部控制制度的规定，不断健全公司法人治理结构。

14.5.3　南网科技

南方电网电力科技股份有限公司是南方电网下属广东电网有限责任公司的第一家股份制公司，现有注册资本5.647亿元，2017年由广东电网公司将广东电网公司电力科学研究院市场化科创型业务及相关人员、资产分立并组建成立。作为科研院所向市场化企业转型的代表，南网科技致力于应用清洁能源技术和新一代信息技术，通过提供"技术服务+智能设备"的综合解决方案，保障电力能源系统的安全运行和效率提升，促进电力能源系统的清洁化和智能化发展。公司是国务院"科改示范行动"入选企业和国家认定的高新技术企业，是工信部认证的工业节能与绿色发展评价中心，拥有电源、电网工程特级调试资质。2021年12月22日，南方电网电力科技股份有限公司在上海证券交易所正式挂牌上市，是能源电力领域首家科创板上市公司。

14.5.3.1　ESG得分情况

南网科技ESG得分排名为全行业第三位，在信息披露上，南网科技治理

（G）指标的表现突出，在披露的个三级指标中有个指标得分为满分，这说明南网科技在完善公司治理上努力践行ESG理念。在环境（E）和社会（S）方面，南网科技均披露了大量相关信息，表明在环境保护、污染治理与社会责任上南网科技都在努力践行ESG理念，并能够主动地将相关信息面向公众披露。南网科技ESG得分与行业对比见表14.6。

表14.6　南网科技ESG得分与行业对比

变量	样本量	行业均值	南网科技得分
环境得分（E）	90	5.64	20.00
社会得分（S）	90	32.83	54.04
治理得分（G）	90	45.27	54.24
ESG总得分	90	29.65	45.61

14.5.3.2　ESG理念践行情况

在环境（E）方面，南网科技公司高度重视 ESG，将 ESG 视为与公司改革发展各项工作同等重要的工作，是公司持续、长远发展的基石之一。公司多措并举，全力将 ESG 工作嵌入公司企业文化，将 ESG 内化为公司文化基因，以实现公司高质量发展，成为受人尊敬的上市企业。高度重视环境生态保护。积极贯彻"绿水青山就是金山银山"的绿色发展理念以及国家关于"碳达峰、碳中和"的战略目标及相关政策要求。公司以电源清洁化和电网智能化为主线发展主营产品，适应新型电力系统的发展方向，包括技术服务和智能设备两大业务体系。作为一家有社会责任感的上市企业，公司始终坚持可持续发展理念，积极响应国家"碳达峰、碳中和"号召，将低碳节能减排、应对气候变化融入企业运营、产品及服务当中，公司不直接进行产品生产制造工作。

在社会（S）方面，南网科技秉持"人民电业为人民"的企业宗旨，将社会责任实践融入企业运营的每个业务环节，在提升企业管理效益、保障可靠供电、助力能源转型发展等各方面持续推进社会责任实践，实现企业与社会、环境的和谐发展。

在治理（G）方面，公司严格按照《公司法》《证券法》《上市公司治理准则》《上海证券交易所科创板股票上市规则》等法律、行政法规、部门规章和规范性文件以及《公司章程》等规定,不断完善法人治理结构,健全内部控制体系,对已有规章制度进行持续修订和完善,确保各项工作有章可循、有据可查,切实保障公司及股东的合法权益。公司治理状况与中国证监会、上海证券交易所发布的有关上市公司治理的规范性文件不存在重大差异。

○ 15 水利、环境和公共设施管理业上市公司ESG评价

15.1 评价指标体系

15.1.1 评价指标

　　水利环境和公共设施管理业包含水利管理业、生态保护和环境治理业、公共设施管理业和土地管理业。水利环境和公共设施管理业的评价体系共包括环境（E）、社会（S）、治理（G）3个一级指标，3个一级指标下设二级指标共计10个二级指标；其中，二级指标污染防治下设有是否存在生物多样性保护投入一个特色三级指标；二级指标产品责任下设有是否排查治理隐患一个特色三级指标。具体指标如表15.1所示。

表15.1 评价指标体系一览

一级指标	二级指标	三级指标
环境（E）	资源消耗	总用水量、单位营收耗水量、节水/省水/循环用水数量、总能源消耗、人均能源消耗、天然气消耗、燃油消耗、煤炭使用量、耗电量、是否有节能管理措施
	污染防治	废水/污水排放量、单位营收废水/污水排放量、氮氧化物排放、二氧化硫排放、悬浮粒子/颗粒物、有害废弃物量、单位营收有害废弃物量、无害废弃物量、单位营收无害废弃物量、是否存在生物多样性保护投入
	气候变化	总温室气体排放、单位营收温室气体排放、是否有温室气体减排措施、温室气体减排量、单位营收温室气体减排量

一级指标	二级指标	三级指标
社会 （S）	员工权益	女性员工比例、是否披露职工权益保护、雇员总人数、平均年薪、离职率/流动率、人均培训投入、员工满意度
	产品责任	是否披露安全生产内容、是否披露客户及消费者权益保护、是否有产品撤回或召回、是否排查治理隐患
	供应链管理	供应商数量、是否披露供应商权益保护
	社会响应	社会捐赠额、是否响应国家战略、是否披露公共关系和社会公益事业、是否披露社会责任制度建设及改善措施
治理 （G）	治理结构	第一大股东持股比例、机构投资者持股比例、两权分离度、高管持股比例、女性董事占比、董事会规模、董事会独立董事比例、董事长及CEO是否是同一人、监事人数、是否说明股东（大）会运作程序和情况、是否举办专业委员会会议
	治理机制	是否有股权激励计划、高管年薪前三名、是否有现金分红、是否有保护数据安全的措施、是否有气候风险识别及防范措施、管理费用率、大股东占款率、股息率、质押股票比例、商誉净资产比例、关联交易、是否进行数字化转型、是否有问责制度、是否有投诉举报制度、是否有商业道德培训
	治理效能	财报审计出具标准无保留意见、内控审计报告出具标准无保留意见、研发投入、专利（patents）累计数量、发明专利（invention）累计数量

15.1.2 特色指标解读

15.1.2.1 是否存在生物多样性保护投入

中国于1992年同年签署了《生物多样性公约》，中国企业也在不断关注生物多样性情况，着手投入到生物多样性的保护工作中，设立是否存在生物多样性保护投入特色指标，以更好地评估企业是否做到了兼顾发展与生物多样性保护，进而衡量企业的可持续发展水平。

15.1.2.2 是否排查治理隐患

企业在运行过程中，会出现治理隐患，它们的存在对企业的发展有潜藏威胁，是否排查治理隐患作为衡量企业在治理过程中能否快速发现问题、预防危险发生的指标，可以更好地衡量企业的治理水平。

15.1.3 权重设计

权重设置方面，根据水利环境和公共设施管理业的行业特色，将环境（E）、社会（S）、治理（G）三个一级指标赋予了不同的权重；其中，赋予社会（S）一级指标最高权重，其次是治理（G）和环境（E），确保评价结果的客观性，更清晰地评价水利环境和公共设施管理业各企业的ESG理念的践行情况，具体权重分配如图15.1所示。

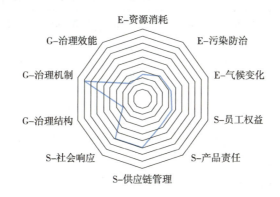

图15.1 水利、环境和公共设施管理业评价权重分配

15.2 ESG得分描述性统计

表17.2展示了根据证监会分类和筛选得到的90家企业ESG总得分即环境（E）、社会责任（S）、公司治理（G）各分项得分的描述性统计结果。可以看到，水利环境和公共设施管理业90家企业的ESG总得分均值仅为29.97分，属于较低水平，这从侧面反映出本行业企业尚未对ESG引起足够的重视，需要进一步加强自身信息披露工作。此外，ESG总得分的标准差为5.67，得分最小值为18.16分，与30.12分的最大得分相差较大，说明在水利环境和公共设施管理业中，不同企业践行ESG理念和自身信息披露情况仍存在较大差异，整体亟待加强。

纵向比较行业内企业环境（E）、社会责任（S）和公司治理（G）的得分，在均值方面，三个一级指标得分均值分别为8.35分、31.49分和45.06分；

可以看出，本行业企业在环境方面的披露情况与社会责任和公司治理有着较大差距，各企业应当着重关注环境方面的信息披露，意识到ESG对企业可持续发展起到的重要作用。

总体而言，水利、环境和公共设施管理业各企业ESG得分差强人意，但整体属于较低水平，特别是一级指标中的环境指标得分，各企业有着很大的改善空间，希望各企业可以给予ESG足够的重视程度，意识到ESG对于公司发展的重要性，积极披露信息，使企业能够长远发展。

表15.2　水利、环境和公共设施管理业ESG得分描述性统计

变量	样本量	均值	标准差	最小值	中位数	最大值
环境得分（E）	90	8.35	7.67	0.00	10.00	41.30
社会得分（S）	90	31.49	9.71	14.46	28.77	60.99
治理得分（G）	90	45.06	6.51	28.09	45.45	58.31
ESG总得分	90	29.97	5.67	18.16	30.12	44.76

15.3　企业ESG理念践行情况

15.3.1　环境维度

环境（E）得分均值为8.35分，中位数为10分，整体属于较低水平；同时，最高分得分（41.30分）与最低得分（0分）相差极大，说明本行业中不同企业在环境方面的披露情况有较大差距。水利环境和公共设施管理业企业中大部分企业的生产经营活动都与生态环境有着紧密的联系，本行业企业更需要加强对于环境方面信息的披露，积极做好环境信息披露，加强环境保护意识，推动环境保护工作，使企业在发展的同时减轻对环境的破坏，兼顾经济发展与环境保护。

15.3.2　社会维度

社会责任（S）得分方面，行业内不同企业之间得分差异比环境（E）和公司治理（G）波动更大，标准差达到9.71，最小得分14.46分和最大得分

60.99分相差45.54分，表现出各企业对社会责任的重视程度存在较大的差异。说明在员工福利的投入和企业形象的建设方面，仍有不少企业还未给予足够的重视程度，不同企业仍存在较大的差异。企业实现长远可持续发展需要加强对相关信息的披露，在创造利润的同时关注员工利益和承担相应的社会责任。

15.3.3   治理维度

水利环境和公共设施管理业公司治理（G）得分均值为45.06分，是三个一级指标中得分最高的一项；其中，最高分58.31分比最低分28.06高了一倍多，说明水利、环境和公共设施管理行业对在公司治理方面也存在着较大的差异，仍有较多的企业还未在公司治理方面给予足够的重视程度，企业治理水平有待进一步提升。上市公司信息披露质量与公司可持续发展能力和整体发展水平有着紧密联系，各企业应加强信息披露工作，积极披露相关信息，及时发现公司治理方面存在的问题，为公司的进一步发展起到推动作用。

15.4   企业财务分析

15.4.1   财务指标对比

表15.3分别从市值、盈利能力、运营效率和偿债能力方面，对比了水利环境和公共设施管理业ESG得分前50%企业和得分后50%企业的表现。从表中信息可以明显看出，得分后50%企业的市值均值为38亿元，与得分前50%企业91亿元的市值均值差距较大。在代表盈利能力的净资产收益率和营业利润率方面，得分前50%企业表现均明显优于得分后50%企业，说明得分前50%企业的盈利能力更强，投入相同资金能够产生更高的回报。运营效率方面，得分前50%企业的总资产周转率和应收账款周转率与得分后50%的企业没有明显差异，在营收账款周转率方面，得分后50%的企业高于得分前50%的企业。在以流动比率和资产负债率为代表的偿债能力方面，二者也没有较为明显的差异。

表 15.3　水利、环境和公共设施管理业 ESG 得分前 50% 企业和后 50% 企业财务指标对比

上市公司	平均总市值（亿元）	盈利能力		运营效率		偿债能力	
		净资产收益率（%）	营业利润率（%）	总资产周转率（次）	应收账款周转率（次）	流动比率	资产负债率（%）
前50%	91	4.08	0.13	0.38	7.01	2.10	47.80
后50%	38	−2.08	−0.21	0.28	15.97	2.32	50.38

15.4.2　投资回报分析

图 15.2 展示了水利、环境和公共设施管理业 ESG 总得分排名前 50% 与后 50% 的企业在月个股回报率上的差异。纵轴为对应日期的月个股回报率（考虑现金分红）；横轴为 2021 年 1 月至 2022 年 12 月股票交易日，为了更清晰直观地展示不同组别下月个股回报率的差异及变动趋势，选择了每个月的个股回报率数据，即在共 24 个时间点上的两组数值进行比较。

根据图示，2021 年 ESG 得分排名前 50% 的企业较得分排名后 50% 的企业而言更加稳定，月个股回报率波动较小，2022 年整体而言差距不大。

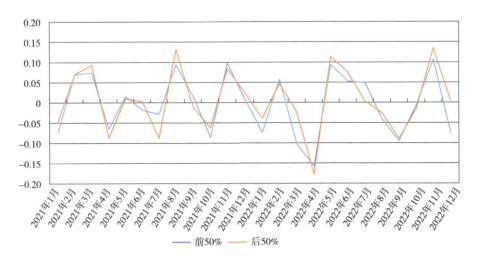

图 15.2　水利、环境和公共设施管理业 ESG 总得分排名前 50% 和

后 50% 的企业月个股回报率对比

15.5 ESG优秀企业

15.5.1 中环环保

安徽中环环保科技股份有限公司是一家集研发、设计、投资、建设、运营为一体的综合性环保高新技术企业。公司专业从事水处理及水环境治理、垃圾焚烧发电、固废处理等环保业务。2017年公司上市以来，人才团队素质不断提高，技术水平不断提升，业务范围不断扩大，公司发展再上新台阶，多次荣获"安徽省环保产业优秀企业""安徽省科技进步奖"等各项荣誉称号，正在向国内环境综合解决方案领先企业迈进。自上市以来，中环环保借助资本市场优势，已进入高质量、快增长的良性通道，近三年实现年均50%以上的高速增长，受到资本市场持续青睐。未来，公司将秉承"水更清、山更绿、天更蓝"的企业使命，力争将公司打造成为创新驱动、国内先进的环保整体解决方案综合服务商。

15.5.1.1 ESG得分情况

中环环保的ESG评分位于水利、环境和公共设施管理业的第一，ESG表现优异。在环境（E）层面得分为10.00，位于行业中上水平，社会层面上，得分为58.46，远高于行业均值，表现较好，治理（G）层面上得分为52.09分，表现较好。中环环保ESG得分与行业对比见表15.4。

表15.4 中环环保ESG得分与行业对比

变量	样本量	行业均值	中环环保得分
环境得分（E）	88	8.87	10.00
社会得分（S）	88	28.52	58.46
治理得分（G）	88	43.98	52.09
ESG总得分	88	28.25	44.43

15.5.1.2 ESG理念践行情况

在环境（E）方面，为积极响应国家"碳达峰、碳中和"发展战略决策，践行绿色低碳发展战略，彰显环保行业先锋担当，中环环保以"致力于成为环境综合解决方案的中国领跑者"的企业愿景为坚实基础，加快落实节能降耗、能源更新等一系列有助于实现"双碳"目标的环保行动，肩负时代使命，为绿色低碳转型发展贡献"中环力量"。中环环保坚持资源合理利用，制定有《中环环保节能降耗管理制度规定》，从办公与生产两大方面入手，对公司内部资源、能源以及温室气体排放进行有效的管理和控制，尽可能地减少高碳能源消耗和不必要的资源耗损，最终实现经济效益增进与生态环境保护双赢的发展形态。公司要求全体员工牢固树立绿色发展理念，进一步增强节能降耗意识，大力倡导绿色办公、绿色出行的生活方式，通过实际行动将节能降耗融入办公与服务日常。

在社会（S）层面，中环环保在社会公益方面坚持1条主线、2个方向、3个原则。公司围绕助困主线，兼顾重大节点辅线活动，设计公益项目；围绕"政府导向、红色路线"两大方向进行项目布局；以"聚焦、坚持、感动"为原则，分别指引"做专、做久、做好"。公司每年定期开展慈善捐赠、教育宣传、志愿服务等活动，践行企业社会责任。报告期内，公司还通过助力乡村振兴和防疫抗疫，积极为当地民生贡献力量。

在治理（G）方面，中环环保坚持将公司治理工作放在关键位置，以诚信、仁和、勤奋、创新为核心价值观，通过建立健全公司组织架构，加强廉政建设，严格合规治理，巩固、创新与投资者的关系，助力公司高速发展，实现成为创新驱动、国内领先的环保整体解决方案综合服务商的目标。同时，中环环保将人才视为公司发展的核心驱动力，不断创新人才发展机制，努力培育适合人才成长的优良土壤，持续激发员工的创新动力和创业热情，力争将公司打造成一个自我驱动、互帮互助和互相成就的事业平台。

15.5.2　高能环境

北京高能时代环境技术股份有限公司脱胎于中科院高能物理研究所，是国内最早专业从事固废污染防治技术研究、成果转化和提供系统解决方案的国家高新技术企业之一。公司于1992年成立，2014年在A股主板上市（603588）；2016年，入列国家企业技术中心；2017年，核心技术获评"国家科学技术进步二等奖"；2022年，总资产超200亿。公司与国内外知名的科研院所及环保企业建立了长期的战略合作关系，并获批成立"中关村科技园区海淀园博士后工作站分站";截至目前,公司拥有700余项专利技术和29项软件著作权,主、参编88项国家、行业标准和技术规范,完成千余项国内外大型环保工程。

15.5.2.1 ESG得分情况

高能环境得分排名为行业第二,表现较好。其中,环境(E)和社会(S)得分为17.87和50.90,均远高于行业平均水平。治理(G)得分为56.78分,也处于较高水平。高能环境ESG得分与行业对比见表15.5。

表15.5 高能环境ESG得分与行业对比

变量	样本量	行业均值	高能环境得分
环境得分(E)	88	8.87	17.87
社会得分(S)	88	28.52	50.90
治理得分(G)	88	43.98	56.78
ESG总得分	88	28.25	44.41

15.5.2.2 ESG理念践行情况

在环境(E)方面,高能环境严格遵守《中华人民共和国环境保护法》《中华人民共和国固体废物污染环境防治法》《排污许可管理条例》等法律和政策规定,制定、完善《高能环境污染物危害辨识管理规定》《高能环境污染物排放管理规定》《高能环境污染源管理规定》等一系列管理制度,以坚实的制度体系保障公司排放物管理的合法、合规。

在社会(S)方面,高能环境始终致力于传递环保公益理念,加强公众环保意识,引领健康可持续生活。2021年,公司发起 Litter Pick Up(LPU)环保共创公益项目,建立 LPU环保公益联盟,将城市清洁、环卫工人关爱、环保理念倡导等有机融入,以环保公益之力助推美丽中国建设。

在治理(G)方面,作为环保行业领军企业,高能环境以实际行动支持联合国《2030年可持续发展议程》,将环境、社会及治理(ESG)理念贯穿公司运营全过程,建立了从决策层到执行层,结构清晰、职权明确的可持续发展管理体系,确保公司可持续发展理念得到有效贯彻。

15.5.3　冠中生态

青岛冠中生态股份有限公司成立于2000年，以生态修复为主营业务，开展植被恢复、水土保持等自然环境修复工作，以及部分景观园林、市政公用、部分景观园林、市政公用等城市环境建设业务。冠中生态多年来专注技术研发和科技创新，在环境复杂、技术难度高的植被恢复领域，积累了一系列生态修复领域的核心技术，先后被认定为"国家火炬计划重点高新技术企业"和省、市级企业技术中心。经过多年的行业深耕和研发经验，冠中生态已成为国内植被恢复技术的领航者，并形成了集"投融资、技术咨询服务与研发、关键材料生产、关键装备研制、项目勘察设计、施工与运营管护以及生态产品开发销售"于一体的全产业链的生态修复经营模式。技术应用可覆盖矿山、尾矿坝、垃圾堆场、废弃地、海河岸（坝）、热带人工岛礁等恶劣地理条件下的生态治理、水土保持、防沙治沙、土壤修复、水环境治理等领域，为国内生态修复行业的技术进步做出了重要贡献。

15.5.3.1　ESG得分情况

冠中生态的ESG评分排名位于行业内第三，其环境（E）维度得分位于行业第一，且与第二拉开了较大的差距，说明冠中生态对环境的可持续发展极为重视，且在环保方面数据披露较为完整，表现较好。同时，冠中生态在社会（S）和治理（G）层面得分分别为39.01和51.64，都处于行业较高水平。冠中生态ESG得分与行业对比见表15.6。

表15.6　冠中生态ESG得分与行业对比

变量	样本量	行业均值	冠中生态得分
环境得分（E）	88	8.87	33.75
社会得分（S）	88	28.52	39.01
治理得分（G）	88	43.98	51.64
ESG总得分	88	28.25	41.48

15.5.3.2　ESG理念践行情况

在环境（E）方面，公司统筹推进生态系统保护修复相关工作，以生态修复为基础，通过开展林草植被建设，不断提升陆地生态系统固碳能力，增强生态圈碳汇能力，并发挥绿色投融资针对绿色产业建设的支撑作用，为碳中和目标的实现做出积极贡献。冠中生态积极发挥生态修复技术领跑优势，充分应对气候变化，以全气候、全场景的承接能力充分体现公司生态修复的综合能力。截至报告期末，公司共累计完成488个生态修复项目，实现生态修复面积达1 043.02万平方米，每年可实现二氧化碳吸收量约2.55万吨、氧气释放量1.2万吨。

在社会（S）方面，冠中生态心系社区建设，通过提供各类社区服务，建立与社区居民沟通交流，构建和睦邻里关系，促进和谐社区建设。

在治理（G）方面，冠中生态不断优化完善公司治理体系，全面提升治理能力，报告期内完成两次章程修订，持续规范公司组织行为。冠中生态坚持稳中求进的工作基调，不断完善公司风险管理和内部控制机制，确保公司规范运行。公司制定了《青岛冠中生态股份有限公司内部控制与风险管理制度》，遵循全面性、重要性、制衡性、适应性和成本效益原则，加强公司内部控制和全面风险管理，明确董事会检查监督职责和审计委员会与审计部督导实施职责，培育良好的内部控制和风险管理文化。

16 教育业上市公司ESG评价

16.1 评价指标体系

16.1.1 评价指标

根据证监会分类和筛选，截至2022年，教育业上市公司共有学大教育、中公教育、美吉姆等12家企业属于教育业，这些企业提供学前教育、初等教育、高等教育、职业教育等多种服务。教育业的评价体系共包括3个一级指标、10个二级指标、72个三级指标。相较于通用指标体系，教育业的评价指标体系在社会责任（S）一级指标下的产品责任二级指标中，增加了两个特色三级指标：线上培训营收占比、教育产品种类数量。ESG具体指标如表16.1所示。

表16.1 评价指标体系一览

一级指标	二级指标	三级指标
环境（E）	资源消耗	总用水量、单位营收耗水量、节水/省水/循环用水数量、总能源消耗、人均能源消耗、天然气消耗、燃油消耗、煤炭使用量、耗电量、是否有节能管理措施
	污染防治	废水/污水排放量、单位营收废水/污水排放量、有害废弃物量、单位营收有害废弃物量、无害废弃物量、单位营收无害废弃物量、氮氧化物排放、二氧化硫排放、悬浮粒子/颗粒物
	气候变化	总温室气体排放、单位营收温室气体排放、是否有温室气体减排措施、温室气体减排量、单位营收温室气体减排量

一级指标	二级指标	三级指标
社会（S）	员工权益	雇员总人数、女性员工比例、离职率/流动率、是否披露职工权益保护、平均年薪、员工满意度、人均培训投入
	产品责任	是否披露客户及消费者权益保护、是否披露安全生产内容、是否有产品撤回或召回、线上培训营收占比、教育产品种类数量
	社会响应	社会捐赠额、是否披露社会责任制度建设及改善措施、是否响应国家战略、是否披露公共关系和社会公益事业
	供应链管理	供应商数量、是否披露供应商权益保护
治理（G）	治理结构	第一大股东持股比例、机构投资者持股比例、两权分离度、高管持股比例、女性董事占比、董事会规模、董事会独立董事比例、董事长及CEO是否是同一人、监事人数、是否说明股东（大）会运作程序和情况、是否举办专业委员会会议
	治理机制	是否有股权激励计划、高管年薪、是否有现金分红、管理费用率、大股东占款率、质押股票比例、商誉净资产比例、关联交易、是否有保护数据安全的措施、是否有气候风险识别及防范措施、是否进行数字化转型、是否有问责制度、是否有投诉举报制度、是否有商业道德培训
	治理效能	财报审计出具标准无保留意见、内控审计报告出具标准无保留意见、研发投入、专利累计数量、发明专利

16.1.2 特色指标解读

16.1.2.1 线上营收占比

教育部重视发挥教育云平台的重要作用，加强统筹部署和顶层设计，建设完善国家数字教育资源公共服务体系和国家教育管理公共服务平台，鼓励地方结合实际建设与应用教育云平台、充分发展当地特色资源，推动教育高质量发展。教育部会同有关部门正在研制一系列重要的规划和政策文件，提出健全教育平台体系，推动各级各类教育平台互联、数据互通、应用协同，形成"互联网+教育"大平台，多方参与构建教育云服务体系。

2022年4月，教育部联合中央网信办、工业和信息化部、公安部、市场监管总局发布《关于加强普通高等学校在线开放课程教学管理的若干意见》（教高〔2022〕1号），在强化高校主体责任、提升教师教学质量、严格学生学习和考试纪律、加强平台监督管理、开展联合治理等五个方面提出管理举措，切实保障线上教学与线下教学实质等效，助力在线教育行稳致远。

综上，在疫情后期时代，教育部更加重视线上教育的发展，持续提供优质教育服务。

16.1.2.2　教育产品种类数量

2020年12月3日，为推动教育培训及相关产业健康发展，科学界定统计范围，准确反映教育培训及相关产业发展状况，依据中共中央、国务院关于推动高质量发展有关文件和《中国教育改革和发展纲要》《国家中长期教育改革和发展规划纲要（2010—2020年）》《国家教育事业发展"十三五"规划》《中国教育现代化2035》《加快推进教育现代化实施方案（2018—2022年）》《关于进一步扩大旅游文化体育健康养老教育培训等领域消费的意见》《2018—2022年全国干部教育培训规划》等对教育培训及相关产业发展的要求，以《国民经济行业分类》为基础，制定教育培训及相关产业统计分类。

可见，国家加强了教育产品种类的规范治理，通过统计教育业企业的教育产品，准确反映该企业的相关产业发展状况。因此，教育产品种类数量可以作为衡量教育企业产品发展多元化的一个指标。

16.1.3　权重设计

指标权重设置方面，根据教育业的行业特色，将三个一级指标环境保护（E）、社会责任（S）、公司治理（G）中的社会责任（S）指标赋予了更高的权重，同时均衡考虑环境保护（E）和公司治理（G）。二级指标中，根据三级指标数量及其对于教育业的重要程度，社会责任下的社会响应、公司治理下的治理机制被赋予了较高的权重。权重分配如图16.1所示。

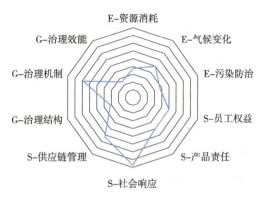

图16.1　教育业评价权重分配

16.2　ESG得分描述性统计

表16.2展示了根据证监会分类和筛选得到的12家行业内企业的ESG总得分，及环境（E）、社会责任（S）、公司治理（G）各分项得分的描述性统计结果。可以看到，12家企业的ESG总得分均值仅为24.37分，属于较低水平，这在一定程度上反映了中国大部分教育业企业仍然未形成ESG理念，尚没有意识到ESG对企业长远发展的重要性，该行业企业需进一步加强自身信息披露的工作。

纵向比较环境（E）、社会责任（S）和公司治理（G）的得分，均值方面，三个一级指标得分均值分别为3.03分、18.96分和44.43分。可见，教育业企业在环境保护方面的信息披露程度较低，公司治理相关信息披露情况较好。其中，环境（E）得分均为3.03分，虽然比去年的0分有所提高，但是可以看出教育业企业对于环境保护相关信息的披露程度亟须提高；社会责任（S）得分的最大值达到27.36分，较之去年有所降低；公司治理（G）得分的最大值为49.41分，属于中等水平，说明教育业企业中，有部分企业能够较好地承担社会责任，履行企业社会使命，但仍需加强。

表16.2　教育业ESG得分描述性统计

变量	样本量	均值	标准差	最小值	中位数	最大值
环境得分（E）	12	3.03	4.49	0.00	0.00	14.33
社会得分（S）	12	18.96	5.19	8.79	18.58	27.36
治理得分（G）	12	44.43	4.35	33.07	45.72	49.41
ESG总得分	12	24.37	2.95	20.83	23.85	30.13

16.3　企业ESG理念践行情况

16.3.1　环境维度

环境（E）整体得分均值为3.03分，中位数0分。这说明教育业企业只有极小部分披露了环境保护相关信息。

16.3.1.1 资源消耗

资源消耗包含总用水量、单位营收耗水量、节水/省水/循环用水数量、总能源消耗、人均能源消耗、天然气消耗、燃油消耗、煤炭使用量、耗电量、是否有节能管理措施10个三级指标。教育业企业主要为提供教育类服务，属于第三产业，耗电量、用水量是为数不多能够反映教育业企业环境保护水平的指标，因此，教育业企业需提高对于以上指标的披露水平。

16.3.1.2 污染防治

污染防治包括废水/污水排放量、单位营收废水/污水排放量、有害废弃物量、无害废弃物量、氮氧化物排放、二氧化硫排放、悬浮粒子/颗粒物等指标。废弃纸张的回收、可降解教学材料的应用等都是与教育业企业息息相关的环保措施。当前，线上网课逐步流行，相当部分传统的纸质资料、实体教学工具逐渐被电子资料所替代，这是教育业企业实现低碳绿色环保的重要手段，已有部分企业对于自身无纸化教学进行了披露和介绍。因此，教育业企业可以从多角度践行环境保护理念，相关部门也需继续引导中国教育业企业重视环境保护，进一步提高各类资源的利用率，为提高ESG环境绩效做出具有本行业特征的努力。

16.3.1.3 气候变化

气候变化包括总温室气体排放、单位营收温室气体排放、是否有温室气体减排措施、温室气体减排量等指标，教育行业企业与指标体系中温室气体关联不大，从数据中也可以很明显地发现教育业企业均未披露相关信息，因此该方面，教育业企业的作用几乎可以忽略不计。

16.3.2 社会维度

社会责任（S）得分方面，行业内不同企业得分差异最大，标准差达到5.19，说明教育业各企业对承担社会责任的重视程度存在较大差异；其中，没有一家企业社会责任（S）得分超过了30分，大部分企业对员工福利投入和企业社会责任承担的重视程度有较大提高空间。

16.3.2.1 员工权益

员工权益的信息披露程度较低，六个三级指标的披露程度存在一定差异：得分最低的是女性员工比例、职工权益和人均培训投入（12家企业均没有相关数据的披露）；披露程度较高的是雇员总人数和平均年薪，通过计算可以得到全部 12 家企业的数据，表明教育业各企业对雇员总人数和平均年薪信息披露的重视。2021 年 7 月 24 日，中共中央办公厅国务院办公厅印发《关于进一步减轻义务教育阶段学生作业负担和校外培训负担的意见》，相当部分教育业企业在"双减"政策和疫情的影响下采取了裁员的措施，雇员总人数和平均年薪在此背景下显得尤其重要。此外，相关部门和社会各界应加强对企业的监督，引导企业进一步加强对员工权益的重视，尤其是员工培训和女性员工等方面。

16.3.2.2　产品责任

产品责任包含是否披露客户及消费者权益保护、是否披露安全生产内容、是否有产品撤回或召回三个通用指标和线上培训营收占比、教育产品种类数量两个特色指标。从得分来看，有 5 家企业没有披露这两个通用指标的数据，6 家企业只披露其中一个指标数据，1 家企业披露了两个指标数据。在特色指标披露方面，仅 2 家企业披露了一个指标数据，其余企业均没有披露这两个特色指标数据，相当一部分企业需要加强相关信息的披露。教育业企业为社会提供教育产品和教育服务，这些产品与服务对社会与国家发展都起着至关重要的影响，产品和服务的质量关系着受众的未来发展和社会、国家与世界未来的发展，企业应高度关注产品服务的种类与质量问题。

16.3.2.3　社会响应

教育业 12 家企业社会响应方面得分的平均分为 43.75 分，处于较低水平，但已经是教育行业在社会责任得分较高的方面，大部分企业得分处于 50 分上下，最低得分为 25 分，可以看出教育业各企业间在社会响应方面有意识去加强披露，但是绝大部分企业仍然没有做到位，相关部门仍需进一步规范和引导上市公司对于社会响应指标的披露。

16.3.2.4　供应链管理

供应链管理包括供应商数量、是否披露供应商权益保护两个三级指标，12 家企业均未披露相关指标，可见，教育行业对于供应链管理方面尚未有所关注，相关部门应进一步引导和规范教育业企业对供应链的重视，加强教育行业企业对供应链管理相关信息的披露。

16.3.3 治理维度

行业内企业公司治理（G）得分均值为44.43分，最高得分企业为行动教育（49.41分），教育业在治理方面表现较好，大多数企业得分集中在40分至50分之间，处于中等水平，企业未来仍有上升空间。

16.3.3.1 治理结构

治理结构的评分指标较多，包括第一大股东持股比例、机构投资者持股比例、两权分离度、高管持股比例、女性董事占比、董事会规模、董事会独立董事比例、董事长及CEO是否是同一人、监事人数、是否说明股东（大）会运作程序和情况、是否举办专业委员会会议，此部分行业内大部分企业得分较高，企业得分集中在60分至80分，说明教育行业对治理结构方面的披露程度较高，整体来看，教育行业各企业在治理结构方面的披露处于较高水平，在未来教育行业应该在此基础上逐步提高治理结构的披露。

16.3.3.2 治理机制

治理机制包括是否有股权激励计划、高管年薪、是否有现金分红、管理费用率、大股东占款率、质押股票比例、商誉/净资产、关联交易、是否有保护数据安全的措施、是否进行数字化转型、是否有问责制度、是否有商业道德培训等指标，与治理结构相比较，教育业12家企业的治理机制的得分处于较低水平，均值为37.04分，是公司治理中得分最高的部分。可见，教育行业企业对股权激励较为重视，重视改善公司组织架构、降低管理成本、提升管理效率、增强公司凝聚力和核心竞争力。

16.3.3.3 治理效能

治理效能包括财报审计出具标准无保留意见、内控审计报告出具标准无保留意见、研发投入、专利累计数量、发明专利5个三级通用指标，绝大部分企业都对相关指标进行了披露，但是对于专利累计和发明专利指标，12家企业都没有进行披露，得分为0分。教育业作为第三产业，应当继续努力提升自身治理水平，提高治理效能，积极披露相关数据，进一步提高企业质量。

16.4 企业财务分析

16.4.1 财务指标对比

表16.3分别从市值、盈利能力、运营效率和偿债能力等方面对比了教育业上市公司ESG得分前50%和后50%企业的表现。从表中可以看出，ESG得分前50%企业的市值均值达到259亿元，要明显高于ESG得分后50%企业的市值均值27亿元。在盈利能力方面，得分前50%企业在净资产收益率表现更优，营业利润率也高于得分后50%企业，可见得分前50%企业的盈利能力普遍高于得分后50%企业。

以总资产周转率和应收账款周转率为代表的运营效率方面，得分前50%的企业表现更优。得分前50%的企业平均流动比率为3.19，得分后50%企业的流动比率均值为1.50，因此，得分前50%企业的流动比率均值高于后50%企业，说明其偿债能力更好。平均资产负债率方面，得分前50%企业较得分后50%企业更低，考虑到疫情、双减等因素对教育业的冲击，可知前50%企业能够更加迅速地应对环境带来的困难，快速采取相应措施，减小外界带来的经济损失。

表16.3 教育业上市公司财务指标对比

上市公司	平均总市值（亿元）	盈利能力		运营效率		偿债能力	
		净资产收益率（%）	营业利润率（%）	总资产周转率（次）	应收账款周转率（次）	流动比率	资产负债率（%）
前50%	259	−17.44	−2.83	0.36	9 666.97	3.19	44.12
后50%	27	−53.75	−21.88	0.41	777.36	1.50	68.49

16.4.2 投资回报分析

图16.2展示了教育业ESG得分排名前50%与得分后50%的企业在月个股回报率上的差异。纵轴为对应日期的月个股回报率（考虑现金分红）；横轴为2021年1月至2022年12月股票交易日，为了更清晰直观地展示不同组别下月个股回报率的差异及变动趋势，选择了每个月的个股回报率数据，即在共24个时间点上的两组数值进行比较。

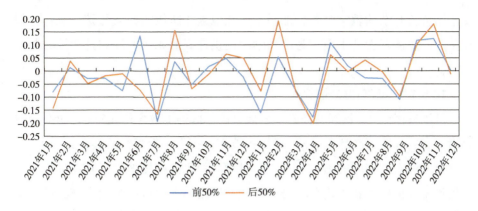

图16.2　教育业ESG总得分排名前50%和后50%的企业月个股回报率对比

由图可知，在2021年大部分时间内，行业分得分前50%企业的月个股回报率均高于得分后50%企业。2021年7月出台的《关于进一步减轻义务教育阶段学生作业负担和校外培训负担的意见》得到了各地政府和企业的重视，对于教育业企业得分前50%影响较大；2021年7月至2022年3月，行业分得分前50%企业受到了严重的冲击，得分后50%的企业展现出了很大的优势。可见在疫情与双减政策的冲击下，ESG得分前50%的企业受到了严重的冲击使得整体市场表现不佳，但总体上得分后50%的企业与前50%的企业差别不大。

16.5　ESG优秀企业

16.5.1　科德教育

科德教育成立于2003年1月，公司于2011年3月登陆深交所创业板。科德教育主营业务为职业教育，专注于非义务段学历教育和素质教育艺体特长生、特色中高考升学的教学与培训。公司以系统有效并多元化的教学产品、教学服务满足家长和学生的需求，坚持在非义务教育阶段升学教育的刚需赛道，为更多学生创造良好公平的升学与职业发展前景。科德教育始终坚持"为成长而教，为未来而学"的理念，坚持以职业教育为核心的非义务阶段学历教育及艺体特色升学战略，发展职业高中、普通高中、封闭式升学培训及艺体特长升学的教学服务，加强专业领域人才队伍的建设与储备工作，提升教育产业运营管理水平，为广大学生提供良好的职业发展和升学综合解决方案。

16.5.1.1　ESG得分情况

科德教育在ESG指标的披露上表现突出，取得了教育行业ESG评价总分得分第一名的成绩。在环境（E）指标的披露上，由于教育行业属于第三产业，该方面能够进行披露的信息不多，但科德教育仍然积极披露了其在节能、二氧化硫排放指标的相关信息，努力在此环境指标上尽可能多地披露，虽然得分很低，但是在教育行业中是值得被学习的企业，为教育行业各企业做出了表率。在社会（S）方面，科德教育在产品责任和社会响应两个二级指标的披露上表现较好，在教育行业位列前茅，这说明科德教育积极响应国家号召，重视产品研发，主动承担自身社会责任。员工权益和供应链管理的披露情况存在部分指标信息空白，有一定提升空间。在治理（G）方面，科德教育在公司治理得分较高，这说明科德教育重视企业治理，不过仍未达到50分，需要继续努力，这对企业未来的发展起着重要的作用。科德教育ESG得分与行业对比见表16.4。

表16.4　科德教育ESG得分与行业对比

变量	样本量	行业均值	科德教育得分
环境得分（E）	12	3.03	14.33
社会得分（S）	12	18.96	25.63
治理得分（G）	12	44.43	45.34
ESG总得分	12	24.37	30.13

16.5.1.2　ESG理念践行情况

在环境（E）方面，科德教育在厂区建设时，严格按照环保"三同时"规范要求，对必要的环保设施与主体工程同时设计、同时施工、同时投产使用。厂区的废水、废气、噪声及固体废物的排放和处理及管理均符合环保部门的法律法规、排放标准，防治污染设施建设完善，设备运行正常有效。公司环境保护工作，依靠科技进步，不断加大环保治理的投入力度。在环保治理方面坚持治理与综合利用、技术改造和节能降耗相结合，以源头控制、工艺改进和节能降耗为中心，以环保设施达标排放为保障，积极推行清洁生产和可持续发展，最大限度减少污染物的排放。

在社会（S）方面，科德教育将履行社会责任作为公司可持续发展和提升核心竞争力的重要举措，使其与公司发展战略、生产经营和企业文化相融合，努力实现企业发展与员工成长、生态环保、社会和谐的协调统一。科德教育严格遵循《公司法》《证券法》《公司章程》等有关规定，规范股东大会的召集、召开以及表决程序，确保股东对公司重大事项的知情权、参与权、提案权和表决权；重视员工综合能力和职务发展规划，通过择优、考核、培训等多种形式帮助员工实现自我价值，使企业与员工和谐共处，互助互利，共同成长；始终秉承合作共赢的理念，积极构建和发展与客户的战略合作伙伴关系，注重与各利益相关方的沟通与协调，共同构筑信任与合作的平台；制定了《安全生产责任制度》等一系列安全生产制度，建立了完善的安全生产管理体系公司安全工作实行各级领导负责制。

在治理（G）方面，公司董事会设董事9名，其中独立董事3名，董事会的人数及人员构成符合法律、法规和《公司章程》的要求。董事会下设审计委员会和薪酬与考核委员会两个专门委员会。专门委员会成员全部由董事组成，所有专门委员会均由独立董事担任主任委员，且独立董事人数占其他专门委员会委员的比例均达到三分之二，为董事会的决策提供了科学、专业的意见和参考。2021年，公司共召开8次董事会会议，会议的召集与召开程序、出席会议人员的资格、会议表决程序、表决结果和决议内容均符合法律法规和《公司章程》的规定。监事会设监事3名，其中职工监事1名，监事会的人数和构成符合法律、法规的要求。2021年，公司共召开6次监事会会议，会议的召集与召开程序、出席会议人员的资格、会议表决程序、表决结果和决议内容均符合法律法规和《公司章程》的规定。

16.5.2　中公教育

中公教育集团创建于1999年，是由一家北大毕业生自主创业的信息技术与教育服务机构，公司已发展为教育服务业的综合性企业集团，成为集合面授教学培训、网校远程教育、图书教材及音像制品的出版发行于一体的大型知识产业实体。中公教育是大型的多品类职业教育机构，也是国内招录考试培训领域的开创者和领导者。中公教育在全国超过 1 500 个直营网点展开经营，深度覆盖 300 多个地级市，并稳步向数千个县城和高校扩张。经过长期的探索与积淀，中公教育已拥有超过 2 000 人的规模化专职研发团队，超过 14 000人的大规模教师团队，总员工人数超过 36 000 人。依托卓越的团队执行力和全国范围的垂直一体化快速响应能力，公司已发展为一家创新驱动的企业平台。

16.5.2.1　ESG得分情况

中公教育ESG得分排名为教育行业第二，在信息披露上，公司环境（E）指标的表现一般，只达到教育行业的平均水平，这说明中公教育在环境保护、污染防治等方面需要加强重视并付出实际的行动。在社会（S）和治理（G）方面，公司均披露了大量相关信息，尤其是公司治理方面，是教育行业在此方面的最高值，表明在承担社会责任与完善企业内部治理上中公教育都给予了极大的重视，并积极地将相关信息面向公众披露。中公教育ESG得分与行业对比见表16.5。

表16.5　中公教育ESG得分与行业对比

变量	样本量	行业均值	中公教育得分
环境得分（E）	12	3.03	3.00
社会得分（S）	12	18.96	27.36
治理得分（G）	12	44.43	49.09
ESG总得分	12	24.37	28.74

16.5.2.2　ESG理念践行情况

在环境（E）方面，中公教育严格遵守国家和地方有关环境保护的法律法规和排放指标，并将环境保护纳入企业发展规划中，通过践行绿色办公，把绿色理念融入实际运营全过程，大力推进"智能化""无纸化"业务流程，持续主动减少服务与运营环节对环境所产生的资源和能源消耗；倡导节能减排，高度关注自身日常工作的绿色运营，倡导员工节电节水，减少办公过程中的资源浪费和对环境造成的不良影响，打造低碳、环保的办公文化；开展环保公益活动，不断发挥自身优势，创新绿色理念倡导方式，鼓励员工开展绿色志愿活动，共同助力社会和谐发展。

在社会（S）方面，2021年，中公教育顺应时代发展，给年轻人提供了一站式灵活就业平台，推出了插画师、化妆师、宠物美容师、文案编辑、带货主播等培训课程，累积培训384.9万人次，为年轻人群提供有效的就业指导和完善的就业保障，助力他们成为共享经济、平台经济中的一支生力军，为经济高质量发展不断注入新的生机和活力。员工权益方面，中公持续秉承人才先行的战略导向，不断优化完善符合中公实际情况的人才管理系统，努力打造更有利于员工施展智慧和才华的职业发展平台，让员工在基于个兴趣与专长的基础上更好地实现自我价值与公司价值的结合，实现员工与公司的共同成长。供应链方面，中公不断完善公平、可持续的采购供应体系，保持与现有供应商之间的及时互动，时刻关注供应商产品与公司需求的匹配度，不断提高公司在采购供应能力上的竞争力。

在治理（G）方面，中公教育董事会严格按照《公司法》《公司章程》《独立董事工作制度》《董事会议事规则》《深圳证券交易所上市公司董事行为指引》等相关规定选举产生董事人选，并召集召开董事会。董事会下设战略及投资委员会、提名委员会、审计委员会和薪酬与考核委员会四个专业委员会，各委员会分工明确，权责分明，有效运作，充分发挥专业职能作用，为董事会的决策提供了科学、专业的意见。

16.5.3 中国高科

中国高科集团是具有高校背景并专注于教育领域的A股上市公司。1992年，经教育部和上海市人民政府提议，国内多所著名高等院校共同发起成立中国高科集团股份有限公司。30年来，中国高科集团紧紧围绕国家发展要求，顺应时代潮流，坚持"教育为本、科技强国"的历史使命，充分整合各股东高校的优质学术资源，与各类科研院所及企业广泛展开平台联动、协同合作，积极推动高校的科研成果转化。集团拥有强大的社会公信力及产业整合优势，坚持把"支持国家发展战略，以上市公司平台反哺教育"作为己任，全面贯彻党的十九大精神，深化产教融合，促进教育链、人才链与产业链、创新链有机衔接，服务"中国制造2025"战略，推动经济转型及产业升级，努力为我国教育事业的发展贡献力量。

16.5.3.1　ESG得分情况

在ESG教育行业总得分排名中，中国高科排名教育行业第三位，其在环境（E）、社会（S）和治理（G）三个一级指标的得分上三个指标得分治理（S）得分最优。这说明中国高科在企业发展中格外注重企业内部治理结构、机制等，致力于优化治理效能推动企业可持续发展。中国高科在社会（S）方面的得分低于行业均值，因此，在未来，中国高科应进一步提高对社会责任相关方面的重视程度，主动披露相关信息，积极承担企业社会责任。中国高科ESG得分与行业对比见表16.6。

表16.6　中国高科ESG得分与行业对比

变量	样本量	行业均值	中国高科得分
环境得分（E）	12	3.03	8.00
社会得分（S）	12	18.96	17.54
治理得分（G）	12	44.43	47.35
ESG总得分	12	24.37	26.60

16.5.3.2　ESG理念践行情况

在环境（E）方面，中国高科严格遵守国家和地方有关环境保护的法律法规，积极响应国家对"碳中和"政策的号召，不断推进无纸化运营及节能减排工作，号召员工采用"绿色出行"方式，践行"低碳生活"理念，从而为环境改善和可持续发展做出贡献。

在社会（S）方面，中国高科紧随国家教育发展方向，响应地方政府号召，履行企业社会责任，积极投身公益事业，关注贫困地区教育发展及教师队伍素质建设，关爱山区儿童心理健康教育，以自身资源及实力助力国家推动教育扶贫及教育公平，构建真正人人受益的"学习型社会"。

在治理（G）方面，公司治理的完善是一项长期的系统工程，需要持续地改进和提高。中国高科一如既往地积极根据有关规定及时更新完善公司内部制度，及时发现问题解决问题，夯实管理基础，不断强化企业管理，通过完善法人治理、强化内部管理、推进信息化建设，加强科学决策与内部控制，不断提高公司规范运作和法人治理水平，促进公司的平稳健康发展。

○ 17　卫生和社会工作上市公司ESG评价

17.1 评价指标体系

17.1.1　评价指标

卫生和社会工作作为一个行业大类，包括各种医院、卫生服务中心、卫生院、卫生室和社会工作的干休所、养老院、敬老院等。本行业相关企业致力于开展社区服务，完善社会功能，提高社会福利水平。在我国，社会工作不仅包括社会福利、社会保险和社会服务，还包括移风易俗等社会改造方面的工作，是一个全方面服务社会的工作。截至目前，卫生与社会工作行业共有14家上市公司。

本ESG评价体系共计包含3个一级指标、10个二级指标、73个三级指标（其中包括71个全行业通用指标和两个卫生和社会工作行业特色指标）。一级指标包含环境（E）、社会（S）和治理（G）。环境（E）评价要素包含资源消耗、污染防治、气候变化；社会（S）评价要素主要包含员工权益、产品责任、供应链管理、社会响应；治理（G）评价要素主要包含治理结构、治理机制、治理效能，具体指标如表17.1所示。

表17.1　评价指标体系一览

一级指标	二级指标	三级指标
环境 （E）	资源消耗	总用水量、单位营收耗水量、节水/省水/循环用水量、总能源消耗、人均能源消耗、天然气消耗、燃油消耗、煤炭使用量、耗电量、是否有节能管理措施

续表

一级指标	二级指标	三级指标
环境（E）	污染防治	废水/污水排放量、单位营收废水/污水排放量、氮氧化物排放、二氧化硫排放、悬浮粒子/颗粒物、有害废弃物量、单位营收有害废弃物量、无害废弃物量、单位营收无害废弃物量
	气候变化	总温室气体排放、单位营收温室气体排放、是否有温室气体减排措施、温室气体减排量、单位温室气体减排量
社会（S）	员工权益	雇员总人数、女性员工比例、离职率、平均年薪、员工满意度、是否披露职工权益保护、人均培训投入
	产品责任	是否披露安全生产内容、是否披露客户及消费者权益保护、是否有产品撤回或召回、是否披露门诊量/手术量/顾客人数、是否有医疗安全事件
	供应链管理	供应商数量、是否披露供应商权益保护
	社会响应	是否披露公共关系和社会公益事业、是否披露社会制度建设及改善措施、社会捐赠额、是否响应国家战略
治理（G）	治理结构	第一大股东持股比例、机构投资者持股比例、两权分离度、高管持股比例、女性董事占比、董事会规模、董事会独立董事占比、董事长及CEO是否是同一人、监事人数、是否说明股东（大）会运作程序和情况、是否设立专业委员会
	治理机制	是否有重大负面信息、是否有股权激励计划、高管年薪前三名、是否有现金分红、管理费用率、大股东占款率、质押股票比例、商誉净资产比例、关联交易、是否有数据安全的措施、是否有违规触发、是否有气候风险识别及防范措施、是否进行数字化转型、是否有问责制度、是否有投诉举报制度、是否有商业道德培训
	治理效能	财务审计出具标准无保留意见、内控审计报告出具标准无保留意见、研发投入、创新成果

17.1.2　权重设计

权重指标设置方面，本评价体系以《国内外ESG评价与评级比较研究》为基础，结合我国社会经济发展现状与卫生和社会工作的行业特点，采取"三级—二级——一级"设定路径对各级指标赋权，其中环境（E）、社会（S）、治理（G）三个一级指标的权重设置中，在给予治理（G）指标以较高权重的基础上，根据卫生和社会工作的评级侧重点，均衡环境（E）和社会（S）指标的权重设定，最终确定E、S、G三个一级指标的权重分别为40%、35%、25%，以此确保评价结果的客观性。

得到各级指标在其上级指标下的权重后，上市公司ESG总得分可根据各级指标的权重算出。图17.1所示为各二级指标在上市公司ESG总得分中所占比重。各二级指标在其上级指标下的权重不同，其所属的一级指标的权重也不同，叠加后导致不同二级指标的权重分配有较大区别。

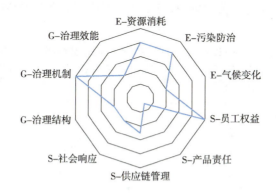

图17.1　卫生和社会工作评价权重分配

17.2　ESG评价结果分析

17.2.1　ESG得分描述性统计

表17.2展示了2021年卫生和社会工作的14家上市公司ESG总得分及环境（E）、社会（S）、治理（G）各分项得分的描述性统计结果。根据表中数据显示，14家卫生和社会工作企业的ESG总得分均值为23.43，总得分的标准差为7.18，最大值与最小值分别为39.41和12.93。结合以上数据，可以看出卫生和社会工作企业的ESG信息披露数量和质量仍处于较低水平，各企业对ESG的重视程度存在较大差异，各企业需进一步了解ESG的内涵并增强对ESG的重视程度。

另外，卫生和社会工作企业的环境（E）、社会（S）和治理（G）的得分均值分别为5.49、22.97和50.41，从上述数据可以看出，治理（G）的信息披露处于较高水平，而环境（E）指标的信息披露十分薄弱。由于卫生和社会工作的行业特点，各企业对环境（E）指标下设的大部分三级指标没有进行披露，导致得分为 0 的三级指标较多。

此外，企业 ESG 总得分的最大值为 39.41，但最小值仅为 12.93，标准差达到了 7.18，这反映出部分卫生和社会工作企业有意识地将 ESG 理念落实到生产活动中，但卫生和社会工作整体还需提升 ESG 意识，了解 ESG 内涵，增强对其重视程度，并逐步从对意识提升阶段发展为管理提升阶段。同时，相关部门应加强对企业的引导监督，共同提升卫生和社会工作的 ESG 绩效水平。

表 17.2　2021 年卫生和社会工作 ESG 得分的描述性统计

变量	样本量	均值	标准差	最小值	中位数	最大值
环境得分（E）	14	5.49	3.63	0.00	6.22	12.44
社会得分（S）	14	22.97	10.62	9.48	22.62	50.00
治理得分（G）	14	50.41	15.14	25.51	51.26	84.19
ESG 总得分	14	23.43	7.18	12.93	22.59	39.41

17.2.2　企业 ESG 理念践行情况

17.2.2.1　环境维度

由 2021 年卫生与社会工作行业 ESG 得分的描述性统计表可知，该行业 14 家上市公司环境（E）得分均值为 5.49，在三个一级指标中处于最低水平，行业内整体对于环境的关注水平还有待提升；相关得分标准差为 3.63，最小值为 0，中位数为 6.22，最大值为 12.44（由爱尔眼科取得），行业内部各公司对于环境的认识有着较大差异。企业在生产经营过程之中，要更多地参考 ESG 理念，实现可持续性发展，做到节约资源与保护环境和经济开发并行。

资源消耗下设总用水量、单位营收耗水量、节水/省水/循环用水量、总能源消耗、人均能源消耗、天然气消耗、燃油消耗、煤炭使用量、耗电量、是否有节能管理措施 10 个三级指标。卫生和社会工作 14 家企业中仅有 9 家企业对上述三级指标进行了选择性披露。由于行业特性，部分资源消耗较少或者没有消耗以至于未能进行披露，这使得该行业各公司在进行 ESG 评价时带有一定的劣势。ESG 理念在该行业的推行还有待进一步地努力。

污染防治下设废水/污水排放量、单位营收废水/污水排放量、氮氧化物排放、二氧化硫排放、悬浮粒子/颗粒物、有害废弃物量、单位营收有害废弃物量、无害废弃物量、单位营收无害废弃物量9个三级指标。卫生和社会工作14家企业中只有国际医学和爱尔眼科这2家企业对上述三级指标进行了选择性披露，两家公司在整个行业ESG得分排行榜中位列前六。

气候变化下设总温室气体排放、单位营收温室气体排放、是否有温室气体减排措施、温室气体减排量、单位营收温室气体减排量5个三级指标。卫生和社会工作14家企业中仅有7家企业对上述三级指标进行了选择性披露。该行业多为服务企业，相关废物的排放未能受到较多的重视，其数据收集整理工作没有很好地开展，进而影响了其ESG评价得分。在生产实践中，对于废物的排放应符合相关标准，尽最大可能减少对周边环境的损害。

17.2.2.2　社会维度

社会维度共有员工权益、产品责任、供应链管理、社会响应4个ESG核心议题。社会（S）得分均值为22.97，各企业在社会（S）维度的得分波动较大，标准差为10.62，最小值与最大值相差超40，这说明行业内各企业在社会维度的认知存在较大差异。此外，卫生和社会工作业在社会（S）维度有两个三级指标，权属于产品责任，这十分契合该行业的特点，促使企业在该方面投入更多资源。

员工权益下设雇员总人数、女性员工比例、离职率、平均年薪、员工满意度、是否披露职工权益保护、人均培训投入7个三级指标，各企业披露数量趋于一致，披露质量存在较大差异。所有企业都披露了三级指标雇员总人数和平均年薪，其中美年健康在雇员总人数方面的得分为100，迪安诊断、兰卫医学、通策医疗在平均年薪方面的的得分在60以上。总体上，卫生和社会工作企业在二级指标员工权益方面的得分偏低，得分最高的是爱尔眼科（仅为31.86）。各企业应当重视对员工权益相关信息的披露，不断推进与完善对员工权益的保护。

产品责任下设是否披露客户及消费者权益保护、是否披露安全生产内容、是否有产品撤回或召回3个通用指标和是否披露门诊量/手术量/顾客人数、是否有医疗安全事件两个特色指标，共5个三级指标。卫生和社会工作企业对上述三级指标均进行了有效披露，整体披露质量较高。

供应链管理下设供应商数量和是否披露供应商权益保护两个三级指标，整体披露数量较少，但披露质量较高。卫生和社会工作14家企业中只有7家企业披露了相关数据，且这7家企业在供应链管理方面的得分都在50分以上，得分最高的为爱尔眼科。

社会响应下设是否披露公共关系和社会公益事业、是否披露社会责任制度建设及改善措施、社会捐赠额、是否响应国家战略4个三级指标。在是否响应国家战略这一指标中，14家企业都披露了相关数据信息，且12家企业该指标的得分为100分，表明行业对于响应国家战略的重视程度较高，能够将企业自身发展与国家发展联系到一起。企业在社会里，除了具有基本的经济责任、为社会创造财富之外，还有着一定的法律责任以及道德责任。企业遵纪守法合规经营，不侵占其他公司或者个人的利益，是一个很好的提高消费者好感的亮点。

17.2.2.3　治理维度

治理维度共有治理结构、治理机制、治理效能3个ESG核心议题。治理（G）的得分均值为50.41，处于中等水平，标准差为15.14，最小值为25.51，最大值为84.19，中位数为51.26。可以看出，行业在治理（G）的得分均值明显高于环境（E）和社会（S）的得分均值，反映出企业普遍更重视治理维度的表现。金域医学和爱尔眼科在治理（G）的得分情况较好，分别为84.19和67.73，其他企业有一半治理（G）的得分在50至60。总体来看，卫生和社会工作企业在治理结构和治理机制方面表现良好，但治理效能还存在较大提升空间。

治理结构下设第一大股东持股比例、机构投机者持股比例、两权分离度、高管持股比例、女性董事占比、董事会规模、董事会独立董事占比、董事长CEO是否是同一人、监事人数、是否说明股东（大）会运作程序和情况、是否设立专业委员会11个三级指标，指标整体披露情况较好，有7家企业的得分在60以上，其中兰卫医学的得分为77.29，位居卫生和社会工作业榜首。各企业对于对应指标的披露越全面、有效程度越高，表明其治理机构越完善，在当今社会竞争激烈的环境之下，获得的发展机会与来自投资者的关注就会更多，企业财务运作也会更为顺畅。

治理机制下设是否有重大负面信息、高管年薪前三名、是否有数据安全的措施、是否有违规触发、是否有气候风险识别及防范措施、是否进行数字

化转型、是否有问责制度、是否有投诉举报制度、是否有商业道德培训、是
否有股权激励计划、是否有现金分红、管理费用率、大股东占款率、质押股
票比例、商誉/净资产、关联交易16个三级指标。金域医学和爱尔眼科的治理
机制得分位列前二，分别为94.22和80.21，最低得分为19.49，说明各企业对
于治理机制的认识水平存在一定差异。

治理效能下设财报审计出具标准无保留意见、内控审计报告出具标准无
保留意见、研发投入、专利累计数量、发明专利累计数量5个三级指标，卫生
和社会工作企业在专利累计数量和发明专利累计数量这两个三级指标的得分
较低，说明各企业在创新能力上存在较大提升空间。行业内各企业治理效能
得分普遍较低，没有表现较突出的企业，各企业需增强对于治理效能的重视
程度。

17.3 企业财务分析

17.3.1 财务指标对比

表17.3分别从市值、盈利能力、运营效率和偿债能力方面，对比了卫生
和社会工作上市公司ESG得分前50%和后50%企业的表现。从表中可以看出，
ESG得分前50%企业的市值均值达到了655亿元，明显高于ESG得分后50%企
业的178亿元。以净资产收益率和营业利润率为代表的盈利能力、以总资产周
转率为代表的运营效率方面，得分前50%的企业表现更优。得分前50%的企
业平均流动比率为1.58，略高于得分后50%企业的1.36，此外，得分前50%的
企业平均资产负债率为50.35%，低于得分后50%企业的55.23%，这均说明得
分前50%企业的偿债能力更强，经营更稳健。

表17.3 卫生和社会工作上市公司财务指标对比

上市公司	平均总市值（亿元）	盈利能力		运营效率		偿债能力	
		净资产收益率（%）	营业利润率（%）	总资产周转率（次）	应收账款周转率（次）	流动比率	资产负债率（%）
前50%	655	14.37	8.14	0.75	5.92	1.58	50.35
后50%	178	−62.99	−10.42	0.45	11.86	1.36	55.23

17.3.2　投资回报分析

图17.2展示了卫生和社会工作业ESG总得分排名前50%与后50%的企业在月个股回报率上的差异。纵轴为对应日期的月个股回报率（考虑现金分红）；横轴为2021年1月至2022年12月的股票交易日，为了更清晰直观地展示不同组别下月个股回报率的差异及变动趋势，本书选择了每个月的个股回报率数据，即在共24个时间点上的两组数值进行比较。

由图可知，在24个月的时间内，卫生和社会工作业ESG总得分排名前50%和后50%的企业月个股回报率走势大体相同。对比两组企业的月个股回报率可以看出，ESG排名前50%的企业月个股回报率整体波动幅度较小，24个月内月个股回报率的最大值和最小值都为ESG排名后50%的企业所得，这恰好说明投资者投资ESG排名后50%的企业风险更大，而投资ESG排名前50%的企业能获得更为稳定的收益，投资风险较小。

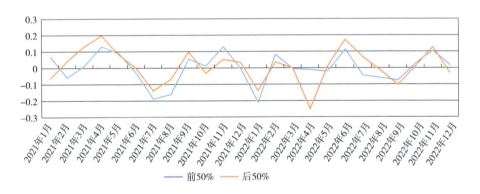

图17.2　ESG总得分排名前50%和后50%的企业月个股回报率对比

17.4　ESG优秀企业

17.4.1　爱尔眼科

爱尔眼科医院集团是具有中国及全球范围医院规模和优质医疗能力的眼科医疗集团，服务覆盖亚洲、欧洲和北美洲，在中国内地、欧洲、东南亚拥有3家上市公司。目前在全球范围内开设眼科医院及中心达723家，其中中国内地610家、中国香港7家、美国1家、欧洲93家、东南亚12家。2021年，中国内地年门诊量超1 500万人次，手术量超100万台，医疗服务网络覆盖全球近30亿人口。公司致力于为各类人群提供多层次全眼科服务及终身眼健康服务，主要业务类型有屈光手术、视光、白内障手术、眼前段手术、眼后段治疗等，其中眼前段手术包括青光眼、角膜病、眼整形、斜视和其他眼前段手术；眼后段治疗包括玻璃体切割术、眼内注药、硅油取出术、外路手术和视网膜激光光凝术、玻璃体消融术等。

17.4.1.1　ESG得分情况

爱尔眼科在ESG各项指标的披露数量和质量上整体好于其他卫生和社会工作企业，取得了卫生和社会工作业ESG评价总得分第一名的成绩，其环境（E）和社会（S）的得分均为行业第一，治理（G）的得分为行业第二。作为行业中的优秀企业，爱尔眼科在ESG相关指标的披露上为行业做出了表率。由表17.4可知，爱尔眼科环境（E）的得分较低，这很大程度上受行业特点影响，但也反映出爱尔眼科在环境（E）指标披露方面的不足，还需提高披露度，为其他企业树立榜样。在社会（S）方面，爱尔眼科的表现比较突出，得分领先第二名接近20分，说明爱尔眼科勇于承担其应当承担的社会责任，主动投身社会公益。在治理（G）方面，爱尔眼科三级指标披露率达到了86.7%，说明爱尔眼科重视企业治理，有较完善的公司治理结构。爱尔眼科ESG得分与行业对比见表17.4。

表17.4　爱尔眼科ESG得分与行业对比

变量	样本量	行业均值	爱尔眼科得分
环境得分（E）	14	5.49	12.44
社会得分（S）	14	22.97	50.00
治理得分（G）	14	50.41	67.73
ESG总得分	14	23.43	39.41

17.4.1.2　ESG理念践行情况

在环境（E）方面，爱尔眼科秉持可持续的经营理念，在公司战略和公司运营层面融入绿色发展考量。爱尔眼科合规筹建医院项目，贯彻节能环保理念，探索节能降耗与废弃物处理的绿色途径，应用新技术与新材料挖掘节能潜力，精心打造绿色医院，且爱尔眼科在运营过程中无废气产生。

在社会（S）方面，爱尔眼科以爱心致力于人类的眼健康事业，始终追求社会责任和自身发展的和谐统一，顺应国家政策和行业发展趋势，主动投身社会公益，通过不懈的努力来逐步实现企业的理想"使所有人，无论贫穷富裕，都享有眼健康的权利"。2021年公司建立了社会责任三级管理架构，成立了由高层管理人员组成的社会责任管理委员会，负责决策公司社会责任战略、审议社会责任重大性议题识别结果、监督各项社会责任目标落实进度以及审阅公司社会责任报告，将社会责任管理有效融入公司业务管理。

在治理（G）方面，爱尔眼科不断完善公司治理结构和社会责任管理体系，提升风险管控能力，坚守商业道德，保障用户信息安全，推进反腐倡廉制度建设，加强供应商管理，充分发挥内部最大效能，以优异的治理水平实现公司长期可持续发展。爱尔眼科严格遵守《中华人民共和国公司法》《中华人民共和国证券法》《深圳证券交易所股票上市规则》等相关法律法规，结合公司发展实际情况和监管部门的要求，持续优化公司治理结构。公司以《公司章程》为基础，构建了以"股东大会、董事会、监事会、专业委员会、董事会办公室"为核心的公司治理架构，涵盖公司运营全环节和多层次的管理体系，推动公司治理合规、科学、高效运行。

17.4.2 金域医学

金域医学全称为广州金域医学检验集团股份有限公司，是一家以第三方医学检验及病理诊断业务为核心的高科技服务企业，通过不断积累的"大平台、大网络、大服务、大样本和大数据"等核心资源优势，致力于为全国各级医疗机构提供领先的医学诊断信息整合服务。金域医学的核心创业团队自20世纪90年代即积极探索医学检验外包服务在中国的运营模式，开创了国内第三方医学检验行业的先河，经过多年的发展，现已成为国内第三方医学检验行业的市场领先企业。

17.4.2.1 ESG得分情况

金域医学ESG总得分为卫生和社会工作业第二。在环境（E）方面，金域医学受行业特点影响，得分偏低，但其在"碳达峰、碳中和"方面有显著进展。在社会（S）方面，金域医学的指标披露质量较高，披露的指标有50%得到了100分。在治理（G）方面，金域医学的得分为卫生和社会工作业第一，高出第二名接近20分，其指标披露率达到了83.3%，且大部分指标得分为100分，这与其高效及透明的企业治理密不可分。金域医学ESG得分与行业对比见表17.5。

表17.5　金域医学ESG得分与行业对比

变量	样本量	行业均值	金域医学得分
环境得分（E）	14	5.49	8.00
社会得分（S）	14	22.97	33.68
治理得分（G）	14	50.41	84.19
ESG总得分	14	23.43	36.04

17.4.2.2　ESG理念践行情况

在环境（E）方面，金域医学积极响应政府"做好碳达峰、碳中和工作"的号召，早已着手开展气候行动。多年来，公司通过持续提高运营效率和车队可持续性，在应对气候变化方面取得显著进展。2021年，金域医学首次参与碳披露项目（CDP），获得"B"级或管理级别评分。金域医学坚持可持续发展，重视打造绿色实验室，不断改进和优化企业的环境表现，且金域医学在2021年未发生重大环境违规事件。

在社会（S）方面，金域医学秉持以专业做公益奉献健康中国的理念，积极参与公益慈善活动，从疾病诊疗、健康管理以及行业赋能三个维度，规划、开展了包括助力健康乡村建设、支持弱势群体疾病诊疗、开展健康筛查提升公卫管理以及行业人才培育等一系列健康公益项目。此外，金域医学不断追求产品服务的卓越品质，追求对客户的极致服务，追求与合作伙伴的协同发展，追求信息管理的安全高效，以切实的质量提升行动，助力中国质量发展迈向更高台阶。

在治理（G）方面，金域医学致力于通过稳健精细的企业治理推动集团的可持续性发展。为使集团的经营保持高效及透明，金域医学建立了规范的企业管理架构，推动公司治理水平和风险防范能力提升，持续为股东和社会创造价值。金域医学不断完善由股东大会、董事会、监事会组成的"权责分明、相互协调、有效制衡"的公司治理制衡机制，优化权力机构、决策机构、监督机构和执行机构之间"决策科学、监督有效、运行稳健"的公司治理运作机制。

17.4.3 美年健康

美年大健康产业（集团）有限公司为美年健康集团旗下公司始创于2004年，是中国专业的健康体检和医疗服务集团，总部位于上海。公司已成功收购知名的健康体检品牌"慈铭""美兆"，并于2018年正式完成中国内地版图的全覆盖。2019年10月，美年健康引入阿里巴巴集团、蚂蚁金服集团和云锋基金作为重要战略股东和合作伙伴，开启深度合作，进一步提升数字化、智能化发展水平，构建协作创新的技术平台。截至2020年年中，美年健康凭借广泛的全国布局、专业的医疗服务团队、庞大的客户群体、海量的健康大数据，以及标准化的医疗服务体系，在预防医学领域拥有广泛的影响力。

17.4.3.1 ESG得分情况

美年健康ESG总得分排名卫生和社会工作业第三名，其环境（E）、社会（S）和治理（G）得分与ESG总得分前二名的较为接近，说明美年健康环境、社会和治理三个方面发展较为均衡，发展都处于行业第一梯队；同时，也反映出美年健康各方面发展与行业顶尖水平存在一定差距，在未来的发展中，美年健康在环境、社会和治理三个方面要齐头并进，提升企业的ESG管理水平，实现企业的可持续发展。美年健康ESG得分与行业对比见表17.6。

表17.6 美年健康ESG得分与行业对比

变量	样本量	行业均值	美年健康得分
环境得分（E）	14	5.40	8.00
社会得分（S）	14	22.97	30.03
治理得分（G）	14	50.41	57.80
ESG总得分	14	23.43	28.16

17.4.3.2 ESG理念践行情况

在环境（E）方面，美年健康积极践行绿色经营理念，将绿色发展融入公司发展战略，通过严格处置医疗废弃物，建设绿色体检中心，实施绿色办公等方式，将环保理念推广至相关方，携手合作伙伴共同保护环境，实现绿色经营。美年健康积极倡导、宣传绿色文化，开展多种形式的环保公益活动；倡导低碳环保的绿色办公理念，深入推进信息化体系建设，在合同审批和制度建设等方面实现线上审批功能，有效减少纸张浪费；完善视频和电话会议系统，大幅减少公务出行，降低管理成本、资源消耗和碳排放。

在社会（S）方面，作为一家医疗服务企业，美年健康时刻把社会责任铭记于心，将健康产业的发展与公益事业进行更深层次的结合，积极践行企业的社会责任，坚持做中国公益文化的传播者，持续为社会健康事业发展贡献价值。公司始终致力于通过专业、丰富的医疗资源，专业的医疗服务，为更多人提供健康宣教和公益体检，用医者仁心唤醒公众的健康意识，践行"健康中国"国家战略的扎实落地。

在治理（G）方面，美年健康秉承"客户第一、品质运营"的服务理念，主动应变与求变，坚持以确定性应对不确定性，坚持品质驱动、创新引领、科技赋能、敢破善立，全面深化数字化转型，持续推进精细化管理，呈现出稳中求进、质价齐升的良好发展局面。美年健康建立"标准化、学科化、智能化"三层质控逻辑，实施从三级分院院长、二级科室主任到一级操作岗每一级都职责明确的三级质控架构。

○ 18　文化、体育和娱乐业上市公司ESG评价

18.1　评价指标体系

18.1.1　评价指标

文化、体育和娱乐业是指经营文化、体育以及娱乐项目活动的业务；其中，文化业包括表演、播映、经营游览场所和各种展览、培训活动，举办文学、艺术、科技讲座、讲演、报告会，图书馆的图书和资料的借阅业务等；体育产业是指生产体育物质产品和精神产品，提供体育服务的各行业的总和；娱乐业则是指为娱乐活动提供场所和服务的行业，包括经营歌厅、舞厅、卡拉OK歌舞厅、音乐茶座、台球、高尔夫球、保龄球场、网吧等娱乐场所，以及娱乐场所为顾客进行娱乐活动提供服务的业务。根据证监会公布的行业分类，截止到2021年，文化、体育和娱乐业我国共有62家上市公司。

本行业ESG评价体系共计包含3个一级指标、10个二级指标、74个三级指标（包括两个行业特色指标）。一级指标包括环境（E）、社会责任（S）和公司治理（G），环境（E）评价要素主要包含资源消耗、污染防治、气候变换；社会责任（S）评价要素主要包含员工权益、产品责任、供应链管理、社会响应；公司治理（G）评价要素主要包含治理结构、治理机制、治理效能，具体指标如表18.1所示。

表 18.1 评价指标体系一览

一级指标	二级指标	三级指标
环境 （E）	资源消耗	总用水量、单位营收耗水量、节水/省水/循环用水数量、总能源消耗、人均能源消耗、天然气消耗、燃油消耗、煤炭使用量、耗电量、是否有节能管理措施
	污染防治	废水/污水排放量、单位营收废水/污水排放量、氮氧化物排放、二氧化硫排放、悬浮粒子/颗粒物、有害废弃物量、单位营收有害废弃物量、无害废弃物量、单位营收无害废弃物量、是否有环保等公益宣传
	气候变化	总温室气体排放、单位营收温室气体排放、是否有温室气体减排措施、温室气体减排量、单位营收温室气体减排量
社会 （S）	员工权益	雇员总人数、女性员工比例、离职率/流动率、平均年薪、员工满意度、是否披露职工权益保护、人均培训投入
	产品责任	是否披露安全生产内容、是否披露客户及消费者权益保护、是否有产品撤回和召回、公司及旗下员工或艺人是否出现负面事件
	供应链管理	供应商数量、是否披露供应商权益保护
	社会响应	是否披露公共关系和社会公益事业、是否披露社会责任制度建设及改善措施、社会捐赠额、是否响应国家战略
治理 （G）	治理结构	第一大股东持股比例、机构投资者持股比例、两权分离度、高管持股比例、女性董事占比、董事会规模、董事会独立董事比例、董事长及CEO是否是同一人、监事人数是否说明股东大会运作程序和情况、是否举办专业委员会会议
	治理机制	是否有重大负面信息、是否有股权激励计划、高管年薪、是否有现金分红、管理费用率、大股东占款率、质押股票比例、商誉净资产比例、关联交易、是否有保护数据安全的措施、是否有违规处罚、是否有气候风险识别及防范措施、是否进行数字化转型、是否有问责制度、是否有投诉举报制度、是否有商业道德培训
	治理效能	财报审计出具标准无保留意见、内控审计报告出具标准无保留意见、研发投入、专利累计数量、发明专利累计数量

18.1.2 特色指标解读

18.1.2.1 是否有环保等公益宣传

党的十七大第一次明确提出了建设生态文明的概念，党的十八大站在中国特色社会主义全面发展和中华民族永续发展的高度，将生态文明建设纳入了社会主义现代化建设的总体布局，并指出：当前我国建设生态文明的重点任务是优化国土空间开发格局、全面促进资源节约、加大自然生态系统和环境保护力度和加强生态文明制度建设。

处于文化、体育以及娱乐行业的企业具有高曝光、公众前高活跃度的行业特性，更应借助平台优势，积极响应政策号召，投身环保公益事业，以身作则进行宣传和呼吁。进行环保等公益宣传不光是企业树立自身品牌，提高商誉，刷新社会好感度的途径；更是企业宣扬绿色可持续发展理念，与大众进行良性互动、营造良好的社会新风的行为，是企业承担社会责任的积极体现。

18.1.2.2 公司及旗下员工或艺人负面事件

2021年12月14日，国家主席习近平在中国文联十一大、中国作协十大开幕式上的讲话中特别指出："文化兴则国家兴，文化强则民族强。时代为我国文艺繁荣发展提供了前所未有的广阔舞台。推动社会主义文艺繁荣发展、建设社会主义文化强国，广大文艺工作者义不容辞、重任在肩、大有作为。"在讲话中他对广大文艺工作者提出了五点希望，其中的一点希望就是"希望广大文艺工作者坚持弘扬正道，在追求德艺双馨中成就人生价值"。

2021年娱乐文化行业出现了许多负面新闻，如偷税、代孕、诱奸等骇人听闻的事件，不光触碰法律及道德底线，而且由于涉事主人公本身自带的流量和社会关注的热度，事件持续发酵，造成了很广泛的不良影响。身处在文化、体育和娱乐行业的工作者应深刻意识到：个人自身修养不只是个人私事，艺人、运动员和企业中员工的行为举动的性质可能会影响到行业风气以及整个文化、体育领域乃至社会的氛围。企业应考虑到自身对于行业、社会的影响力，自觉遵守道德规范、行业准则，管理教育艺人、员工，营造良好的社会风气，为中华民族伟大复兴做贡献。

18.1.3 权重设计

基于文化、体育和娱乐业的行业特性，行业内企业对于社会的影响和作用较大，而涉及对于环境影响的因素较少，考虑到这一点，在指标权重的设定时，赋予"社会（S）指标"以较高的权重，其次是社会（G）指标，最后是环境（E）指标，权重分配如图18.1所示。

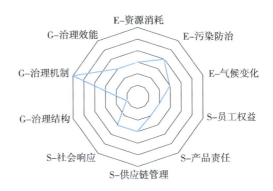

图18.1　文化、体育和娱乐业评价权重分配

18.2　ESG得分描述性统计

表18.2展示了2021年文化、体育和娱乐业ESG总得分及环境（E）、社会责任（S）、公司治理（G）各分项得分的描述性统计结果。由列示的结果可知，62家文化、体育和娱乐业企业的ESG总得分均值仅为17.47，从数据分析可以判断：该行业对于ESG的重视程度还需加强，相关部门还需对文化、体育和娱乐业践行ESG理念进行引导和监管。行业ESG总得分的标准差为4.34，最大值与最小值有20.05的差值，可以看出行业内各企业对ESG的重视程度存在差异，一定程度上也反映了我国文化、体育和娱乐业对ESG的观念尚未达成积极共识。

行业企业环境（E）得分、社会（S）得分和公司治理（G）得分的均值分别为3.33、14.50和28.34，都不足40分。环境（S）得分的均值虽为3.33分，但不能完全证明该行业企业对于环境保护方面的疏忽，因为文化、体育及娱乐行业本身就很少涉及有关排放、污染相关的问题，所以企业并没有统计和披露相关指标。

此外，我国文化、体育和娱乐业总得分最高的企业为61.20分，而得分最低的企业仅有15.37分，并且即使是ESG总分得分最高的企业的成绩也并不容乐观。分开来看，我国文化、体育和娱乐业在社会方面最高的企业为56.10分，而得分最低的企业仅有12.99分；公司治理方面最高的企业为116.18分，而最低的得分为18.91分。本行业各公司之间对于社会、公司治理方面的得分差异较大，仍有企业没有付出积极努力，缺少对ESG理念及可持续发展的正确认识。

文化、体育和娱乐业的ESG得分普遍较低，关于披露ESG相关信息的披露以及贯彻理念，企业还有较大提升空间，这不光需要企业自身深刻领悟践行ESG理念的重要性，同时也更需要相关部门和行业协会加快制定相关政策、推行行业披露标准，正确引导行业企业树立和践行ESG理念。

表18.2　2021年文化、体育和娱乐业ESG得分的描述性统计

变量	样本量	均值	标准差	最小值	中位数	最大值
环境得分（E）	62	3.33	3.82	0.00	3.33	10.00
社会得分（S）	62	29.73	8.28	14.50	28.38	48.86
治理得分（G）	62	28.34	5.15	28.34	42.65	52.54
ESG总得分	62	17.47	4.34	17.47	26.28	37.52

18.3　企业ESG理念践行情况

18.3.1　环境维度

行业企业的环境（E）得分均值仅有3.33分，中位数为3.33，最大值也仅为10，说明文化、体育和娱乐业的上市公司在披露环境信息的表现情况不容乐观，但这种情况也与文化、体育和娱乐业的行业特性相关（该行业属于第三行业，涉及能源消耗、废物排放等环保的方面极少）。

18.3.1.1　资源消耗

资源消耗这一指标下包含总用水量、单位营收耗水量、节水/省水/循环用水数量、总能源消耗、人均能源消耗、天然气消耗、燃油消耗、煤炭使用量、耗电量、是否有节能管理措施共10项三级指标，在文化、体育和娱乐业中无任意一家上市公司对上述项目信息有所披露。

18.3.1.2　污染防治

污染防治指标包括废水/污水排放量、单位营收废水/污水排放量、氮氧化

物排放、二氧化硫排放、悬浮粒子/颗粒物、有害废弃物量、单位营收有害废弃物量、无害废弃物量、单位营收无害废弃物量、是否有环保等公益宣传 10 个通用三级指标,以及是否有环保等公益宣传作为行业特色三级指标。相比通用指标,特色指标对行业的针对性更强,披露情况也比通用指标更好。

"污染防治"中的通用指标无任意一家上市公司对其进行披露,但是多数公司能对特色指标进行披露且获得满分,也就是满足"是否有环保等公益宣传"的条件。文化、体育和娱乐业具有极高的曝光性,应该加以利用,主动承担社会责任,积极进行环保公益宣传,树立企业正面形象,起到标杆作用,树立时代新风。

18.3.1.3　废物排放

气候变化指标包括总温室气体排放、单位营收温室气体排放、是否有温室气体减排措施、温室气体减排量、单位营收温室气体减排量 5 个三级指标,文化、体育和娱乐业的 62 家上市公司没有披露相关信息。

18.3.2　社会维度

文化、体育和娱乐业企业社会(S)得分的均值为 29.73,得分最大值为 48.86 分,通过这一组数据可以看出文化、体育和娱乐业整个行业普遍缺乏对社会责任的承担,并且没有对相当部分信息进行有效披露。

18.3.2.1　员工权益

员工权益指标包括雇员总人数、女性员工比例、离职率/流动率、平均年薪、员工满意度、是否披露职工权益保护、人均培训投入共 7 个三级指标。文化、体育和娱乐业在员工权益此项得分的均值为 5.54 分,芒果超媒获得最高分 17.98 分,较低的得分均值和"最高分"说明了文化、体育和娱乐业对于员工权益保障方面的疏忽。

根据数据资料显示,文化、体育和娱乐业 62 家上市公司均披露了相关员工权益的指标信息,但对于不同指标的披露情况有所不同。近年来,文化、体育和娱乐业内频频出现艺人失德、团队偷逃巨额税款等骇人听闻的负面新闻,行业内各公司都应引以为戒,在保证员工福利、保护员工权益时注意对其进行教育与培训,这不光有助于员工在工作中成长与发展,更是对企业自身的长远发展负责。

18.3.2.2　产品责任

产品责任指标包含是否披露客户及消费者权益保护、是否披露供应商权益保护两个通用指标和公司及旗下员工或艺人是否出现负面事件一个行业特色三级指标。文化、体育和娱乐业企业在产品责任的得分均值为51.61，行业在产品责任上的整体表现良好；62家上市公司中有一家公司在这项指标中获得了满分，不仅全面地披露了客户消费者和供应商这两方的权益保护信息，而且还能够严格管理公司旗下的员工和艺人，避免对社会的不良影响。

18.3.2.3　供应链管理

供应链管理指标下包括供应商数量、是否披露供应商权益保护共两项三级指标。文化、体育和娱乐业在社会响应的得分均值为19.35，62家上市公司中只有一家得分在60分以上，39家公司得分在50分以下。这组数据说明文化、体育和娱乐业企业目前整体在社会响应方面的表现欠佳，缺少表现优异的公司，还有很大的进步空间。

18.3.2.4　社会响应

社会响应指标下包含是否披露公共关系和社会公益事业、是否披露社会责任制度建设及改善措施、社会捐赠额、是否响应国家战略4个三级指标。文化、体育和娱乐业在社会响应这一指标的得分均值为41.63分，62家上市公司中有一家公司得分在75分以上。从整体来看，该行业时代使命指标的得分较低，但有一部分公司的表现较为良好，落后的企业应及时反思，主动承担时代使命，为社会带来正面积极的影响。

18.3.3　治理维度

行业内企业公司治理（G）得分均值为38.34，最高得分为116.18，且只有2家公司在公司治理的得分大于50分，可见该行业在公司治理方面分化严重，且大部分企业需要进步的空间巨大。

18.3.3.1　治理结构

文化、体育和娱乐业在治理结构的得分较好，62家上市公司平均得分为65.26分，最高分为74.79分，这组数据说明了该行业整体对于公司内部管理控制制度方面较为完善，但希望各企业在信息披露工作方面能进一步加强，以便于社会各界的监督。

18.3.3.2　治理机制

文化、体育和娱乐业在治理机制上的得分均值为 35.21，62 家上市公司的最高分是 162.11 分，行业整体表现较差，分化严重，在治理机制上还需进一步学习和完善，做好相关信息披露工作。

18.3.3.3　治理效能

文化、体育和娱乐业在治理效能指标的得分均值为 35.63 分，在 62 家上市公司中仅有 2 家公司的得分在 50 分或以上，从整体上来看该行业在治理效能方面信息披露程度较低，落后的企业还需继续努力。

18.4　企业财务分析

18.4.1　财务指标对比

表 18.3 分别从市值、盈利能力、运营效率和偿债能力方面，对比了文化、体育和娱乐业上市公司 ESG 得分前 50% 和后 50% 企业的表现。从表中可以看出，ESG 得分前 50% 企业的市值均值达到 135 亿元，远高于 ESG 得分后 50% 企业的市值均值 75 亿元。对比该行业前后 50% 公司的财务指标可以发现，以净资产收益率和营业利润率为代表的盈利能力，以及以总资产周转率和应收账款周转率为代表的运营效率方面，得分前 50% 的企业表现更优；在偿债能力方面，得分前 50% 的企业平均流动比率为 2.68，得分后 50% 企业的流动比率均值为 3.03，虽然得分前 50% 企业的流动比率均值较低，但不能完全说明其偿债能力更差，存货、待摊费用等均会影响到流动比率。平均资产负债率方面，二者差别不大。

表 18.3　文化、体育和娱乐业上市公司财务指标对比

上市公司	平均总市值（亿元）	盈利能力		运营效率		偿债能力	
		净资产收益率（%）	营业利润率（%）	总资产周转率（次）	应收账款周转率（次）	流动比率	资产负债率（%）
前 50%	135	−0.9	−6.3	0.41	7.5	2.68	34.1
后 50%	75	−12.7	−66.8	0.28	10.0	3.03	39.0

18.4.2　投资回报分析

图18.2展示了文化、体育和娱乐业ESG总得分排名前50%与后50%的企业在月个股回报率上的差异。纵轴为对应日期的月个股回报率（考虑现金分红）；横轴为2021年1月至2022年12月的股票交易日，为了更清晰直观地展示不同组别下月个股回报率的差异及变动趋势，课题组选择了每个月的个股回报率数据，即在共24个时间点上的两组数值进行比较。

如图18.2所示，文化、体育和娱乐中ESG得分前50%的企业在月个股回报率上的波动幅度要略大于得分后50%的企业，一定程度可以反映出ESG得分前50%的企业在面对外界环境变化时表现较好。一直以来，文体娱乐业疏于管理，行业乱象频出，丑闻不断。自2021年6月开始，由中国国家互联网信息办公室部署开展了"清朗"系列专项活动，对行业起到了规范引导作用，但是可以看出该行业月个股回报率表现在2022年整体波动幅度较大，得分后50%的企业月个股回报率整体较低，应当加强管理。

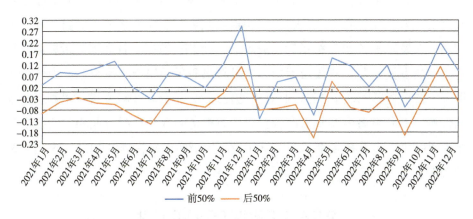

图18.2　文化、体育和娱乐业ESG总得分排名前50%和后50%的企业月个股回报率对比

18.5　ESG优秀企业

18.5.1　芒果超媒

芒果超媒是A股市场第一家以融合发展为特色、掌握全渠道与内容生态完整核心产业链的国有新媒体公司，也是湖南广播影视集团有限公司（湖南

广播电视台）旗下统一的融媒体产业及资本运营平台。公司坚持以习近平新时代中国特色社会主义思想为指引，认真落实党管宣传、党管意识形态、党管媒体重要原则，把坚持正确政治方向、舆论导向和价值取向放在首要位置，充分发挥媒体平台属性和内容自制优势，自觉承担举旗帜、聚民心、育新人、兴文化、展形象的使命任务，以主力军全面挺进主阵地的责任感、使命感，着力将公司打造成为"正能量、管得住、用得好"的主流新媒体，不断探索树立新时期国有互联网公司新标杆。

公司主营业务包括芒果TV互联网视频业务、新媒体互动娱乐内容制作及内容电商业务等。公司依托芒果特色融媒生态，以互联网视频平台运营为核心，打造涵盖会员、广告、IPTV、OTT、影视剧、综艺节目、艺人经纪、音乐版权运营、IP衍生开发及实景娱乐、内容电商等在内的上下游协同发展的传媒全产业链生态。

18.5.1.1 ESG得分情况

芒果超媒得分排名为全行业第一，在信息披露上在社会（S）指标上表现突出，为全行业第一，可见芒果超媒在社会（S）指标上积极披露了其相关信息。在披露的32个三级指标中披露了20个相关数据，且大部分指标得分较高。在研发投入这一三级指标中，芒果超媒遥遥领先于其他企业，为全行业第一。芒果超媒ESG得分与行业对比见表18.4。该公司积极推进技术创新及专利保护，专利申请内容涵盖广告投放、数据访问等与视频行业相关的各个领域鼓励技术人员开拓创新，积极落实专利申请的激励措施，2021年专利奖励约230万元。

表18.4　芒果超媒ESG得分与行业对比

变量	样本量	行业均值	芒果超媒得分
环境得分（E）	62	3.33	13.00
社会得分（S）	62	29.73	56.10
治理得分（G）	62	28.34	49.78
ESG总得分	62	17.47	45.26

18.5.1.2 ESG理念践行情况

在环境（E）方面，公司重视环境保护工作，根据自身实际情况，多角度推动资源节约工作，响应"绿色环保，低碳生活"的号召，将开源节能的意识全方面融入环境管理过程，积极组织、参与环保公益活动，在日常运营中，积极推行节能减排，倡导全体员工节约资源，致力于推进碳中和目标的达成，为环境保护贡献着自己的力量。

在社会（S）方面，芒果超媒在推动脱贫攻坚与乡村振兴有效衔接的道路上，全力以赴，守正笃实。公司积极响应中央和湖南省委关于乡村振兴帮扶工作的号召，2021年1月，"芒果扶贫云超市"全面升级战略布局规划，以"芒果振兴云超市"的新身份投入乡村振兴新征程，全力助力乡村振兴。

在治理（G）方面，公司持续完善治理结构和组织架构，股东会是公司权力机构，董事会、监事会由股东大会选举，董事会是常设权力机构，监事会是常设监督机构，经营管理层（总经理办公会）是日常经营机构，享有经营权。董事会下设战略委员会、提名委员会、薪酬与考核委员会和审计委员会，内部审计部门对审计委员会负责，向审计委员会报告工作。公司党委是公司法人治理结构的有机组成部分，发挥着领导核心和政治核心作用。"四会一层"形成各司其职、各负其责、协调运转、有效制衡的公司治理体系，并建立了完备的议事规则体系。

18.5.2 华数传媒

华数传媒是华数集团旗下专业从事数字电视网络运营与新媒体业务的上市公司，目前是全国领先的互动电视、手机电视、互联网电视等综合数字化内容的运营商和综合服务提供商之一，位居全国新媒体和三网融合产业发展的第一阵营，服务覆盖全国30个省（自治区、直辖市）、百余个城市的有线网络以及三大通信运营商与上亿互联网电视用户。华数传媒主营业务为有线电视网络业务、全国范围内的新媒体业务、宽带网络及智慧城市业务。华数集团是大型国有文化传媒产业集团，也是国内领先的有线电视网络和新媒体运营商，拥有全媒体和宽带网络业务牌照资源，覆盖海量传统媒体和新媒体用户，与阿里巴巴、华为、海康、新华三、字节跳动、索尼、DISCOVERY等全球知名互联网企业及产业上下游优秀企业建立紧密合作关系。

18.5.2.1　ESG得分情况

华数传媒ESG得分排名为全行业第二，在信息披露方面在治理（G）方面得分较高，为全行业第一，在披露的32个三级指标中有11个指标得分为满分，这说明华数传媒在完善公司治理上努力践行ESG理念。在社会（S）方面，华数传媒也披露了较多信息，且公司旗下艺人并未出现负面事件，说明华数传媒在努力践行ESG理念，并能够主动地将相关信息面向公众披露。华数传媒ESG得分与行业对比见表18.5。

表18.5　华数传媒ESG得分与行业对比

变量	样本量	行业均值	华数传媒得分
环境得分（E）	62	3.33	13.00
社会得分（S）	62	29.73	43.67
治理得分（G）	62	28.34	51.40
ESG总得分	62	17.47	40.24

18.5.2.2　ESG理念践行情况

在环境（E）方面，华数主营业务属于国家积极鼓励发展的低碳环保的第三产业，是绿色GDP的贡献力量。公司在不断壮大自身生产经营的同时，致力于扩展第三产业的广度和深度，激发产业链上下游衍生出更多低碳环保的企业。按照国家有关环境保护与资源节约的规定，结合公司实际情况，华数不断建立完善ISO14001环境管理体系，认真落实节能减排责任，积极开发和使用节能产品，发展循环经济，降低污染物排放，提高资源综合利用效率；制定了《公司报废资产处置管理办法》《安全生产管理条例》、《社会责任管理规则》等内控管理制度，以文件的形式规范企业的生产全过程，固化环境管理流程。

在社会（S）方面，华数传媒积极响应总局从严整治艺人违法失德、"饭圈"乱象等要求，坚决抵制违法失德人员。"清朗行动"以来，对平台内容开展全面排查，组织精干力量加班加点操作下线，克服栏目多、编排路径复杂隐蔽等困难，深入完成劣迹艺人专项排查整治工作，在最短的时间内响应上级指令做到应下尽下。此外，疫情以来，秉持人类命运共同体理念，化挑战为机遇、守正创新、主动作为，生动讲好中国抗疫故事。公司积极开展"就地过大年欢乐春节档"活动，覆盖华数1亿家庭用户终端，为用户提供丰富多彩的精神食粮和坚强有力的情感支持；在公司下达抗疫新闻制作专项任务时，响应政策留杭过年的同事们主动请缨，在支撑公司防疫新闻专项任务期间，克服路途、流程困难，确保春节期间频道新闻轮播的正常运转，鼓舞全国人民"战疫"信心。

在治理（G）方面，华数传媒严格按照中国《公司法》《证券法》等相关法律法规和现代企业制度的基本要求，建立了由股东大会、董事会、监事会和高级管理层组成的现代治理架构，形成了权力机构、决策机构、监督机构和管理层之间决策科学、执行有力、监督有效的运行机制。目前，公司董事会已设立专门委员会，董事会、监事会和高级管理层依据公司章程和议事规则等规章制度，各司其职、有效制衡、互相协调，确保了公司的规范运作。公司将不断完善企业管治、风险管理和内部控制，不断提高公司的经营管理水平和经营绩效，实现高效发展，为股东创造稳健持续的投资回报。

18.5.3 新华文轩

新华文轩出版传媒股份有限公司（以下简称"新华文轩"）是中国文化体制改革的成果企业之一，于2005年由四川新华发行集团主发起成立，2007年5月在香港联交所H股主板上市。2010年8月，新华文轩以市场化方式，整合四川出版集团下属15家出版单位，打通出版发行产业链。2016年8月，新华文轩成功回A，成为国内"A+H"出版传媒企业。新华文轩以传承优秀文化、引领产业发展为使命，聚焦出版传媒主业，在图书出版、报刊传媒、阅读服务、电子商务、教育服务、印制生产、物流配送、资本经营等领域谋篇布局，实施全产业链经营，积极发挥文化服务主力军、传播先进文化主阵地作用。新华文轩敢于创新，锐意进取，其改革和发展一直走在全国前列，是中国出版发行业排头兵、四川文化产业龙头企业，先后被授予"中国出版政府奖·先进出版单位""全国新闻出版系统先进集体""全国文化体制改革工作先进单位""国家文化出口重点企业""数字出版转型示范单位""中国服务业企业500强"等荣誉称号。

18.5.3.1　ESG得分情况

新华文轩ESG得分排名为全行业第三，在信息披露方面在治理（G）方面得分较高，其中在治理结构这一三级指标上，新华文轩得分较高，为73.4分；32个三级指标中有12个指标获得了满分，这说明新华文轩在完善公司治理上努力践行ESG理念。在社会（S）方面，新华文轩在17个三级指标中披露了8项相关数据，且得分较好，说明新华文轩在相关指标披露方面较为积极。新华文轩ESG得分与行业对比见表18.6。

表18.6　新华文轩ESG得分与行业对比

变量	样本量	行业均值	新华文轩得分
环境得分（E）	62	3.33	13.00
社会得分（S）	62	29.73	45.70
治理得分（G）	62	28.34	48.18
ESG总得分	62	17.47	40.03

18.5.3.2　ESG理念践行情况

在环境（E）方面，新华文轩积极响应国家绿色运营的号召，坚持绿色发展，严格遵守国家《环境保护法》《清洁生产促进法》《水污染防治法》《固体废物污染环境防治法》《环境噪声污染防治法》等相关法律法规，贯彻落实低碳减排政策，积极践行企业环保责任。新华文轩属于低能耗、轻污染企业，除自有印刷业务外，不涉及规模生产流程，无对环境及天然资源有重大影响的业务。新华文轩不断推行节能降耗理念宣贯、设备升级、回收利用等措施，提升资源节降水平。在行政办公方面，强化员工环保意识，要求员工节水节电；倡导无纸化办公，减少纸张类废弃物。在生产方面，四川新华印刷有限责任公司制定了《能耗管理控制程序》，对能耗定额指标、水电的节约降耗措施作出明确规定。在物流方面，对用于同城运输配送的所有自有车辆更换为新能源车辆，对长途干线运输，选择符合国家环保标准的车辆来进行长途运输。

在社会（S）方面，本集团持续开展"一木环保"公益活动，倡导广大中小学生及员工捐出废旧书刊，交由纸张生产企业再加工、再利用，并将所得投入到中小学环保教育事业。新华文轩以满足人民精神文化生活为出发点和落脚点，推动"书香天府·全民阅读"活动的实施；组织开展了独具特色的文化活动，彰显阅读"有趣、有美、有用"魅力，营造爱读书、读好书、善读书的良好氛围，满足广大人民群众文化需求、提升公民素质。

新华文轩多年来持续助力教育服务事业，聚焦乡村校长及教师群体，着力帮助乡村学校提升日常管理、文化建设、教育教学水平，推进"太阳星公益行动"计划。此行动自2013年启动以来，通过各级组委会、社会爱心机构和人士的持续努力，结合乡村少年宫建设和志愿者服务力量，大力帮扶贫困地区、边远地区、民族地区、灾区等薄弱学校发展。

在治理（G）方面，根据《公司法》《证券法》《到境外上市公司章程必备条款》等相关法律、法规和规范性文件的要求，公司制定了《公司章程》，建立了完善的由股东大会、董事会、监事会和高级管理层组成的法人治理结构，形成了权力机构、决策机构、监督机构和管理层之间的权责明确、运作规范、相互制衡和相互协调的运行机制。公司董事会下设战略与投资委员会、审计委员会、提名委员会、薪酬与考核委员会共四个专门委员会，分别在战略发展、财务监控、内部监控、风险管理、人事薪酬等方面协助董事会履行决策和监控职能。

19 医药制造业上市公司ESG评价

19.1 评价指标体系

19.1.1 评价指标

医药制造业涉及原料经物理变化或化学变化后成为新的医药类产品的过程，包含了通常所说的中西药制造、兽用药品以及医药原药及卫生材料 。医药制造业上市公司共293家，本行业ESG评价体系共包含3个一级指标、10个二级指标、73个三级指标，一级指标包含环境（E）、社会（S）和治理（G），环境（E）评价要素包含资源消耗、污染防治、气候变化；社会（S）评价要素主要包含员工权益、产品责任、供应链管理、社会响应；治理（G）评价要素主要包含治理结构、治理机制、治理效能，具体指标如表19.1所示。

表 19.1　评价指标体系一览

一级指标	二级指标	三级指标
环境 （E）	资源消耗	总用水量、单位营收耗水量、节水/省水/循环用水量、总能源消耗、人均能源消耗、天然气消耗、燃油消耗、煤炭使用量、耗电量、是否有节能管理措施
	污染防治	废水/污水排放量、单位营收废水/污水排放量、氮氧化物排放、二氧化硫排放、悬浮粒子/颗粒物、有害废弃物量、单位营收有害废弃物量、无害废弃物量、单位营收无害废弃物量
	气候变化	总温室气体排放、单位营收温室气体排放、是否有温室气体减排措施、温室气体减排量、单位温室气体减排量

续表

一级指标	二级指标	三级指标
社会（S）	员工权益	雇员总人数、女性员工比例、离职率、平均年薪、员工满意度、是否披露职工权益保护、人均培训投入
	产品责任	是否披露安全生产内容、是否披露客户及消费者权益保护、是否有产品撤回或召回、是否有中药制品
	供应链管理	供应商数量、是否披露供应商权益保护
	社会响应	是否披露公共关系和社会公益事业、是否披露社会制度建设及改善措施、社会捐赠额、是否响应国家战略、是否有营销负面事件
治理（G）	治理结构	第一大股东持股比例、机构投资者持股比例、两权分离度、高管持股比例、女性董事占比、董事会规模、董事会独立董事占比、董事长及CEO是否是同一人、监事人数、是否说明股东（大）会运作程序和情况、是否设立专业委员会
	治理机制	是否有重大负面信息、是否有股权激励计划、高管年薪前三名、是否有现金分红、管理费用率、大股东占款率、质押股票比例、商誉净资产比例、关联交易、是否有数据安全的措施、是否有违规触发、是否有气候风险识别及防范措施、是否进行数字化转型、是否有问责制度、是否有投诉举报制度、是否有商业道德培训
	治理效能	财务审计出具标准无保留意见、内控审计报告出具标准无保留意见、研发投入、创新成果

19.1.2　权重设计

　　基于医药制造业的行业特性，行业内企业对于治理和社会的影响和作用较大，而涉及对于环境影响的因素较少，考虑到这一点，在指标权重的设定时，赋予治理（S）指标和社会（G）指标以较高的权重，其次是环境（E）指标，权重分配如图19.1所示。

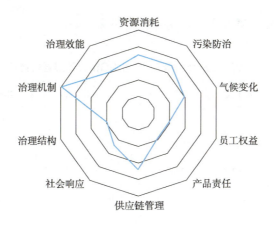

图 19.1　医药制造业评价权重分配

19.2　ESG评价结果分析

19.2.1　ESG得分描述性统计

　　表19.2展示了2021年医药制造行业ESG总得分及环境（E）、社会（S）、治理（G）各项得分的描述性统计结果。根据表中数据显示，293家医药制造业企业的ESG总得分均值为24.23分，整个行业ESG得分偏低，ESG总得分的标准差为7.32，最小值和最大值相差分近30分，两个数据差异较大，反映出在医药制造业个别企业尚未意识到ESG工作对企业可持续发展的重要性，对ESG理念的重视程度与践行力度方面仍存在较大差距，同时也间接反映出我国部分医药制造企业未能真正兼顾企业的环境、社会和治理三者协同发展，各企业应该加强对。

　　此外，环境（E）、社会（S）和治理（G）的得分的均值分别为8.56、29.98和42.94，均未达到50分，其中环境（E）得分的均值最小，相较于治理（G）方面得分少了将近40分，明显暴露出医药制造业在环境（E）方面的重视和披露程度有待加强，各企业需要进一步做好自身信息的披露工作，积极履行企业环境保护对责任，提高自身可持续发展水平。在社会（S）方面最大值和最小值相差近70分，相较于环境（E）和治理（G）方面行业内部差距更大，说明部分企业表现良好，但也有部分企业未能积极履行社会责任。医药制造业作为社会经济生活的重要组成部分，企业应充分认识到所应承担的社会责任并付诸实践，进而在企业内外获得更多的好评。

表 19.2　2021 年医药制造业 ESG 得分的描述性统计

变量	样本量	均值	标准差	最小值	中位数	最大值
环境得分（E）	293	8.56	7.62	0.00	6.00	63.11
社会得分（S）	293	29.98	15.55	10.39	23.38	80.72
治理得分（G）	293	42.94	9.21	19.49	42.50	76.34
ESG总得分	293	24.23	7.32	13.15	22.44	54.21

19.2.2　企业ESG理念践行情况

19.2.2.1　环境维度

行业企业的环境（E）得分的均值仅为 8.56，中位数为 6，最大值为 63.11，最大值与最小值相差近 65 分，说明在环境（E）方面各企业的披露情况存在较大的差距，在该方面表现良好的企业数量较少，且披露信息的企业得分也较低。各企业需要在进行生产时重视环境保护，努力实现在技术创新过程中实现节能减排，提高环保技术的质量，使生产效率保持稳定增长。同时，政府各相关部门也需要完善法律法规，对医药制造业出现的违规违法污染事件进行严格要求和严厉惩治，为行业实现可持续发展保驾护航。

19.2.2.2　社会维度

行业企业的社会（S）得分方面，行业企业的最大值为 80.72，最小值为 10.39，最大值与最小值相差近 70 分，不同企业得分的波动较大，标准差达到了 15.55；通过这一组数据可以看出，部分医药制造企业对承担社会责任有一定的重视，但仍有一部分企业在有效披露社会（S）相关信息方面不够完善，行业内各企业对于承担社会责任的重视程度存在较大的差异，在医药制造业的 293 家企业中，其中有 6 家企业达到 60 分或以上，仅有 1 家企业达到 80 分，行业企业在社会福祉方面表现较好的公司数量较少。通过比较各二级指标数据，可以看出，各企业在产品责任、社会响应指标中取得了较为理想的成绩，但在员工权益和供应链管理方面的成绩还有待提高，还需各企业营造良好的回馈社会、保护员工权益的行业氛围，不断完善和创新供应链管理模式，加强对员工权益方面的关注，完整地披露员工权益和供应链管理的相关信息，将保障员工权益贯穿工作的始终，把员工发展与企业发展紧密地联系在一起。

19.2.2.3 治理维度

行业企业的治理（G）得分均值为42.94，医药制造业293家企业中有10家公司在治理（G）方面高于60分，但均在80分以下；说明医药制造业企业在治理（G）方面表现优秀的企业数量有限，大多数企业得分集中在60至70分之间，企业未来还需要进一步提高治理水平，从而获得更好的经营效果。行业企业的治理（G）标准差为9.21，最高得分与最低的分分别为76.34和19.49，最大值与最小值相差近60分，说明该行业企业普遍比较关注对公司的治理，但多数企业还有较大的提升空间，得分较高的企业要积极发挥引导作用，促进医药制造业企业治理水平进一步提高，企业的可持续发展与公司的治理密切相关，各企业应不断调整治理结构、改善治理机制、提高治理效能，结合自身的结构和发展机制投入更多的资源，从而推动医药制造业实现可持续发展。

19.3 企业财务分析

19.3.1 财务指标对比

表19.3分别对医药制造业上市公司ESG得分前50%和得分后50%企业进行对比，主要比较市值、盈利能力、运营效率和偿债能力四方面的表现。从表中可以看出，ESG得分前50%的企业平均总市值明显高于得分后50%的企业，得分前50%的企业平均总市值达到27亿元。在盈利能力、运营效率以及偿债能力三方面，得分前50%企业的表现均优于得分后50%的企业；以净资产收益率和营业利润率为代表的盈利能力、以总资产周转率和应收账款周转率为代表的运营效率方面，以流动比率和资产负债率代表偿债能力，得分前50%的企业净资产收益率均值为15.72%，营业利润率均值为19.1%，平均流动比率为4.59，平均总资产周转率为0.65次，其中平均总资产周转率和平均资产负债率得分前50%和得分后50%的企业之间存在较大的差距，说明得分后50%的企业在运营效率以及偿债能力方面还有很大的提升空间。

表19.3 医药制造业上市公司财务指标对比

上市公司	平均总市值（亿元）	盈利能力		运营效率		偿债能力	
		净资产收益率（%）	营业利润率（%）	总资产周转率（次）	应收账款周转率（次）	流动比率	资产负债率（%）
前50%	272	15.72	19.10	0.65	13.90	4.59	41.12
后50%	22	−3.16	−11.29	0.19	1.91	0.79	9.34

19.3.2 投资回报对比

图19.2对医药制造业企业ESG得分排名前50%与得分后50%的企业在月个股回报率上进行比较，展示了两者之间的差异。横轴为2021年1月至2022年12月的股票交易日，纵轴为对应日期的月个股回报率（考虑现金分红），本书选择了每个月的个股回报率数据，以便更加清晰、直观地展示不同组别下月个股回报率的差异与变动趋势，总共展示了24个时间点，即在对每个时间点上的两组数据进行比较。

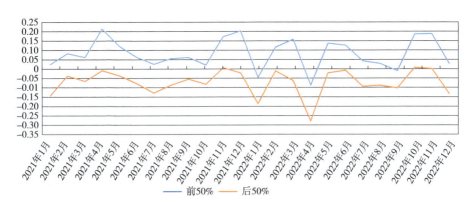

图19.2 ESG总得分排名前50%和后50%的企业月个股回报率对比

由图可知，在24个月内，医药制造业ESG企业得分前50%与得分后50%月个股回报率总体波动趋势大致相同。比较得分前50%与得分后50%的企业可知，在2021年3月至7月、2021年11月至2022年1月，得分后50%的企业个股回报率波动情况小于得分前50%的企业，说明在该时间段内得分后50%的企业更为稳定，但是从总体来看，ESG总得分排名前50%的企业月个股回报率均高于得分排名后50%的企业，说明ESG表现优异的企业，可以在整体市场不稳定时获得更多市场参与人员的认可，从而有助于帮助投资者规避一定的风险和损失。

19.4 ESG优秀企业

19.4.1 白云山

白云山制药总厂创立于1973年，连续多年位居中国工业制药百强榜首企业广药集团旗下的最大制药工业企业和国内实力较强的单体制药工业企业，也是国内著名的抗生素、抗ED药生产企业，集科研、生产、销售于一体，年销售规模超过30亿元，且销售收入、利润连续多年稳定增长，目前拥有11个剂型超过300个品规的产品，抗生素产品群声势浩大，几乎涵盖了所有抗菌消炎常用品种，拥有国内外发明专利35项，成功培育出世界上唯一由中国人自行研制、拥有自主知识产权并首先应用于临床的半合成头孢菌素——头孢硫脒，并且始终坚持"低碳、环保"的发展理念，首倡并践行"联合打造中国医药绿色产业链"，率先采购国际先进的绿色酶法工艺用于制剂生产，每使用一吨绿色酶法原料，可促进原料生产厂家减少90%的有机溶剂的使用量，减少80%的污水COD排放量，而且完全不再使用致癌化学物质二氯甲烷，有效促进了医药产业链的绿色发展，为保护环境做出了贡献。

19.4.1.1 ESG得分情况

白云山制药取得了医药制造业ESG评价总分得分第一的成绩，在各项指标的披露和践行上表现突出。在社会（S）和治理（G）指标的披露上，白云山积极披露了员工权益、治理机制等指标的相关信息，并且数据信息的披露程度远超其他企业，在行业内起到了一定的表率作用；在环境（E）指标的披露上，相较于社会（S）和治理（G）方面，白云山还有很大的提升空间。白云山ESG得分与行业对比见表19.4。白云山制药在未来的发展中，还需进一步提高绿色环保意识，加强对环境方面的重视程度，积极披露相关数据，为实现企业可持续发展贡献力量。

表19.4 白云山ESG得分与行业对比

变量	样本量	行业均值	白云山得分
环境得分（E）	293	8.56	41.75
社会得分（S）	293	29.98	65.19
治理得分（G）	293	42.94	63.74
ESG总得分	293	24.23	54.21

19.4.1.2　ESG理念践行情况

在环境（E）方面，以"广药白云山，爱心满人间"为责任理念，持续为人类健康贡献广药智慧和力量，坚持绿色发展理念，不断完善内部环境管理体系，推进HSE管理平台建设，设立目标和执行计划，努力实现企业发展与环境保护协同共进，加快计划建立环保节能现代化、科技化、信息化管理，将环保节能减排工作作为规划设计新厂区的重要内容，建设绿色物流园区，促进药渣和包装材料的减量化和可循环，积极为促进行业绿色转型贡献力量。为进一步推动医疗制造业的绿色发展，公司坚持减量化、资源化和无害化的原则，持续推进资源合理利用，不断优化生产工艺以减少生产过程中废弃物的产生，努力减少废弃物对环境的污染，实现资源的最大化利用。

在社会（S）方面，公司坚持过期药品回收18年，勇担企业社会责任，守护用药安全，并将科技创新、环境保护、生物多样性保护、普及基层医疗知识、传递健康医药理念、打击非法药物倒卖等更多社会责任理念融入过期药品回收活动中，向社会大众传递责任理念，以实际行动履行"广药白云山，爱心满人间"的责任理念，2021年对社会公益资金捐赠达1369.02万元。

白云山还持续推进供应链透明化、流程化、精益化管理，确保供应链稳定，建立和维持强大且可持续的供应链，保障原材料供应质量与安全，完善内部监督，控制供应链环节的潜在风险。全面保障员工的基本权益，助力员工全方位发展，建立完善的人才管理体系，将安全生产放在第一位，2021年对生产风险和隐患实现100%整改。

在治理（G）方面，白云山建立起职能齐备、相互制衡的治理结构，聚焦主业，转型升级，持续扩大规模与效益，逐步形成"大南药""大健康""大商业"和"大医疗"四大业务板块，努力推动白云山实现新发展。董事会定期对重要 ESG 议题进行检讨、检查并采取跟进行动，以应对当前进展与预期目标之间的差距和机遇；董事会每年还会审视相关的 ESG 议题，检讨开展这些实质性议题的进度，不断提高董事会决策的科学性和有效性。白云山还积极致力于与各利益相关方保持良好关系，携手各利益相关方推动医药科技领域新突破，为推动中医药现代化国际化做出新的更大贡献。

19.4.2　康芝药业

康芝药业股份有限公司是一家专注儿童大健康的上市企业，主营业务涵盖儿童药、母婴健康产品、医疗服务等领域，是国家级高新技术企业，形成了完善的产品品系，是国内少数拥有儿童药研发、生产、销售全产业链的医药企业，拥有高度自动化、智能化生产线。公司拥有先进的研发设备和优秀的研发队伍，重视产品研发与创新，拥有先进的研发设备和优秀的研发队伍，累计投入研发资金数亿元，并率先成立了以儿童药为主要研究方向的企业博士后科研工作站。公司秉承"诚善行药，福泽人类"的企业宗旨，积极践行"儿童大健康战略"和"精品战略"，匠心打造儿童大健康产业民族品牌，以"让儿童用好药"为己任，坚持"专精特新"的发展战略，致力于成为中国儿童健康领域的领军企业。

19.4.2.1　ESG得分情况

康芝药业得分在整个医药制造业排名第二，在各项指标的披露方面，康芝药业均高于行业平均水平，其中在社会（S）指标的披露上表现突出，由此可知康芝药业在谋求企业发展的同时，积极承担社会责任，努力谋求企业的可持续发展，在环境（E）和治理（G）方面表现相差不大。康芝药业ESG得分与行业对比见表19.5。未来，康芝药业可以进一步兼顾环境、社会与治理三大方面，积极披露相关信息及数据，助力医药制造业更加蓬勃地发展。

表19.5　康芝药业ESG得分与行业对比

变量	样本量	行业均值	康芝药业得分
环境得分（E）	293	8.56	49.00
社会得分（S）	293	29.98	54.65
治理得分（G）	293	42.94	61.49
ESG总得分	293	24.23	54.16

19.4.2.2　ESG理念践行情况

在环境（E）方面，康芝药业各生产基地围绕节能降耗、防治污染、倡导绿色环保，建立环境管理体系以及完善的环境污染防治管理制度，持续改进、不断完善环境安全方针，不断改进与提高环保管理水平，康芝药业还成立管委会负责环境保护工作，参加新建、扩建和改造项目方案的研究和审查工作，严格遵守相关环境保护法律法规要求，并对项目提出相应的环保意见和要求，做到严格规范建设运营环节中"三废"的产生与合格排放，同时定期组织环境管理监督检查，及时进行环境治理，实现环境的持续改善。

在社会（S）方面，康芝药业以人为本、充分尊重员工的价值，视员工为最宝贵、最重要的财富，努力为员工创造和谐温馨的工作环境，持续关注员工的健康安全，不断完善安全生产和质量管理工作制度。公司坚持强化安全教育培训，全过程预防与管控，并在安全生产方面取得了较好的管理绩效。积极承担产品安全和社会责任，秉承"一流的产品，一流的服务，一流的品牌"的质量方针，全面建设规范的质量管理体系，落实药品生产质量等全生命周期的管理。公司定期进行审计，持续性改进质量管理体系，在兼顾各相关方利益的情况下，热心参与社会公益，以实际行动彰显企业的社会责任感，向社会投入近47万元。不仅如此，康芝药业还十分重视供应商管理，严格把控供应商准入评审机制。

在治理（G）方面，根据国家有关法律法规要求不断地完善公司治理结构，建立健全内部管理和控制制度，持续深入开展公司治理活动，董事会下设有战略委员会、薪酬与考核委员会、审计委员会和提名委员会四个专门委员会，为董事会的决策提供了科学和专业的意见和参考，以进一步规范公司运作，提高了公司治理水平。

19.4.3　凯莱英

凯莱英公司是一家全球行业领先的、技术驱动型的CDMO（医药合同定制研发生产）一站式综合服务企业，是全球第五大创新药原料药CDMO公司和中国最大的商业化阶段化学药物CDMO企业，致力于全球制药工艺的技术创新和商业化应用，为国内外大中型制药企业、生物技术企业提供药物研发、生产药品全生命周期的一站式 CMC 服务。公司凭借深耕行业二十余年积累的深厚的行业洞察力、成熟的研发生产能力以及良好的客户声誉，成为创新药物全球产业链中不可或缺的一部分。从"每个人，每个产品，每次服务开始"，致力于成为全球制药产业可靠的首选合作伙伴，公司还依托多年积累形成的技术优势和可持续进化的研发平台优势，以技术革新作为核心驱动力，通过对客户多元化需求的快速响应，设计、研发、生产能够合理开发并取得显著收益的最佳药品解决方案，提供行业最高标准的CDMO服务，打造低能耗、低排放、高效率的可持续发展模式，在实现差异化运营的同时享受更高的技术附加利润空间，引领国内外医药外包行业的健康发展，保持行业领先标准。

19.4.3.1　ESG得分情况

在医药制造业的ESG总得分排名中，凯莱英位列第三。在信息披露上，凯莱英在环境（E）和治理（G）方面表现突出，在环境（E）指标中披露的19个三级指标中有12个指标为满分，显示出凯莱英努力在环境保护、污染防治实现可持续发展，将绿色发展贯穿企业发展，致力于实现在推动企业发展的同时提高环保技术的质量。在治理（G）方面，凯莱英也披露了大量的相关信息，可以说明凯莱英积极向公众公开相关信息，对企业内部治理给予了足够的关注度，对企业未来实现可持续发展起到了十分重要的作用。凯莱英在社会（S）方面的得分为三个一级指标中的最低分，这说明在未来的发展中，还需进一步落实企业应承担的社会责任，重视对相关信息的披露，助力企业实现进一步发展。凯莱英ESG得分与行业对比见表19.6。

表19.6　凯莱英ESG得分与行业对比

变量	样本量	行业均值	凯莱英得分
环境得分（E）	293	8.56	61.61
社会得分（S）	293	29.98	24.90
治理得分（G）	293	42.94	65.90
ESG总得分	293	24.23	53.72

19.4.3.2　ESG理念践行情况

在环境（E）方面，凯莱英秉承"国际标准、中国优势、技术驱动、绿色为本"的发展战略，深入贯彻绿色制造理念，从生产源头管控环境影响，投入资金及资源，以绿色、环保、低碳的生产工艺替代易对环境造成严重污染的生产工艺，实现化学生产与环境友好共存的环境和谐理念。公司成立了由集团高级副总裁领导的EHS部门，负责统筹和指导公司EHS工作方针、规划制定、管理开展及绩效改善，并配置足够的资源，致力于保障员工、访客和社区的健康和安全，致力于环境可持续发展，凯莱英还将健康、安全和环保理念融入公司战略，为企业创造价值、实现风险管理。2021年，凯莱英积极披露环境（E）方面相关数据，其中氮氧化物排放 26 198.50 千克，天然气使用 4 199 118 立方米，直接温室气体排放 9 104.36 吨，水资源消耗 1 219 691 吨，污水排放总量为 679 636.16 立方米等。为进一步应对气候变化，凯莱英承诺将不断提高能源效率，降低能源使用强度，积极开展气候行动，通过技改、工艺创新、设备更新与升级等方式，提高现行能源使用效率。加大清洁能源使用占比，优化公司能源结构向清洁和绿色转型。

在社会（S）方面，凯莱英重视内部人员培养，以引入外部高端人才加入作为用人的基本导向，本着"人尽其才，为才识用"的用人原则，凯莱英积极努力为员工创造和谐的工作环境和适宜的成长环境，关注员工劳动权益，截至2021年底，凯莱英全球员工超过 7 000 人，吸纳国内外众多高端人才汇聚。不仅如此，凯莱英还重视人才管理体系建设，构建人才的管理闭环，不断完善人才队伍的结构和水平，2021年接受培训的员工总人数达 7 126 人，接受培训的总时长达 620 432 小时，培训执行率高达99.55%。凯莱英还十分注重员工安全意识建立与提升，2021年无员工因工作关系而死亡。

凯莱英还不断完善供应链管理，积极披露社会贡献的相关数据，2021年凯莱英供应商共有 3 981 家，主动搭建与行业内各公司共同发展的平台，注重产学研合作，促进企业进一步创新和发展，向社会公益支出达79.7万元。

在治理（G）方面，2021年，公司正式成立"ESG管理委员会"，全面统筹、系统推进公司ESG管理，并进一步明确 ESG管理委员会组织、职责及权限，并首次组织策划ESG管理委员会会议，并邀请专业机构开展ESG专题培训，强化公司ESG管理水平与管理能力，结合公司运营关键节点与流程，明确ESG管理委员会人员构成、职责与权限。此外，凯莱英重视利益相关方的建议与期望，主动识别公司主要的利益相关方，并与各相关方建立常态化沟通机制，加深各方了解与合作，为公司可持续发展奠定了良好的基础。

○ 20 汽车制造业上市公司ESG评价

20.1 评价指标体系

20.1.1 评价指标

经过50多年的发展，汽车走进了各行各业、各家各户中，庞大的汽车制造市场不断推动我国汽车消费走向成熟。当下，绿色智能已成为汽车制造业的重要发展方向，关注汽车制造生产环节的安全性、效率性，将是中国制造业转型升级的必选题。

近年来随着经济发展，我国汽车需求量快速增长，作为一个资本密集型和技术密集型的行业，汽车制造业是我国重要的中游制造业。节能、环保、电子信息技术是汽车制造业发展的重点方向，近年来国家也在积极促进新能源汽车和智能汽车产业升级调整，鼓励研发制造高质量、高技术水平的自主品牌汽车。关注汽车制造业上市公司的ESG表现有利于促进我国汽车产业的健康发展。

本ESG评价体系共包含3个一级指标、10个二级指标、73个三级指标。一级指标包含环境（E）、社会（S）和治理（G）；其中环境（E）评价要素包含资源消耗、污染防治、气候变化；社会（S）评价要素主要包含员工权益、产品责任、供应链管理、社会响应；治理（G）评价要素主要包含治理结构、治理机制、治理效能，具体指标如表20.1所示。

表20.1 评价指标体系一览

一级指标	二级指标	三级指标
环境（E）	资源消耗	总用水量、单位营收耗水量、节水/省水/循环用水量、总能源消耗、人均能源消耗、天然气消耗、燃油消耗、煤炭使用量、耗电量、是否有节能管理措施
	污染防治	废水/污水排放量、单位营收废水/污水排放量、氮氧化物排放、二氧化硫排放、悬浮粒子/颗粒物、有害废弃物量、单位营收有害废弃物量、无害废弃物量、单位营收无害废弃物量、是否有新能源产品
	气候变化	总温室气体排放、单位营收温室气体排放、是否有温室气体减排措施、温室气体减排量、单位温室气体减排量
社会（S）	员工权益	雇员总人数、女性员工比例、离职率、平均年薪、员工满意度、是否披露职工权益保护、人均培训投入
	产品责任	是否披露安全生产内容、是否披露客户及消费者权益保护、是否有产品撤回或召回、是否有产品质量负面事件
	供应链管理	供应商数量、是否披露供应商权益保护
	社会响应	是否披露公共关系和社会公益事业、是否披露社会制度建设及改善措施、社会捐赠额、是否响应国家战略
治理（G）	治理结构	第一大股东持股比例、机构投资者持股比例、两权分离度、高管持股比例、女性董事占比、董事会规模、董事会独立董事占比、董事长及CEO是否是同一人、监事人数、是否说明股东（大）会运作程序和情况、是否设立专业委员会
	治理机制	是否有重大负面信息、是否有股权激励计划、高管年薪前三名、是否有现金分红、管理费用率、大股东占款率、质押股票比例、商誉净资产比例、关联交易、是否有数据安全的措施、是否有违规触发、是否有气候风险识别及防范措施、是否进行数字化转型、是否有问责制度、是否有投诉举报制度、是否有商业道德培训
	治理效能	财务审计出具标准无保留意见、内控审计报告出具标准无保留意见、研发投入、创新成果

20.1.2 权重设计

权重指标设置方面，本评价体系以《国内外ESG评价与评级比较研究》为基础，结合我国社会经济发展现状和卫生和社会工作业行业特点，采取"三级—二级——一级"设定路径对各级指标赋权，其中环境（E）、社会（S）、治理（G）三个一级指标的权重设置中，在给予治理（G）指标以较高权重的基础上，根据汽车制造业行业的评级侧重点，均衡环境（E）和社会（S）指标的权重设定，以此确保评价结果的客观性。

得到各级指标在其上级指标下的权重后，上市公司ESG总得分可根据各级指标的权重算出。图20.1为各二级指标在上市公司ESG总得分中所占比重。各二级指标在其上级指标下的权重不同，其所属的一级指标的权重也不同，叠加后导致不同二级指标的权重分配有较大区别。

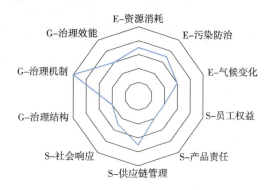

图20.1   汽车制造业评价权重分配

20.2   ESG评价结果分析

20.2.1   ESG得分描述性统计

表20.2展示了根据证监会分类和筛选得到的2021年汽车制造业160家企业 ESG 总得分及环境（E）、社会（S）、治理（G）各分项得分的描述性统计结果。据表可得，160家企业的ESG总得分均值仅为22.00，属于较低水平，这一定程度上反映出汽车制造业行业整体对于ESG的重视程度较低，ESG管理水平有较大提升空间，ESG指标披露水平有待提升，尤其是环境（E）方面的信息。此外，行业企业ESG总得分的标准差为3.13，最大值与最小值分别为34.66和14.22，两者相差较大，说明各企业对ESG的重视程度及管理水平存在较大差异。

纵向比较环境（E）、社会（S）和治理（G）的得分，均值方面，行业企业三个一级指标的得分均值分别为12.34、18.04和39.79，可以看出，行业整体在环境（E）和社会（S）方面的表现不太理想，在治理（G）方面的表现较为突出。行业企业环境（E）和社会（S）的得分最大值较为接近，最小值也是如此，说明大部分行业企业能够履行保护环境的责任，并积极承担社会责任。行业企业治理（G）的得分情况好于环境（E）和社会（S），其最大值达到了60.32，说明各企业普遍更重视公司治理。

表20.2　2021年汽车制造业ESG得分的描述性统计

变量	样本量	均值	标准差	最小值	中位数	最大值
环境得分（E）	160	12.34	2.88	6.00	13.00	41.00
社会得分（S）	160	18.04	6.08	0.22	16.56	46.84
治理得分（G）	160	39.79	7.65	18.56	38.66	60.32
ESG总得分	160	22.00	3.13	14.22	21.46	34.66

20.2.2　企业ESG理念践行情况

20.2.2.1　环境维度

由2021年汽车制造业ESG得分的描述性统计可知，该行业160家企业环境（E）得分均值为12.34，在三个一级指标中处于最低水平，绝大多数企业得分集中在5分至20分，仅有郑煤机一家企业得分超过40。在当今的经济发展中，环保理念已经深入人心，越来越多的汽车进入各行各业和老百姓家中，这就对汽车制造企业对环境保护责任的履行提出了更高的要求。关注中国汽车制造企业环境保护现状，引导中国企业重视环境保护，不仅可以进一步提高各项资源的利用效率，减少能源消耗，同时有利于解决当前的环境污染及生态安全问题。

资源消耗下设总用水量、单位营收耗水量、节水/省水/循环用水量、总能源消耗、人均能源消耗、天然气消耗、燃油消耗、煤炭使用量、耗电量、是否有节能管理措施10个三级指标。行业整体对是否有节能管理措施的披露度较高，其他三级指标仅郑煤机和精进电动两家企业对相关信息进行了选择性披露。汽车制造业各企业应积极采取节能环保措施，加强自然资源消耗信息的披露，促进汽车制造行业的绿色发展。

污染防治下设废水/污水排放量、单位营收废水/污水排放量、氮氧化物排放、二氧化硫排放、悬浮粒子/颗粒物、有害废弃物量、单位营收有害废弃物量、无害废弃物量、单位营收无害废弃物量9个通用指标和是否有新能源产品一个特色指标。几乎所有企业都对是否有新能源产品的相关信息进行了披露，但只有郑煤机一家企业对通用指标进行了选择性披露，说明行业整体对污染防治的重视程度明显不够，相关部门应加强对企业污染防治方面的督促引导。

气候变化下设总温室气体排放、单位营收温室气体排放、是否有温室气体减排措施、温室气体减排量、单位营收温室气体减排量5个三级指标。各企业均对是否有温室气体减排措施进行了披露，其他三级指标的披露情况不太理想。相关部门应进一步加强对企业能源节约、废物减排等防止行为的引导和监督；同时，企业应增强自身环境防治意识和责任感，完善节能减排相关措施的执行。

20.2.2.2　社会维度

社会维度共有员工权益、产品责任、供应链管理、社会响应4个ESG核心议题。社会（S）得分均值为18.04，标准差为6.08，最小值与最大值相差超过45分。汽车制造业仅有成飞集成和贵航股份两家企业的得分在40分以上，大多数企业得分在10分至30分，说明部分汽车制造企业注重对员工福利的投入和企业社会形象的建设，但大多数企业还需要加强自身社会责任的承担意识。企业在创造利润、对股东和员工负责的同时，还要承担相应的社会责任，顺应时代潮流，通过提高员工福利、注重产品责任、响应社会需求、履行时代使命，建设良好的企业形象，进而实现长远发展。

员工权益下设雇员总人数、女性员工比例、离职率、平均年薪、员工满意度、是否披露职工权益保护、人均培训投入7个三级指标。各企业对上述三级指标的披露度趋于一致，几乎所有企业都披露了雇员总人数和平均年薪的相关数据，但其余指标的披露情况较差。各企业的员工权益得分较低，最高得分由西上海取得，为15.29分。相关部门和社会各界应加强对企业的监督，引导企业进一步加强对员工权益的重视，尤其是员工培训和女性员工等方面数据的披露。

产品责任下设是否披露客户及消费者权益保护、是否披露安全生产内容、是否有产品撤回或召回 3 个通用指标和是否有产品质量负面事件一个特色指标。行业内各企业对上述指标的披露情况较好，得分也较为理想，其中贵航股份的得分为 100，另有 57 家企业的得分为 75。各企业当继续保持在产品责任方面的优良表现，强企业技术积累，持续地为消费者提供高质量产品。

供应链管理下设供应商数量和是否披露供应商权益保护两个三级指标，整体披露度较低，只有 6 家企业披露了相关信息，且得分普遍较低。各企业当重视供应链管理相关信息的披露，最大限度的实现与供应商的互惠共赢，促进企业的高质量发展。

社会响应下设是否披露公共关系和社会公益事业、是否披露社会责任制度建设及改善措施、社会捐赠额、是否响应国家战略 4 个三级指标。几乎所有企业都披露了是否响应国家战略的相关信息，极少数企业披露了是否披露社会责任制度建设及改善措施的相关信息，其余指标的披露情况较差。相关部门仍需进一步规范和引导上市公司对于社会响应指标的披露，强化企业合规经营，提高上市公司的发展质量。

20.2.2.3 治理维度

治理维度共有治理结构、治理机制、治理效能 3 个 ESG 核心议题。治理（G）的得分均值为 39.79，最高得分为 60.32，为宇通客车所得。可以看出，行业企业整体在治理（G）方面的表现明显好于其他两个一级指标；有 15 家企业的治理（G）得分在 50 分或以上，治理（G）方面表现优秀的企业数量有限，行业内能够起到引导作用的企业不多。

治理结构下设第一大股东持股比例、机构投机者持股比例、两权分离度、高管持股比例、女性董事占比、董事会规模、董事会独立董事占比、董事长CEO是否是同一人、监事人数、是否说明股东（大）会运作程序和情况、是否设立专业委员会 11 个三级指标。指标整体披露情况良好，得分排名前三的企业分别为拓普集团、万里扬、力帆科技，得分都在 70 分以上。此外，共有 65 家企业的得分在 60 分以上，这反映出各企业内部的治理结构较为完善。

治理机制下设是否有重大负面信息、高管年薪前三名、是否有数据安全的措施、是否有违规触发、是否有气候风险识别及防范措施、是否进行数字化转型、是否有问责制度、是否有投诉举报制度、是否有商业道德培训、是否有股权激励计划、是否有现金分红、管理费用率、大股东占款率、质押股票比例、商誉/净资产、关联交易16个三级指标。有8家企业的得分在50分以上，大部分行业企业得分集中在10分至30分。由此可以看出，行业内各企业应当构建良性的治理机制，以此来保障公司的长远发展。

治理效能下设财报审计出具标准无保留意见、内控审计报告出具标准无保留意见、研发投入、专利累计数量、发明专利累计数量5个三级指标。治理效能是衡量企业治理水平的一个重要指标，汽车制造业各企业在治理效能方面的表现较为突出，有13家企业的得分在80分以上，得分排名前三的分别是长安汽车、福田汽车、金龙汽车。

20.3　企业财务分析

20.3.1　财务指标对比

表20.3分别从市值、盈利能力、运营效率和偿债能力方面，对比了汽车制造业上市公司ESG得分前50%和后50%企业的表现。由表中数据可得，行业中ESG得分前50%企业的平均市值达到259.05亿元，明显高于ESG得分后50%企业的75.04亿元。以净资产收益率和营业利润率为代表的盈利能力、以总资产周转率和应收账款周转率为代表的运营效率方面，得分前50%的企业均表现更优。ESG得分前50%企业的流动比率均值略低于得分后50%企业的均值，这说明得分前50%企业的变现能力与短期偿债能力还有待提高。资产负债率方面，得分前50%企业的均值较高，这一定程度上说明了得分后50%企业的举债经营能力不足。

表20.3　汽车制造业上市公司财务指标对比

上市公司	平均总市值（亿元）	盈利能力		运营效率		偿债能力	
		净资产收益率（%）	营业利润率（%）	总资产周转率（次）	应收账款周转率（次）	流动比率	资产负债率（%）
前50%	259.05	3.98	4.61	0.70	6.84	1.97	45.90
后50%	75.04	2.10	3.64	0.62	4.57	2.46	42.24

20.3.2 投资回报分析

图20.2展示了汽车制造业ESG总得分排名前50%与后50%的企业在月个股回报率上的差异。纵轴为对应日期的月个股回报率（考虑现金分红）；横轴为2021年1月至2022年12月的股票交易日，为了更清晰直观地展示不同组别下月个股回报率的差异及变动趋势，本书选择了每个月的个股回报率数据，即在共24个时间点上的两组数值进行比较。

由图可知，在24个月的时间内，ESG总得分排名前50%和后50%的企业月个股回报率走势几乎相同。对比两组企业的月个股回报率可以看出，ESG得分前50%的企业在2022年的2月、5月、10月的表现比较突出。

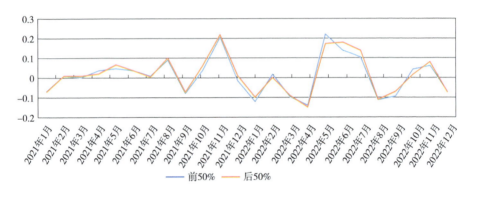

图20.2　ESG总得分排名前50%和后50%的企业月个股回报率对比

20.4　ESG优秀企业

20.4.1　郑煤机

郑煤机始建于1958年，1998年由国家煤炭工业部划归河南省。目前，公司已发展成全球重要的煤矿综采技术和装备供应商、具有国际影响力的跨国汽车零部件企业集团。郑煤机是A+H股上市公司，股权混合多元的国有企业，目前拥有煤矿机械、汽车零部件、投资三个业务板块，在全球18个国家和地区拥有28个分支机构，员工17 000多名；公司2014年被列入河南省发展混合所有制经济改革和职业经理人制度改革的"双试点"单位，2018年入选国务院国资委国企改革"双百行动"企业，2019、2020年连续入选中国机械工业百强企业和《财富》中国500强企业。

20.4.1.1　ESG得分情况

郑煤机在ESG各项指标的披露数量和质量上整体好于其他汽车制造业企业，取得了汽车制造业ESG评价总得分第一名的成绩。在环境（E）指标的披露上，郑煤机积极披露资源消耗、污染防治等指标的相关信息，三级指标披露率达到了52%，披露度远超同行，得分表现也十分突出，郑煤机在环境（E）方面的信息披露为采矿业做出了表率。在社会（S）和治理（G）方面，郑煤机的披露度为行业优秀水平，但个别三级指标的得分较低，这也导致郑煤机在社会（S）和治理（G）方面的得分不是很突出，说明郑煤机了解ESG的内涵并给予了其一定的重视，但在ESG管理方面还有较大提升空间。郑煤机ESG得分与行业对比见表20.4。

表20.4　郑煤机ESG得分与行业对比

变量	样本量	行业均值	郑煤机得分
环境得分（E）	160	12.34	41.00
社会得分（S）	160	18.04	16.68
治理得分（G）	160	39.79	40.13
ESG总得分	160	22.00	34.66

20.4.1.2　ESG理念践行情况

在环境（E）方面，郑煤机高度重视环境保护工作，以"推动绿色发展，促进人与自然和谐共生"为宗旨，建立了完善的环境保护管理体系，营造了珍惜资源的公司文化，重视提高员工的环保意识，鼓励员工积极参与和实践环保承诺。其下属公司也积极响应国家节能减排及节能环保的号召，将环境保护作为企业可持续发展战略的重要内容，切实关注社会生态文明，积极承担企业环保主体责任，按照社会效益、经济效益、环境效益相统一的原则，认真贯彻环境保护有关法律法规、行业标准有关要求，根据企业发展情况，积极建立健全节能环保管理制度，全面落实节能减排责任制。此外，郑煤机积极响应国家"30·60"碳中和目标，不断通过提高能源效率及进一步采用清洁能源，以减少化石燃料消耗和温室气体排放。郑煤机通过在煤机板块实施提标改造工程、在新建变电站投用五金用电线路并网、启用与环境温度监测传感器相连的送风系统等举措大幅度减少了化石能源的消耗并提升了整体能源利用率。

在社会（S）方面，郑煤机严格按照《公司法》《证券法》《上市公司治理准则》等相关法律法规和规范性文件的要求，进一步提高规范运作意识，不断完善公司治理结构，促进公司健康、可持续发展。严格按照有关法律法规的规定，真实、准确、及时、完整的履行信息披露义务，通过法定信息披露媒体披露为主、公司官网、微信公众号、投资者热线电话、邮箱、上证 e 互动等多渠道为辅的投资者沟通交流体系，持续提升投资者沟通效果，切实维护股东及中小投资者的利益。

在治理（G）方面，郑煤机建立了由股东大会、董事会、监事会及经理层组成的现代公司治理结构，并在董事会下设战略、审计、提名、薪酬与考核四个专门委员会。公司在股东与股东大会、控股股东与上市公司、董事与董事会、监事与监事会、绩效评价与激励约束机制、利益相关者、信息披露与透明度等主要治理方面均符合监管部门有关文件的要求。此外，郑煤机持续推动业务变革，打造具有世界影响力的智能高端装备制造企业；快速推进企业数字化转型，增强发展新动能；组建投资平台，寻找新的利润增长点；组建投资平台，寻找新的利润增长点。

20.4.2　比亚迪

比亚迪股份有限公司成立于1995年2月，总部位于广东省深圳市，现有员工超过28万人。比亚迪是一家致力于"用技术创新，满足人们对美好生活的向往"的高新技术企业。比亚迪成立于1995年2月，经过20多年的高速发展，已在全球设立30多个工业园，实现全球六大洲的战略布局。比亚迪业务布局涵盖电子、汽车、新能源和轨道交通等领域，并在这些领域发挥着举足轻重的作用，从能源的获取、存储，再到应用，全方位构建零排放的新能源整体解决方案，比亚迪是香港和深圳上市公司，营业额和总市值均超过千亿元。

20.4.2.1　ESG得分情况

比亚迪在ESG各指标的披露数量和质量上表现较为均衡，取得了汽车制造业ESG总得分的第二名，其环境（E）、社会（S）和治理（G）的得分均在汽车制造业内排名前五。信息披露上，比亚迪在社会（S）和治理（G）方面的三级指标披露率分别达到了35.3%和71.9%，相较于其他汽车制造业企业表现优秀。得分情况上，比亚迪在环境（E）、社会（S）和治理（G）下设的三级指标中分别有3项、4项、14项指标的得分为100，说明比亚迪重视企业的ESG绩效水平，能积极响应国家对环境保护的政策并付诸行动，能勇于且善于承担企业的社会责任，重视企业的治理，以此来推动企业的可持续发展。比亚迪ESG得分与行业对比见表20.5。

表20.5 比亚迪ESG得分与行业对比

变量	样本量	行业均值	比亚迪得分
环境得分（E）	160	12.34	13.00
社会得分（S）	160	18.04	35.72
治理得分（G）	160	39.79	56.03
ESG总得分	160	22.00	31.59

20.4.2.2 ESG理念践行情况

在环境（E）方面，比亚迪一直是环境保护的积极响应者，其主要通过生产绿色产品和减少自身经营活动对环境的直接影响来助力环境保护。为响应国家的"双碳目标"，落实应对气候变化《巴黎协定》，比亚迪发挥新能源汽车龙头企业示范，强化企业碳排放行动和管理，通过绿色的技术、产品和解决方案，加快交通运输业和制造业低碳转型。此外，比亚迪定期评审温室气体排放数据，聘请第三方进行碳排放核查，并不断监测和改进温室气体管理绩效。通过加强能源管理、加大节能改造、减少污染排放等方式，持续减少自身能资源的消耗和单位二氧化碳的排放。

在社会（S）方面，比亚迪以积极承担社会责任为企业的生命力和竞争力，秉持科技慈善理念，用科技点亮生活，以技术创新驱动慈善事业发展，促进人类社会的可持续发展和不断进步。比亚迪致力于企业和社会的和谐与可持续发展，努力通过技术创新、产品创新和管理创新以及完善的商业运作来提升政府、股东、客户、员工、供应商、合作伙伴及其他利益相关方的权益，成为值得所有利益相关方信赖和尊敬的企业。此外，比亚迪始终活跃在各类慈善公益项目，精心实施扶贫济困、赈灾救助、教育支持等慈善工作。在疫情期间，比亚迪截至 2021 年底已累计捐款捐物合计 5 000 多万元，支援了全球超过 80 个国家和地区的疫情防控。

在治理（G）方面，持续改善法人治理结构，不断谋求建立科学、完善的现代公司结构，提高利益相关方的满意度。比亚迪董事会根据法律法规及公司制度召开股东大会，报告近期工作形成执行股东大会的决议，监察比亚迪的整体经营与战略发展，决策经营方针和投资计划；同时监督、指导管理层进一步健全规章制度，完善决策机制，规范工作流程，严格审批程序，建立和完善现代的、规范的组织结构，提高投资决策的效率和质量。此外，比亚迪曾获由新浪财经颁布的 2021 中国企业 ESG "金责奖" 最佳公司治理（G）责任奖。

20.4.3 长城汽车

长城汽车是一家全球化智能科技公司，业务包括汽车及零部件设计、研发、生产、销售和服务，旗下拥有哈弗、魏牌、欧拉、坦克及长城皮卡，销售网络覆盖全球，目前已出口到 170 多个国家和地区，海外销售渠道超过 700 家，海外累计销售超 100 万辆，并在中国、美国、加拿大、德国、奥地利、日本、韩国以及印度等国家和地区设立研发中心和技术创新中心。在中国，长城汽车拥有 10 大全工艺整车生产基地。在海外，长城汽车在俄罗斯、泰国、巴西建立了全工艺整车生产基地，在厄瓜多尔、巴基斯坦等地拥有多个 KD 工厂。在研发方面，在中国、美国、加拿大、德国、奥地利、日本、韩国以及印度等国家和地区设立研发中心和技术创新中心。在生产方面，在中国，长城汽车拥有 10 大全工艺整车生产基地。在海外，长城汽车在俄罗斯、泰国、巴西建立了全工艺整车生产基地，在厄瓜多尔、巴基斯坦等地拥有多个 KD 工厂。

20.4.3.1 ESG得分情况

在汽车制造业 ESG 总得分排名中，长城汽车排名第三位，其在环境（E）、社会（S）和治理（G）三个一级指标的得分上表现较为均衡，单项得分排名均在行业前十，其中社会（S）得分为行业第五。这说明长城汽车能够较好地兼顾环境、社会、治理三个方面的发展，以此来推动企业的可持续发展。但长城汽车在环境（E）方面的表现略有不足，需要继续提升环境（E）下设三级指标的披露度，为企业发展助力。长城汽车ESG得分与行业对比见表20.6。

表20.6　长城汽车ESG得分与行业对比

变量	样本量	行业均值	长城汽车得分
环境得分（E）	160	12.34	13.00
社会得分（S）	160	18.04	35.11
治理得分（G）	160	39.79	53.61
ESG总得分	160	22.00	30.71

20.4.3.2　ESG理念践行情况

在环境（E）方面，长城汽车继续坚持绿色、清洁能源的研发与投入，积极构建全球低碳汽车产业链，从整车研发、配套供应链、车辆生产、物流运输、销售使用、报废回收的全生命周期，布局建立循环低碳的生态链，全流程推动减排降碳。为助力国家"3060"碳达峰·碳中和远景战略目标，长城汽车设立了短期可持续发展目标：2023年实现首个零碳工厂，到2025年推出50余款新能源车型，持续推广可再生清洁能源的落地应用，增设光伏电站等；以及长期目标：通过能源结构调整以及低碳工艺应用，围绕碳排放的全生命周期，建立汽车产业链条的循环再生体系，提升工厂电气化程度，减少高碳排放能源资源的投入，推进电能替代，实现经济效益、环境效益以及社会效益最大化。

在社会（S）方面，长城汽车以"安全"作为品牌核心价值，秉持"安全至上"的造车理念，注重绿色、创新与可持续协同发展，密切关注各利益相关方的期望与诉求，在员工培养、社会公益、保护环境等方面积极践行社会责任。2021年，长城汽车始终活跃在助力公益的一线，其为国内外疫情防控、河南特大暴雨等都进行了捐助。

在治理（G）方面，长城汽车建立了涵盖股东大会、董事会、监事会、高级管理团队以及公司员工的制度体系。目前，公司董事会下设战略及可持续发展委员会、审计委员会、提名委员会以及薪酬委员会四个专门委员会，助力提高公司董事会工作的效率和质量。此外，长城汽车坚持"不拘一格、各尽其才"的用人策略，汇聚全球优秀人才，不断创新人才发展机制，构建全球人才培养体系和员工职能发展通道，打造更加开放、更加高效、更有吸引力的发展平台，为每一位有能力、敢于挑战、勇于创新的人提供机会，实现企业与员工的共同发展。

21 互联网及相关服务业上市公司ESG评价

21.1 评价指标体系

21.1.1 评价指标

互联网服务行业是随着互联网发展起来的新兴行业,即面向生活的娱乐、休闲、游戏产业,以信息资源的传播为特色,主要通过互联网等诸多媒介,通过线上、线下进行关于餐饮、休闲、娱乐、购物多平台的信息服务及互动,为一定区域人群、区域消费服务提供一站式多平台的系列增值内容服务的行业。根据证监会公布的行业分类,截止到2021年,互联网及相关服务业我国共有73家上市公司。

本行业ESG评价体系共计包含3个一级指标、10个二级指标、72个三级指标(两个行业特色指标)。一级指标包括环境(E)、社会责任(S)和公司治理(G),环境(E)评价要素包含资源消耗、污染防治、气候变化;社会责任(S)评价要素包含员工权益、产品责任、社会响应、供应链管理;公司治理(G)评价要素包含治理结构、治理机制、治理效能,具体指标如表21.1所示。

表21.1 评价指标体系一览

一级指标	二级指标	三级指标
环境 (E)	资源消耗	总用水量、单位营收耗水量、节水/省水/循环用水数量、总能源消耗、人均能源消耗、天然气消耗、燃油消耗、煤炭使用量、耗电量、是否有节能管理措施

续表

一级指标	二级指标	三级指标
环境（E）	污染防治	废水/污水排放量、单位营收废水/污水排放量、有害废弃物量、单位营收有害废弃物量、无害废弃物量、单位营收无害废弃物量、氮氧化物排放、二氧化硫排放、悬浮粒子/颗粒物
	气候变化	总温室气体排放、单位营收温室气体排放、是否有温室气体减排措施、温室气体减排量、单位营收温室气体减排量
社会（S）	员工权益	雇员总人数、女性员工比例、离职率/流动率、是否披露职工权益保护、平均年薪、员工满意度、人均培训投入、是否有职业病防护
	产品责任	是否披露客户及消费者权益保护、是否披露安全生产内容、是否有产品撤回或召回
	社区响应	社会捐赠额、是否披露社会责任制度建设及改善措施、是否响应国家战略、是否披露公共关系和社会公益事业、是否为国家重大活动和关键部门提供服务
	供应链管理	供应商数量、是否披露供应商权益保护
治理（G）	治理结构	第一大股东持股比例、机构投资者持股比例、两权分离度、高管持股比例、女性董事占比、董事会规模、董事会独立董事比例、董事长及CEO是否是同一人、监事人数、是否说明股东（大）会运作程序和情况、是否举办专业委员会会议
	治理机制	是否有股权激励计划、高管年薪、是否有现金分红、管理费用率、大股东占款率、质押股票比例、商誉净资产比例、关联交易、是否有保护数据安全的措施、是否有气候风险识别及防范措施、是否进行数字化转型、是否有问责制度、是否有投诉举报制度、是否有商业道德培训
	治理效能	财报审计出具标准无保留意见、内控审计报告出具标准无保留意见、研发投入、专利累计数量、发明专利

21.1.2 特色指标解读

21.1.2.1 是否为国家重大活动和关键部门提供服务

2022 年，习近平总书记在全国网络安全和信息化工作会议上强调，要运用信息化手段推进政务公开、党务公开，加快推进电子政务，构建全流程一体化在线服务平台，更好解决企业和群众反映强烈的办事难、办事慢、办事繁的问题。随着大数据、物联网、云计算等新技术不断涌现，建立一体化的网上政务服务平台，推进"互联网+政务服务"，成为政务服务信息化的重点和方向。

2020年1月，国家发展改革委、教育部、民政部、商务部、文化和旅游部、卫生健康委、体育总局联合印发《关于促进"互联网+社会服务"发展的意见》提出数字化、网络化、智能化、多元化、协同化的发展思路，以数字化转型扩大社会服务资源供给，以网络化融合实现社会服务均衡普惠，以智能化创新提高社会服务供给质量。因此，互联网服务业是否为国家重大活动和关键部门提供服务是衡量企业承担社会责任是否积极的重要指标。

21.1.2.2 是否有职业病防护

2020年12月4日通过的《工作场所职业卫生管理规定》指出，为了加强职业卫生管理工作，强化用人单位职业病防治的主体责任，预防、控制职业病危害，保障劳动者健康和相关权益，根据《中华人民共和国职业病防治法》等法律、行政法规，制定该规定；职业病危害严重的用人单位，应当设置或者指定职业卫生管理机构或者组织，配备专职职业卫生管理人员；其他存在职业病危害的用人单位，劳动者超过一百人的，应当设置或者指定职业卫生管理机构或者组织，配备专职职业卫生管理人员。互联网服务业存在相关较多职业病，因此，是否有职业病防护是判断企业员工权益方面维护是否全面到位的重要指标。

21.1.3 权重设计

基于互联网相关服务业的行业特性，行业内企业对于治理的要求较高，而涉及对于环境影响的因素较少，考虑到这一点，在指标权重的设定时，赋予"治理（G）指标"以较高的权重，其次是社会（G）指标，最后是环境（E）指标，权重分配如图21.1所示。

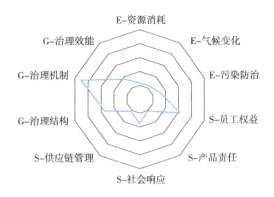

图21.1　互联网相关服务业评价权重分配

21.2　ESG得分描述性统计

　　表21.2展示了2021年互联网相关服务业ESG总得分及环境（E）、社会责任（S）、公司治理（G）各分项得分的描述性统计结果。由表可知，73家互联网相关服务企业中总得分最高的企业为42.09分，得分最低的企业仅有3.68分，均值为23.77分，环境（E）得分、社会（S）得分和公司治理（G）得分的均值分别为3.86、15.84和38.79，均不到40分；从上述数据分析可以判断：该行业对于ESG的重视程度还需加强，相关部门还需对互联网相关服务业践行ESG理念进行引导和监管。ESG总得分的标准差为7.06，最大值与最小值相差近40分，可见行业内各企业对ESG的重视程度存在较大差异，反映出我国互联网相关服务业对ESG的理念尚未形成行业共识。

表21.2　2021年互联网相关服务业ESG得分的描述性统计

变量	样本量	均值	标准差	最小值	中位数	最大值
环境得分（E）	73	3.86	4.69	0.00	3.00	30.00
社会得分（S）	73	15.84	11.41	0.00	12.43	46.64
治理得分（G）	73	38.79	9.26	8.18	39.14	60.89
ESG总得分	73	23.77	7.06	3.68	24.56	42.09

　　分开来看，我国互联网相关服务业在环境方面最高的企业为30分，得分最低的企业为0分；社会方面最高的企业为46.64分，得分最低的企业为0分；

公司治理方面最高的企业为60.89分，而最低的得分仅为8.18分。环境方面，互联网相关服务业本身很少涉及有关排放、污染相关的问题，大部分企业并没有统计和披露相关指标，故而环境（S）得分的均值虽为3.86分，但不能完全以此认为该行业企业对于环境保护方面的疏忽。社会、公司治理方面的得分差异较大，虽然有企业已经开始重视并切实采取行动践行ESG理念，但仍有企业还未意识到ESG的重要性，未形成对ESG理念及可持续发展的正确认识。

互联网相关服务业的ESG得分普遍较低，ESG相关信息的披露程度还有较大提升空间，这需要企业自身逐渐认同践行ESG理念的重要性；同时相关部门和行业协会也需要加快制定相关政策、推行行业披露标准，正确引导行业践行ESG理念。

21.3 企业ESG理念践行情况

21.3.1 环境维度

环境（E）得分均值仅有3.86分，中位数为3，互联网相关服务业的上市公司在披露环境信息的表现情况不容乐观，绝大部分企业的得分都低于10分，但这种情况也与互联网相关服务业的行业特性相关，该行业属于第三产业，涉及能源消耗、废物排放等环保的方面极少。

21.3.1.1 资源消耗

资源消耗这一指标下包含总用水量、单位营收耗水量、节水/省水/循环用水数量、总能源消耗、人均能源消耗、天然气消耗、燃油消耗、煤炭使用量、耗电量、是否有节能管理措施相关指标，其中，仅有用水量、耗电量等是互联网相关服务业为数不多涉及的指标，因此只有在此方面该行业有较多披露，并在行业特性的基础上采取了相关节能管理措施。

21.3.1.2 污染防治

污染防治指标包括废水/污水排放量、单位营收废水/污水排放量、有害废弃物量、单位营收有害废弃物量、无害废弃物量、单位营收无害废弃物量、氮氧化物排放、二氧化硫排放、悬浮粒子/颗粒物9个通用三级指标；污染防治方面，互联网相关服务业中无任意一家上市公司对其进行披露。

21.3.1.3　气候变化

气候变化指标包括总温室气体排放、单位营收温室气体排放、是否有温室气体减排措施、温室气体减排量、单位营收温室气体减排量 5 个三级指标；同 "污染防治" 一样，互联网相关服务业仅有 35 家企业对五个指标中的 "是否有温室气体减排措施" 进行了披露，其余相关信息均未提及。可见，互联网相关服务业在此方面还有较大的提升空间，需要提高对气候变化的信息披露重要性认识。

21.3.2　社会维度

互联网相关服务业企业社会（S）得分的均值为 15.84，得分最大值为 46.64 分，最小值为 0 分，通过这一组数据可以看出互联网相关服务业整个行业社会得分不高，缺乏对社会责任的承担，并且最大值和最小值差距较大，披露程度参差不齐。

21.3.2.1　员工权益

员工权益指标包括雇员总人数、女性员工比例、离职率/流动率、是否披露职工权益保护、平均年薪、员工满意度、人均培训投入共 7 个通用三级指标和是否有职业病防护这一项特色指标。互联网相关服务业在员工权益得分的均值为 12.75 分，其中，完美世界获得最高分 41.35 分，是该行业 73 家上市公司唯一一家得分在 40 分以上的公司；同时，行业较低的得分均值说明了互联网相关服务业对于员工权益保障方面的疏忽。

21.3.2.2　产品责任

产品责任指标包含是否披露客户及消费者权益保护、是否披露安全生产内容、是否有产品撤回或召回三个通用三级指标。互联网相关服务业在产品责任的得分均值 15.53，可见，整体上行业在产品责任的披露程度仍有较大空间，尚未形成对产品责任方面的重视。

21.3.2.3　社会响应

社会响应指标包括社会捐赠额、是否披露社会责任制度建设及改善措施、是否响应国家战略、是否披露公共关系和社会公益事业共四项通用指标和是否为国家重大活动和关键部门提供服务一项特色指标。互联网相关服务业社会响应的得分均值为 24.93，这组数据说明社会响应是该行业在社会责任方面表现最好的部分，不过还有很大的进步空间，仍然需要继续努力。

21.3.2.4 供应链管理

供应链管理指标下包含供应商数量、是否披露供应商权益保护两个三级指标。互联网相关服务业在供应链管理这一指标的得分均值为10.27分，73家上市公司中有15家公司得分为50分，除此之外有58家公司得分为0分。从整体来看，该行业供应链管理指标的得分较低，但有一部分公司的表现较为良好，落后的企业应及时反思，积极披露供应链相关信息。

21.3.3 治理维度

企业公司治理（G）得分均值为38.79，最高得分为60.89，有7家公司在公司治理的得分大于50分，可见该行业在公司治理方面仍有需要进步的空间。

21.3.3.1 治理结构

互联网相关服务业在治理结构的得分较高，73家上市公司平均得分为62.23分，最高分接近80分，这组数据说明了该行业整体对于公司内部管理控制度方面十分重视，积极进行了相关信息的披露工作，有利于社会各界的行业监督。

21.3.3.2 治理机制

互联网相关服务业在治理机制上的得分均值为26.5，73家上市公司的最高分是53.21分，行业整体表现较差，行业内部差距较大，在治理机制上还需进一步完善，并做好相关信息披露工作。

21.3.3.3 治理效能

互联网相关服务业在治理效能指标的得分均值为34.33分，在73家上市公司中有10家公司的得分在50分以上，最高分为82.08；虽然从整体上来看该行业在治理效能方面信息披露程度不高，但其中并不乏表现良好的企业引领，而行业中落后的企业还需继续努力。

21.4 企业财务分析

21.4.1 财务指标对比

表21.3分别从市值、盈利能力、运营效率和偿债能力方面，对比了互联

网相关服务业上市公司ESG得分前50%和后50%企业的表现。从表中可以看出，ESG得分前50%企业的市值均值达到129亿元，远高于ESG得分后50%企业的市值均值33亿元。对比该行业前后50%公司的财务指标可以发现，以净资产收益率和营业利润率为代表的盈利能力，以及以总资产周转率和应收账款周转率为代表的运营效率方面，得分前50%的企业表现更优；在偿债能力方面，得分前50%的企业平均流动比率为2.68，得分后50%企业的流动比率均值为1.75，得分前50%企业的流动比率均值较高，说明其偿债能力更高，资金流动性更高。平均资产负债率方面，二者差别不大，但得分前50%企业略高于后50%。

表21.3　互联网及相关服务业上市公司财务指标对比

上市公司	平均总市值（亿元）	盈利能力		运营效率		偿债能力	
		净资产收益率（%）	营业利润率（%）	总资产周转率（次）	应收账款周转率（次）	流动比率	资产负债率（%）
前50%	129	4.6	−6.4	0.80	11.70	2.68	33.1
后50%	33	−15.2	−22.9	0.48	7.07	1.75	37.5

21.4.2　投资回报分析

图21.2展示了互联网相关服务业ESG总得分排名前50%与后50%的企业在月个股回报率上的差异。纵轴为对应日期的月个股回报率（考虑现金分红）；横轴为2021年1月至2022年12月的股票交易日，为了更清晰直观地展示不同组别下月个股回报率的差异及变动趋势，课题组选择了每个月的个股回报率数据，即在共24个时间点上的两组数值进行比较。

如图21.2所示，互联网相关服务业中ESG得分后50%的企业在月个股回报率在2021年5月到10月时高于前50%企业，其余时期均为得分前50%企业高于后50%企业，可见得分前50%企业的盈利能力较高于后50%。2022年1月到4月，受疫情等因素的影响，行业受到较大冲击，但得分前50%企业的回报率仍然高于后50%企业，说明得分前50%企业在应对环境变化方面更为灵活，抗风险能力更强。

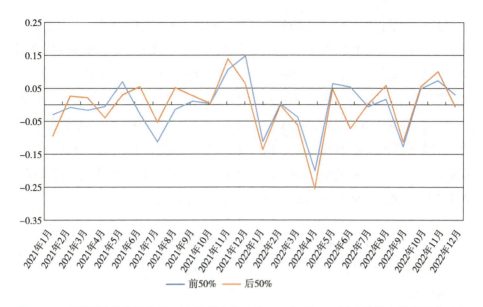

图21.2 互联网及相关服务业ESG总得分排名前50%和后50%的企业月个股回报率对比

21.5 ESG优秀企业

21.5.1 优刻得

优刻得科技股份有限公司于2012年3月16日成立，是中立、安全的云计算服务平台；公司坚持中立原则，不涉足客户业务领域。2020年1月，优刻得正式登陆科创板，成为中国第一家公有云科创板上市公司，同时成为中国A股市场首家"同股不同权"的上市企业，开创了中国A股资本市场及公司治理的先河。依托公司在圣保罗、拉各斯、雅加达等全球部署的31大高效节能绿色云计算中心，以及国内北、上、广、深、杭等11地线下服务站，优刻得在全球已有近5万家企业级消费用户，间接服务终端用户数量达到数亿人。优刻得深耕用户需求，秉持产品快速定制、贴身应需服务的理念，推出适合行业特性的产品与服务，业务已覆盖互联网、政府、运营商、工业互联网、教育、医疗、零售、金融等在内的诸多行业。

21.5.1.1 ESG得分情况

优刻得在ESG各项指标的披露上表现良好，是互联网相关服务业ESG评价总分得分第一名。在环境（E）指标的披露上，优刻得尽可能地披露了其在节能和温室气体的相关信息。优刻得可在自身行业特征的基础上，承担起环境保护的企业责任。在社会（S）方面，优刻得在产品责任、供应链管理和社会响应两个二级指标的披露上表现较为优秀，这说明优刻得重视产品生产、消费者以及供应商权益，积极承担企业的社会责任，主动为社会做出企业贡献。员工权益的整体披露情况在行业中属于中等水平，存在部分指标信息空白，有一定提升空间。在治理（G）方面，优刻得的治理得分是行业的最高分，这说明优刻得格外重视企业治理，不断优化治理机制，这对企业未来的发展起着重要的作用。优刻得ESG得分与行业对比见表21.4。

表21.4　优刻得ESG得分与行业对比

变量	样本量	行业均值	优刻得得分
环境得分（E）	73	3.86	9.00
社会得分（S）	73	15.84	36.83
治理得分（G）	73	38.79	60.89
ESG总得分	73	23.77	42.09

21.5.1.2　ESG理念践行情况

在环境（E）方面，优刻得高度重视环境保护，在日常生产经营中严格遵守国家相关环保法律法规，为减少碳排放采取相关措施：在数据中心使用以水作为冷热源的多联空调系统，公司利用水源多联机回收机房余热供应数据中心的办公室、电池室、水泵间、柴发机房等场所的冬季采暖保温。每年预计回收废热78 000千焦，可实现减少二氧化碳排放量7 380吨，等同于种植40万棵树木。优刻得在云计算行业深耕多年，深入了解互联网、传统企业在不同场景下的业务需求。公司通过一系列技术创新，打造低碳、绿色、节能的云计算中心。

在社会（S）方面，优刻得高度重视员工职业健康管理，公司始终坚信职业健康和安全生产的良好管理是企业生存的前提，公司不断完善职业健康管理，关心员工健康，持续改善劳动条件、劳动防护措施。2021年，公司分别向多所贫困地区小学、服务社捐献了台式电脑、笔记本电脑、打印机等物资。此外，公司全力支持全国通信行程卡运营，累计查看达270亿次；公司面向老年消费者推出防疫一体机产品，支持"用技术消除数字鸿沟，让老年人享受智慧生活"。

在治理（G）方面，优刻得高度重视企业治理，建立并持续完善现代企业治理结构，不断完善股东大会、董事会、监事会和管理层的运行机制。优刻得按照《公司法》《证券法》《上市公司股东大会规则》《上海证券交易所科创板股票上市规则》等法律法规要求，建立了较为完善的公司内控制度和公司治理结构，持续强化法律法规政策落实、风险管理和内部控制。未来，公司将进一步提升研发能力，结合自身在云计算、大数据和人工智能领域的专业能力，积极构建创新创业生态，围绕政务、产业、民生，助力城市服务数字化转型。

21.5.2　国联股份

国联股份设立于2002年，并于2019年7月30日成功在上交所主板A股上市，公司主营B2B电子商务和产业互联网平台，以工业电子商务为基础，以产业大数据和产业数字化为支撑，为相关行业提供工业品和原材料的线上商品交易、商业信息服务和数字技术服务。公司致力于互联网、物联网、大数据、云计算、人工智能等新技术与传统产业的深度融合，实现促进传统产业降本增效的价值使命。公司深入贯彻"平台、科技、数据"产业互联网发展战略，实施"一体两翼"经营策略，"一体"是快速推进多多电商的交易规模和平台影响力，"两翼"是积极提升国联资源网的综合信息服务能力和大力加强国联云的数字技术服务能力；同时通过全国营销体系的积极建设、研发能力的高效支撑和管理水平的规范提升，实现公司经营的持续、快速发展。

21.5.2.1　ESG得分情况

国联股份得分排名为互联网相关服务行业第二，在信息披露上，国联股份环境（E）指标的表现突出（互联网相关服务业73家企业中72家企业都在10分以下，只有国联股份的得分达到30）；由于行业特性，对于部分指标许多企业都没有涉及，但是国联股份几乎把所有涉及的指标都进行了披露，这说明国联股份在环境保护、污染防治等方面积极响应国家政策并付出了实际的行动。在社会（S）和治理（G）方面，国联股份均披露了相关信息，表现均明显高于整体水平，表明在承担社会责任与完善企业内部治理上国联股份都拥有了足够的重视，但是仍然可以更加进一步地将相关信息面向公众披露，为行业可持续发展起到推动作用。国联股份ESG得分与行业对比见表21.5。

表21.5 国联股份ESG得分与行业对比

变量	样本量	行业均值	国联股份得分
环境得分（E）	73	3.86	30.00
社会得分（S）	73	15.84	28.04
治理得分（G）	73	38.79	56.32
ESG总得分	73	23.77	41.16

21.5.2.2 ESG理念践行情况

在环境（E）方面，国联股份积极响应国家2030碳达峰、2060碳中和的双碳目标，坚持可持续发展理念，并将之贯穿于运营管理的各个方面。作为互联网工业企业，国联股份在注重自身可持续运营的同时，也充分发挥平台优势，积极助力产业链绿色低碳发展。2021年，国联股份致力于通过新一代信息技术持续推进产业结构、空间结构、能源结构、交易结构的绿色转型，进一步加强大数据技术在供应链、交易平台、服务方式上的深入应用，提升数字化治理水平，实现运营高效率与环境低负荷的统一。

在社会（S）方面，国联股份始终坚持以人为本，把稳定员工队伍、保障员工合法权益、建设和谐劳动关系放在首要位置；国联股份坚持员工多元化发展，健全员工培训体系，营造良好的工作氛围，充分调动人才的积极性和创造性，为每一名员工提供创造个人价值和实现人生梦想的舞台。国联股份制定了《职业健康安全管理方案》，为出差及经常外出的正式员工办理人身意外伤害险，并定期安排员工体检，预防职业病、颈椎病，促进员工身心健康；在工作环境方面，重视消防、用电、交通；2021年，企业未发生重大安全事故和人身伤亡事故，职业病发病率为0。

在治理（G）方面，国联股份不断完善公司治理制度，夯实公司可持续发展的重要基础。国联股份积极推进及落实董事会成员多元化政策，在董事会候选人甄选及委任董事时，提名委员会根据本公司的业务模式及特定需要，考虑性别、文化、教育背景、服务任期等多元化因素。国联股份秉承诚信经营的理念，维护健康的经营环境，保证良好的商业秩序，推动公司全面加强合规守法、反腐倡廉建设，严肃纪律，规范职工从业行为，定期进行年度反腐审查，营造公司内部风清气正的良好氛围。

21.5.3 值得买

值得买成立于2011年，是一家专注于消费产业的科技企业。2019年7月，公司登陆深交所创业板，是国内A股首家内容电商上市公司。十多年来，公司始终坚持以消费内容为核心的发展战略，打造了互联网上独特的消费内容社区"什么值得买"，包含"什么值得买"网站及相应的移动端。在"什么值得买"上，用户可以通过图文、短视频等多种方式分享高性价比、好口碑的商品及服务，为更多用户提供高效、精准、专业的消费决策支持，并基于此形成深层次的互动关系。近几年得益于消费内容在吸引用户、留住用户、增加用户黏性、提升用户归属感等方面的巨大价值，电商和品牌商对消费内容的需求度、重视度和投入度都在日益增加。为抓住内容重塑消费产业格局的巨大行业机会，2021年值得买进行了全面的战略升级:在坚持以消费内容为核心的基础上，深入布局消费内容、营销服务和消费数据三大核心业务，从而不断提升电商/品牌商和用户之间的连接效率，创造消费信息自由流动的美好世界。

21.5.3.1 ESG得分情况

在ESG总得分排名中，值得买排名互联网相关服务业第三位，其在环境（E）、社会（S）和治理（G）三个一级指标的得分上三个指标得分较平均，都处于行业中上水平。这说明值得买对环境、社会与治理三大方面都较为重视，积极披露相关信息。值得买在环境（E）方面的得分为三个一级指标中的最低分，这说明在未来的发展中，值得买应进一步提高对环境保护方面的信息披露，坚持可持续发展。值得买ESG得分与行业对比见表21.6。

表21.6 值得买ESG得分与行业对比

变量	样本量	行业均值	值得买得分
环境得分（E）	73	3.86	6.00
社会得分（S）	73	15.84	36.63
治理得分（G）	73	38.79	47.04
ESG总得分	73	23.77	35.19

21.5.3.2　ESG理念践行情况

在环境（E）方面，值得买科技的商业模式自带低碳环保属性，自创立之初就致力于引领理性消费、减少铺张浪费。同时，值得买高度重视宣传绿色低碳的环保理念，引导用户和员工接受并实践低碳环保的生活方式，有效地促进了"碳达峰、碳中和"目标的实现。2021年，依托公司"什么值得买"平台分享环保生活理念的内容近万次，引导用户对环保生活进行积极、正向的评论，值得买服务器能耗水平PUE不超过1.3，水资源效率为23.39万元营收/吨，能源效率为0.088 7万元营收/千瓦时，人均年交通碳排放量为0.21吨。

在社会（S）方面，值得买科技致力于与员工、内容创作者、用户、品牌、商家等共同构建一个和谐的生态系统，向社会传递理性、科学和绿色的健康消费理念，并着力保证数据安全、尊重用户隐私，与客户携手共创价值；扶持宝藏国货、弘扬地区风物，助力民族文化和遗产的传承与乡村振兴。2021年，值得买旗下消费内容社区平台"什么值得买"平均活跃用户数为3 738.91万人，帮助商家实现超过218亿元的销售额；核心技术平台通过国家网络安全等级保护三级测评；投资近千万元建设员工幸福计划，并为员工投入大量培训经费，员工培训覆盖率100%；为灾区和贫困地区捐款捐物约400万元。

在治理（G）方面，规范科学的公司治理体系能够保证公司在合规的基础上高效运作，有效保障不同利益相关者的诉求，提升公司价值。值得买科技高度重视并持续优化公司治理体系，始终坚持以党建引领公司治理、构建规范合理的三会运作体系、持续完善内控与防范舞弊，以高质量的公司治理彰显公司维护利益相关者利益的职责与担当。2021年度，值得买以规范的治理成果和良好的业绩表现，荣获深交所信息披露A级、2020年业绩说明会入选北京辖区上市公司优秀实践案例、《证券时报》"第十五届中国上市公司价值评选"之"创业板上市公司价值50强"、"中国上市公司投资者关系最佳董事会奖"、雪球网评选的"2021年度成长力上市公司 TOP100"等荣誉及奖项。